워렌 버핏의
두 개의 지갑

워렌 버핏의
두 개의 지갑

초판 1쇄 펴낸날 | 2009년 8월 27일

지은이 | 서정명
펴낸이 | 이금석
마케팅 | 곽순식, 김선곤
물류지원 | 현란
기획·편집 | 박수진
디자인 | 김현진, 박서윤
펴낸곳 | 도서출판 무한
등록일 | 1993년 4월 2일
등록번호 | 제3-468호

주소 | 서울 마포구 서교동 469-19
전화 | 02)322-6144
팩스 | 02)325-6143
홈페이지 | www.muhan-book.co.kr
e-mail | muhanbook7@naver.com

가격 12,500원
ISBN 978-89-5601-243-8 (03320)

Warren Buffett
Two wallets

워렌 버핏, 대한민국 재테크의 원칙을 말하다!

워렌 버핏의
두 개의 지갑

서정명 지음

무한

프롤로그

지난 2004년부터 2007년까지 3년 동안 서울경제신문 뉴욕 특파원으로 활동하면서 여러 차례 워렌 버핏 회장을 만나 경제현상을 해석하고 재테크하는 방법에 대해 설명을 들었다.

특히 버핏 회장이 경영하는 버크셔 해서웨이 주주총회에 참석했을 때 버핏이 쏟아내는 해박한 경제지식과 재테크 철학에 깊은 감동을 받았다.

우리는 일반적으로 버핏 회장을 주식투자의 현인으로만 알고 있다. 하지만 내가 만난 버핏 회장은 주식뿐 아니라 기업분석, 채권, 환율, 보험, 자동차, 신용카드 등 경제전반에 대해 해박한 지식을 가지고 있었고 이를 바탕으로 투자활동에 나서고 있었다. 한마디로 경제를 보는 눈과 혜안을 가지고 있었기 때문에 일시적인 경기변동에도 흔들리지 않고 자신의 소신대로 투자활동을 펼칠 수 있었던 것이다.

그럼 버핏 회장의 재테크 노하우를 한국 경제현실 및 금융상품에 접목시켜보면 어떨까. 경기불황기에 어떻게 하면 버핏 회장처럼 재테크를 할 수 있을까. 이 책은 이러한 의문과 궁금증을 해결하기 위해 썼다.

여러분도 잘 알다시피 버핏 회장은 위험을 무릅쓰고 한 번에 큰돈을 버는 것보다는 안정적으로 꾸준하게 투자하는 것을 철칙으로 삼는다. 2007년 말 글로벌 금융위기 이후 버핏 회장이 기회가 있을 때마다 "지금은 공격적으로 투자해야 할 때"라고 언급한 것은 불황기야말로 개인들에게 있어서는 재테크의 최적기임을 강조한 말이다.

남들이 욕심을 부릴 때 버핏 회장은 물러나 있고, 다른 사람들이 겁을 먹고 빠져 있을 때 버핏 회장은 과감하게 투자활동에 나선다. 경기불황이 이어지는 지금이야말로 자신만의 재테크 원칙과 노하우를 가지고 투자에 나서야 한다고 버핏 회장은 역설한다.

이 책은 워렌 버핏처럼 주식투자하는 방법과 돈을 관리하는 방법으로 크게 나누어져 있다. 버핏은 두 개의 지갑, 즉 투자하는 지갑과 관리하는 지갑을 모두 가지고 있다.

주식투자 방법에서는 대차대조표, 손익계산서 등 기업의 재무제표를 분석하는 노하우와 주식투자 원칙을 소개했다. 그리고 돈을 관리하는 방법에서는 은행, 보험, 자동차, 신용카드, 채권, 환율 등과 같은 금융상품을 이해하고 가입하는 요령에 대해 설명했다.

무엇보다 '경제원리와 재테크는 어렵다'는 일반인들의 선입견을 해소하기 위해 주부나 대학생들도 쉽게 이해할 수 있도록 어려운 용어는 설명을 곁들이면서 용이하게 서술했다.

'아껴야 잘 산다'는 말은 옛말이 되었다. 이제는 재테크를 잘해야 잘 사는 시대가 되었다. 은행 예금금리가 4~5%에 불과한 불황기에는 더욱 그렇다.

이 책은 불황기에 버핏 회장처럼 금융상품을 선택하고 경제를 보는 눈을 독자들에게 제공할 것이다. 아무쪼록 내가 버핏 회장에게서 배우고 느낀 재테크 노하우가 여러분에게 제대로 전달되었으면 하는 바람 간절하다.

서정명 드림

옛날에는 '아는 것이 힘' 이었지만, 지금은 '아는 것이 돈' 이 되는 세상이다. 아래 문항들은 이 책에 소개되어 있는 내용으로 재테크는 물론 글로벌 경제를 이해하는 데 필요한 핵심 질문들이다. 워렌 버핏처럼 정석으로 투자하고 알뜰하게 재테크하기 위해서는 반드시 알고 넘어가야 하는 내용들이다. 모두 50개로 구성되어 있는데, 각 질문마다 '예' 와 '아니오' 로 대답한 다음 '예' 의 개수를 세어보면 된다.

01 대차대조표와 손익계산서의 차이점을 알고 있다. ☐

02 자산은 자본과 부채로 구성되어 있다. ☐

03 유동부채는 단기부채, 비유동부채는 장기부채이다. ☐

04 자기자본은 자본금과 자본잉여금, 이익잉여금으로 구성되어 있다. ☐

05 자본잠식률을 구하는 공식을 알고 있다. ☐

06 자기자본 이익률(ROE) 구하는 공식을 알고 있다. ☐

07 사내 유보율 구하는 공식을 알고 있다. ☐

08 이자보상배율 구하는 공식을 알고 있다. ☐

09 부채비율 구하는 공식을 알고 있다. ☐

10 영업이익과 당기순익의 차이를 알고 있다. ☐

11 총자산 이익률(ROA) 구하는 공식을 알고 있다. ☐

12 주가수익률(PER) 구하는 공식을 알고 있다. ☐

13 주가순자산가치(PBR) 구하는 공식을 알고 있다. ☐

14 배당성향과 배당률, 배당수익률의 차이를 알고 있다. ☐

15 인덱스 펀드(Index Fund)가 뭔지 알고 있다. ☐

16 공모주 투자가 무엇을 의미하는지 알고 있다. ☐

17 상장지수펀드(ETF)가 뭔지 알고 있다. ☐

18 펀드 투자에서 적립식과 거치식의 차이를 알고 있다. ☐

19 해외펀드는 환차손에 유의해야 한다. ☐

20 환율상승은 원화가치 하락을 의미한다. ☐

21 금리하락은 일반적으로 주가에 호재로 작용한다. ☐

22 전환사채(CB)와 신주인수권부사채(BW)의 차이점을 알고 있다. □

23 채권 수익률과 채권가격은 반대로 움직인다. □

24 CD금리는 변동형 주택담보대출 금리에 영향을 미친다. □

25 저축은행 예금금리가 시중은행보다 통상 1%포인트 높다. □

26 저축은행 예금도 5,000만 원 한도 내에서 원리금이 보장된다. □

27 저축은행에서 말하는 88클럽의 의미를 알고 있다. □

28 환율이 상승하면 수출기업이 유리하다. □

29 환율 상승기에는 외화예금 통장을 마련하는 것이 좋다. □

30 워렌 버핏은 환율하락을 예상하고 있을 것이다. □

31 원화가치가 상승할 때에는 해외송금을 늦추어야 한다. □

32 인플레이션이 되면 금(金)가격이 오른다. □

33 은행에서 골드뱅킹 하는 방법을 알고 있다. □

34 주가연계예금(ELD)은 원금이 보장된다. □

35 종합자산관리계좌(CMA)는 보통예금보다 금리가 높다. □

36 만능청약통장은 미성년자도 가입할 수 있다. □

37 확정급여형(DB) 퇴직연금은 안전성이 높다. □

38 확정기여형(DC) 퇴직연금은 직접투자를 할 수 있다. □

39 마이너스대출이 현금서비스보다 저렴하다. □

40 초단기로 돈을 굴린다면 특정금전신탁(MMT)이 좋다. □

41 연말정산은 매년 반드시 챙기고 있다. □

42 장기주택마련저축(장마저축)이 왜 좋은지 알고 있다. □

43 72의 법칙을 알고 있다. □

44 신용카드 선지급은 할인이 아니라 할부라는 점을 알고 있다. □

45 신용카드보다 체크카드가 돈 관리에 유리하다. □

46 자동차보험 용어 중 대인배상과 대물배상, 자기신체사고 개념을 알고 있다. □

47 변액보험은 10년 이상 가입하면 비과세혜택이 있다. □

48 민영의료보험은 중복 가입이 안 된다. □

49 연금저축보험과 일반연금보험을 구분할 수 있다. □

50 담보인정비율(LTV)과 총부채상환비율(DTI)의 차이를 알고 있다. □

1~20 낙제 수준이다

무턱대고 재테크에 나섰다가는 낭패를 보기 쉬운 스타일로 다른 사람들에게 '봉'이 될 가능성이 높다. '내가 산 종목만 빠진다'고 투덜대는 사람들이다. 경제용어와 원리를 이해하지 못하고서는 투자에서 절대 승리할 수 없다. 요행과 운이 따르면 모르겠지만, 그럴 가능성은 거의 없다. 지금 당장 경제신문을 구독하고 금융서적을 읽어야 한다. 독한 마음을 먹고 철저하게 공부해야 한다. 그럴 자신이 없다면 그냥 은행 예금에 돈을 묻어 놓는 것이 낫다.

21~30 중간 수준이다

재테크에 대한 기본기를 갖추고 있지만, 자신이 내린 결정에 대해 확신을 하지 못하는 스타일이다. 자신의 원칙을 지키지 못하고 남들이 좋다고 하면 혹해 버리는 경향이 있다. 재테크에 누구보다 관심은 많지만 소기의 성과를 거두지는 못하는 경우가 많다. 지금까지 노력한 것처럼 꾸준히 금융공부를 하고 재테크에 지속적으로 관심을 기울여야 한다. 일정 수준을 넘기가 힘든 것이지 그 선을 넘으면 탄탄대로를 걷게 될 것이다. 자신의 재테크 실력을 꾸준히 업그레이드시켜 나가야 한다.

31~40 고급 수준이다

재테크에 관심도 많고 경제공부도 많이 하는 스타일이다. 한마디로 노력형이다. 지금 당장 자신이 터득한 재테크 노하우를 바탕으로 실전에 나가도 손색이 없을 것으로 보인다. 친구나 동료들과의 재테크 대화에서도 대화를 주도해 나가는 분들이다. 모자라는 2%를 채운다면 재테크의 고수가 될 자질을 다분히 가지고 있다. 재테크에 있어 장래가 촉망되는 분들이다.

41~50 프로 수준이다

재테크 고수로 이 책을 읽을 필요가 없다. 경제이론과 재테크에 대해 충분히 알고 있다. 하지만 이론과 실전은 다르다. 그동안 쌓은 자신만의 이론을 실전에 응용해 보는 도전이 필요하다. 그리고 버핏 회장이 강조하는 원칙을 그대로 지켜나간다면 재테크의 달인이 될 가능성이 높다.

Contents

Part **3**   워렌 버핏의 두 번째 지갑 | 관리편

Part 1

워렌 버핏의
지갑을 열어보기 전에
분석편

How much are you worth?

투자의 기본은 대차대조표 읽기

투자의 기본은 대차대조표 읽기 – 자산

지난 2007년 5월 초 버크셔 해서웨이 주주총회에 참석했을 때의 일이다. 워렌 버핏을 가까운 거리에서 수행하는 개인 여비서 마가렛 임씨가 워렌 버핏이 주식투자 및 기업분석을 할 때 가장 중요시하는 것이 무엇인지 귀띔해 주었다.

"버핏 회장은 전 세계 펀드매니저들이 보내오는 기업보고서를 꼼꼼히 챙겨 보지요. 무엇보다 기업들의 경영상태를 한눈에 알 수 있는 대차대조표와 손익계산서를 가장 중요시합니다. 버핏 회장은 학생시절에 이미 기업의 대차대조표와 손익계산서를 보는 방법을 터득했습니다. 투자하는 기업이 어떤 기업인지도 모르고 막무가내로 투자하는 개인투자자들을 안타까워합니다. 버핏 회장은 현미경으로 사물을 관찰하는 것처럼 기업들의 대차대조표와 손익계산서를 꼼꼼히 살펴봅니다. 대차대조표와 손익계산서를 분석하는 것이 주식투자의 기본이라고 생각하고 있습니다."

일반 사람들은 워렌 버핏을 '가치투자의 달인'이라고 단지 피상적으로 알고 있다. 가치투자의 대가大家가 되기 위해 그가 기업분석 능력을 기르고 쉴 새 없이 공부하고 있다는 사실은 간과해버린다.

자본잠식 기업임에도 불구하고 남들이 추천한다고 해서 주식을 사기도 하고, 작전세력이 주가를 끌어올린다는 소문에 덜컥 주식을 샀다가 역정보에 걸려 낭패를 보기도 한다. 왜 그럴까? 기업을 분석할 수 있는 능력이 없기 때문이다. 대차대조표와 손익계산서를 꿰뚫고 있으면 해당 기업의 재무상태와 수익능력, 회사 규모 등을 손쉽게 알 수 있다.

언뜻 보기에 대차대조표, 손익계산서 등을 언급하면 고차원의 수학이 필요할 것이라고 선입견을 가지는 사람들이 많다. 하지만 증권사 애널리스트들이 발행하는 기업보고서나 경제신문 증권면에 나오는 기업보고서는 기본적인 용어와 원리만 알고 있으면 쉽게 이해할 수 있다. 세부적인 기업내용을 일일이 다 알고 있어야 할 필요가 없다. 기본적인 용어와 원리만 알고 있으면 기업을 분석하고 주식투자 여부를 결정하는 데 문제될 것이 없다. 개인투자자들도 워렌 버핏처럼 대차대조표와 손익계산서를 읽는 방법을 미리 알고 주식투자에 나서야 한다.

지피지기知彼知己면 백전백승百戰百勝이라고 했다. 상대(기업)를 모르는데 어찌 돈이 오고가는 주식 전쟁에서 살아남을 수 있겠는가. 대차대조표와 손익계산서부터 먼저 정복하고 전쟁에 나가도록 하자.

〈대차대조표의 구성〉

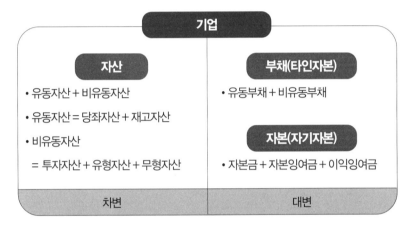

자산은 부채(타인자본)와 자본(자기자본)의 합계

기업 상태를 한눈에 볼 수 있는 대차대조표를 보면 오른쪽(대변)은 부채(타인자본)와 자본(자기자본)으로 구성돼 있고, 그 합계금액인 자산이 왼쪽(차변)에 기록돼 있다. 부채負債는 남들로부터 돈을 빌린 것이고, 자기자본自己資本은 남들로부터 투자를 받은 것이다. 기업은 부채와 자기자본을 바탕으로 모은 돈으로 공장을 짓고, 기계 설비를 사게 되는데 이것이 바로 자산資産이다.

자산은 기업이 보유하고 있는 현금, 채권, 공장, 부동산은 물론 금전적 가치가 있는 권리 등을 모두 포함한다. 자산은 얼마나 빨리 현금으로 바꿀 수 있느냐에 따라 유동자산과 비非유동자산으로 나눈다.

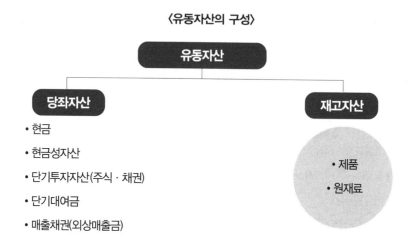

〈유동자산의 구성〉

유동자산流動資産은 쉽게 말해 결산일로부터 1년 이내, 즉 단기간에 현금화할 수 있는 자산을 일컫는다. 유동자산에는 당좌자산當座資産과 재고자산在庫資産이 있다.

당좌자산에는 현금, 현금성자산, 단기투자자산(주식 및 채권), 단기대여금, 매출채권(외상매출금) 등이 포함된다. 현금성자산은 만기가 3개월 이내에 도래하는 금융상품을 지칭하며 이에는 만기가 3개월 이내인 회사채, 기업어음CP, 양도성예금증서CD, 환매조건부채권RP 등이 해당된다.

한편 재고자산은 회사 창고에 남아 있는 자산을 말하는 것으로 아직 팔리지 않은 제품, 원재료 등을 일컫는다.

<비유동자산의 구성>

비유동자산

투자자산	유형자산	무형자산
• 부동산	• 토지	• 영업권
• 장기투자주식, 채권	• 건물	• 기술력
• 장기대여금	• 기계설비	• 브랜드파워
• 장기금융상품		

　유동자산과 함께 자산의 일부를 구성하는 비非유동자산은 기업 결산일로부터 '1년 이후에' 장기간에 걸쳐 현금화가 가능한 자산을 말한다. 유동자산은 현금으로 바꾸는 것이 쉽지만(유동화가 용이하지만), 비유동자산은 현금화가 다소 어렵다고 생각하면 된다.

　비유동자산은 크게 투자자산投資資産과 유형자산有形資産, 무형자산無形資産 등으로 나눌 수 있다.

　투자자산은 1년 이상 장기간에 걸쳐 투자할 목적으로 보유하고 있는 자산을 말하는데 대표적인 것이 부동산이나 장기투자주식 및 채권, 장기대여금, 장기금융상품 등이다.

　유형자산은 말 그대로 형태가 있는 자산으로 토지, 건물, 기계설비 등이 해당된다. 무형자산은 말 그대로 형태가 없는 자산으로 영업권, 기술력, 브랜드파워 등이 해당된다.

투자의 기본은 대차대조표 읽기 – 부채

앞에서는 자산의 정의와 종류에 대해 알아보았다. 여기서는 대차대조표의 오른쪽(대변)을 구성하는 부채와 자기자본 중 부채에 대해 살펴보도록 하자. 부채는 기업이 해외에서 빌린 돈이다. 일반 개인이 은행에서 주택담보대출을 받아 집을 구입하는 것처럼 기업도 외부에서 자금을 조달해 공장을 짓고 영업활동을 한다. 부채는 자기의 돈이 아니라 외부에서 조달한 남의 돈이기 때문에 타인자본이라고 한다.

부채에는 유동부채流動負債와 비유동부채가 있다. 유동부채는 결산일로부터 1년 이내에 만기가 도래해 갚아야 하는 부채를 말한다. 기업의 입장에서는 단기간에 돈을 상환해야 하기 때문에 재무적으로 큰 부담이 되는 빚이다.

유동부채에는 매입채무(외상매입금과 지급어음) 및 단기차입금, 미지급금 등이 포함된다.

매입채무는 간단히 말해 기업이 돈을 지불하지 않고 외상으로 상품,

〈부채의 구조〉

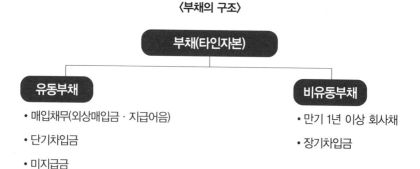

원재료 등을 매입하면서 발생한 채무를 말한다. 가령 자동차부품 업체인 A사가 원재료를 외국에서 들여오면서 1년 이내에 갚기로 약속하고 외상으로 구입했다면 A사는 매입채무가 발생하게 되는 것이다. 외상으로 매입했기 때문에 외상매입금이 되거나 지급어음이 되는 것이다.

단기차입금은 회사가 1년 이내에 원금과 이자를 갚기로 약속하고 은행, 보험 등 금융기관으로부터 빌린 돈을 말한다. 단기차입금이 많다는 것은 그만큼 회사의 재무 부담이 크다는 것을 의미하며 빚을 많이 지고 있다는 것을 뜻한다. 2009년 초 글로벌 신용경색이 심화되면서 한국 기업들은 은행에서 장기자금을 조달하지 못해 1년 이내의 단기차입금에 의존해 경영활동에 나섰던 아픈 경험을 갖고 있다.

미지급금은 상품, 원재료 등과 같은 재고자산이 아니라 회사에서 업무용으로 사용하는 자동차, 공구 등을 외상으로 살 때 발생하는 외상대금이다.

유동부채가 1년 이내에 갚아야 하는 단기 부채라면 비유동부채는 1년 이상, 즉 장기간에 걸쳐 갚아야 하는 장기 부채이다. 비유동부채는 당장 갚아야 하는 빚이 아니라 장기간에 걸쳐 상환하면 되기 때문에 기업의 재무구조를 크게 압박하지는 않는다.

비유동부채를 구성하는 것으로는 회사채와 장기차입금이 대표적이다.

회사채는 기업이 외부에서 자금을 조달하기 위해 발행하는 차용증서이다. 가령 B사가 신설공장을 짓기 위해 투자자들을 대상으로 3년 만기, 만기수익률 7% 등의 조건으로 회사채를 발행하는 식이다. B사는 외부에서 3년 동안 돈을 빌려 사용하기 때문에 투자자들에게 일정 수준의 수익률로 이자를 지급해야 한다. 일반 기업이 발행하면 회사채, 은행이 발행하면 은행채, 산업은행이 발행하면 산금채 등의 식으로 표현한다.

장기차입금은 글자 그대로 결산일로부터 1년 이후에 갚아야 하는 차입금이다. 1년 이내에 갚아야 하는 단기차입금과 구별된다. 결국 유동부채이든, 비유동부채이든 기업의 부채가 많다는 것은 그만큼 빚을 많이 지고 있다는 것을 의미하며 기업의 재무구조를 악화시킬 가능성이 높다는 것을 뜻한다.

투자의 기본은 대차대조표 읽기 – 자본(자기자본)

앞에서 자산과 부채에 대해 살펴보았다. 여기서는 대차대조표의 오른쪽(대변)을 구성하는 또 다른 항목인 자본에 대해 알아보자.

자본은 회사가 투자자인 주주들로부터 받은 돈이나 이익을 많이 내서 회사에 쌓아 놓은 이익금을 통칭해서 말한다. 부채가 타인자본인 것과 비교해 자본은 '자기자본'이라고 한다. 또 자산에서 부채를 빼면 자본이 된다는 의미에서 '순자본'이라고도 한다.

자본은 크게 자본금, 자본잉여금, 이익잉여금 등으로 구성된다. 자본금은 회사에 돈을 투자한 사람들, 즉 주주가 출자한 돈을 말한다. 발

〈자본(자기자본)의 구성〉

행한 주식의 총수에 액면가액을 곱하면 자본금이 된다. 예를 들어 반도체장비 업체인 D사가 액면가액이 5,000원인 주식을 1,000만 주 발행한다면 자본금은 500억 원(5,000원×1,000만 주)이 된다.

자본금 = 주식의 액면가액×주식발행 총수

기업이 발행하는 주식에는 보통주와 우선주가 있다. 보통주는 기업들이 발행하는 일반적인 형태의 주식을 말한다. 반면 우선주는 이익배당이나 잔여재산 처분 등 일정한 권리에 대해 주주들이 우선적인 지위를 갖는 주식을 말한다.

통상 우선주는 보통주보다 배당률이 높아 배당투자를 겨냥하는 투자자들로부터 인기가 높다.

보통주 발행 총수에 액면가액을 곱하면 보통주 자본금이 되고, 우선주 발행 총수에 액면가액을 곱하면 우선주 자본금이 된다.

자본잉여금을 대표하는 것으로 주식발행초과금이 있다. 주식투자자들은 이를 줄여 '주발초'라고 한다. 주식발행초과금은 회사가 새로 주식을 발행할 때 주식의 발행가액에서 액면가액을 뺀 초과금액을 말한다. 앞에서 예로 든 반도체 장비업체인 D사가 연구개발비를 마련하기 위해 발행가액 15,000원에 10만 주를 새로 발행한다고 하자. D사의 액면가액은 5,000원인 반면 발행가격은 15,000원이기 때문에 1주당 1만 원의 주식발행초과금이 발생한다. D사는 10만 주의 신주를 발행하면서 10억 원[(15,000원-5,000원)×10만 주]의 주식발행초과금이 발생하는 것이다.

자본을 구성하는 또 다른 항목인 이익잉여금은 회사가 영업활동을 통해 벌어들인 이익 중 주주들에게 배당하지 않고 회사에 쌓아둔 과거 이익의 합계를 말한다. 앞에서 예로 든 D기업이 2008년 한 해 동안 30억 원의 순익을 달성해 10억 원은 주주들에게 배당하고 20억 원은 회사내부에 유보금으로 쌓아 놓았다면 20억 원은 이익잉여금이 되는 것이다.

자본잠식 기업은 무시하라

자본에 대한 기본적인 지식을 알아보았다. 주식투자를 하거나 기업 분석 보고서를 읽다 보면 '자본잠식'이라는 말을 자주 접하게 된다. 워렌 버핏은 자본잠식 기업의 주식은 사서는 안 된다고 강조한다. 워렌 버핏은 다음과 같은 투자전략을 고수하기 때문에 자본잠식 기업을 거들떠보지도 않는다.

"자신이 기업내용을 잘 알고 있고, 과거에 지속적인 이익을 내왔고, 장기적인 전망이 밝고, 부채가 거의 없고, 주가가 저평가돼 있는 기업을 찾아야 한다."

그럼 워렌 버핏은 왜 자본잠식 기업을 무시하는 것일까? 자본잠식의 개념부터 살펴보도록 하자.

자본잠식이란 자본금 대비 자기자본을 비교해서 자기자본이 자본금보다 작아졌을 때를 말한다.

$$자본잠식률(\%) = \frac{자본금 - 자기자본}{자본금} \times 100$$

예를 들어 자동차부품 업체인 A사의 자본금이 100억 원이라고 하자. 하지만 경기침체로 3년 동안 매출과 순익이 급감하면서 이익잉여금이 −40억 원을 기록했다고 한다면 A사는 다른 조건이 동일할 경우 자본금은 100억 원이지만 자기자본은 60억 원에 그친다.

일반적으로 자기자본이 자본금보다 많아야 자본잠식에서 벗어날 수 있지만 A사의 경우 자기자본이 자본금보다도 적은 상황이 나타난다. A사는 60% 자본이 잠식된 상태이다. 이처럼 자본잠식률이 1~99%를 나타낼 경우에는 이를 '부분 자본잠식'이라고 한다.

$$\text{A사의 자본잠식률} = \frac{100\text{억 원} - 40\text{억 원}}{100\text{억 원}} \times 100 = 60\%$$

자본잠식은 그만큼 기업의 적자가 확대되고 있다는 것을 의미한다. 매년 적자가 커질 때마다 자본잠식도 덩달아 확대된다.

예를 들어 A사의 이익잉여금이 −100억 원을 기록한다면 A사의 자기자본은 제로(0)가 된다. 자본잠식률은 물론 100%가 된다. 이처럼 자본잠식률이 100%를 넘어설 경우에는 이를 '완전 자본잠식' 이라고 한다.

결국 자본이 잠식되었다는 것은 주주들이 출자한 돈을 제대로 굴리지 못해 출자자금을 까먹고 있다는 얘기가 되고, 그만큼 기업의 수익이 감소하고 있다는 것을 의미한다.

자본잠식 기업은 투자대상으로 위험하다. 기업내용이 불량하기 때

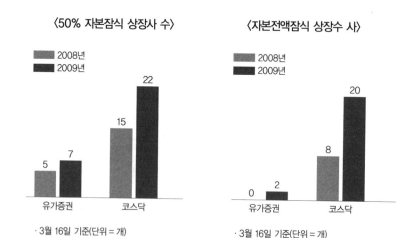

〈50% 자본잠식 상장사 수〉

2008년
2009년

유가증권 5 7
코스닥 15 22

· 3월 16일 기준(단위 = 개)
· 자료 : 한국거래소

〈자본전액잠식 상장수 사〉

2008년
2009년

유가증권 0 2
코스닥 8 20

· 3월 16일 기준(단위 = 개)
· 자료 : 한국거래소

문에 주식시장에서 매매가 정지되거나 상장 폐지될 위험이 높기 때문이다. 상장폐지는 말 그대로 증시에서의 퇴출을 의미한다. 애써 투자한 돈을 한 푼도 건질 수 없는 것이다. 한국 증권거래소는 자본잠식 기업을 관리종목으로 지정하고 기업내용이 개선되지 않으면 상장을 폐지해버린다. 워렌 버핏이 자본잠식 기업이나 관리종목을 무시하는 것은 바로 이 때문이다.

관리종목 지정은 ① 최근 사업연도 매출액 30억 원 미만 ② 자본잠식률 50% 이상 ③ 자기자본 10억 원 미만 등이다. 관리종목이 되더라도 향후 영업실적 및 매출액이 증가하면 충분히 관리종목에서 벗어날수 있다. 하지만 관리종목 요건을 해소하지 못할 때에는 상장이 폐지된다.

상장폐지 요건은 ① 2년 연속 매출액 30억 원 미만 ② 자본잠식률 50% 이상 지속 ③ 자기자본 10억 원 미만 지속 ④ 최근 사업연도 말 완전자본잠식 등이다.

대차대조표상의 자본금과 이익잉여금, 자기자본 등을 눈여겨보고 이를 분석할 수 있는 능력을 갖추고 주식투자에 나서야 하는 이유가 여기에 있다.

02 워렌 버핏이 중시하는 지표

워렌 버핏이 중시하는 성장성 지표

"나는 주식투자를 할 때 내가 기업분석가라고 여긴다. 나는 나 자신을 시장분석가라고 여기지 않고, 거시경제분석가라고 생각하지 않으며, 심지어는 증권분석가라고도 여기지 않는다." 주식투자에 대한 워렌 버핏의 소신을 담은 말이다.

글로벌 경제현황도 중요하고 개별 국가의 거시경제 지표도 중요하지만 가장 중요한 투자 잣대는 기업분석에 있다는 말이다. 기업분석은 대차대조표와 손익계산서에 고스란히 담겨 있다.

주식투자의 가장 기본적인 원칙은 대차대조표와 손익계산서를 정복하고 이에 수반하는 성장성, 수익성, 안전성 지표를 자기 나름대로의 잣대로 분석하는 일이다. 워렌 버핏이 자신을 '기업분석가' 라고 부르는 이유가 여기에 있다.

성장성 지표

기업의 성장성 지표는 자기자본이나 자산 등이 얼마나 많이 증가하고 매출이 얼마나 빠르게 늘어나는가를 나타내는 지표이다. 어린 아이에 비유하자면 얼마나 빨리 체력이 불어나고 키가 커지는가를 보여주는 것이다. 개별 기업이 얼마나 빨리 덩치를 키워나가는지를 알 수 있다.

예를 들어 기업이 생산하는 제품에 대한 수요가 많아 공장을 증설할 경우 유상증자를 통해 자금을 모으게 된다. 유상증자를 하면 자본금이 늘어나고 자본잉여금(주식발행초과금)도 증가하게 된다. 수요가 많으면 이익잉여금도 당연히 늘어난다. 결과적으로 이 기업은 자기자본이 늘어나고 자산도 늘어나면서 덩치가 한층 커지게 되는 것이다.

반대로 판매부진으로 기업이익이 떨어지면 생존을 위해 기업은 보유 부동산을 처분하거나 재무구조를 개선하기 위해 감자(자본감소)를 하거나 이익잉여금 감소를 감내해야 한다. 당연히 자기자본과 자산이 줄어들고 덩치는 오그라들게 된다. 성장성 지표를 통해서는 이처럼 기업이 커가는 정도와 속도를 파악할 수 있다.

총자산증가율은 기업의 자산이 전년도에 비해 얼마나 빨리 증가하고 있는지를 보여준다. 하지만 총자산 증가율이 높다고 해서 좋은 것은 아니다. 영업활동으로 이익잉여금이 증가하거나 자본잉여금이 늘어나는 것은 좋은 일이지만 외부에서 돈을 빌려 부채가 늘어나는 경우도 있기 때문에 주의해야 한다. 즉 총자산이 증가한다는 사실 자체가 중요한 것이 아니라, 총자산의 어떤 요소가 늘어나고 있는지 확인해야 한다.

$$\text{총자산 증가율} = \frac{\text{당기말 총자산} - \text{전기말 총자산}}{\text{전기말 총자산}} \times 100$$

유동자산 증가율은 유동자산에 해당하는 당좌자산과 재고자산이 얼마나 빨리 증가하고 있는지를 보여준다. 예를 들어 제품에 대한 수요가 많아 매출이 늘어난다면 현금성자산과 외상매출금이 증가하기 때문에 유동자산은 자연적으로 불어나게 된다. 그만큼 1년 이내에 현금화할 수 있는 자금이 많다는 것을 의미하며 기업내용이 튼튼해진다는 것을 알 수 있다.

자기자본 증가율은 당해 연도의 자기자본이 전년도에 비해 얼마나 많이 증가했는가를 보여준다. 앞에서 살펴본 것처럼 자기자본은 자본금, 자본잉여금, 이익잉여금 등으로 구성된다.

$$\text{유동자산 증가율} = \frac{\text{당기말 유동자산} - \text{전기말 유동자산}}{\text{전기말 유동자산}} \times 100$$

회사가 제품을 판매해 매출과 영업이익, 당기순익이 늘어난다면 이익잉여금과 자기자본은 증가하게 되고, 유상증자를 통해 자본잉여금을 쌓아도 자기자본은 늘어나게 된다. 하지만 회사의 매출이 저조하거나 영업활동을 잘못해 당기순익이 줄어든다면 이익잉여금은 마이너스를 기록하게 되고 결과적으로 자기자본은 감소하게 된다.

$$자기자본\ 증가율 = \frac{당기말\ 자기자본 - 전기말\ 자기자본}{전기말\ 자기자본} \times 100$$

매출액 증가율은 회사가 1년 동안 영업활동을 통해 판매한 제품과 상품의 총액이 얼마나 늘어났는지를 나타내는 지표이다. 매출액이 늘어났다는 것은 시장규모가 확대되었거나 회사 제품에 대한 수요가 많아 시장점유율이 확대되었다는 것을 의미한다. 과당경쟁과 출혈경쟁으로 손해를 감수하면서까지 매출을 증대시키는 것은 회사의 수익성을 떨어뜨리게 되지만 일반적으로 매출액이 늘어난다는 것은 회사가 성장하고 있다는 것을 뜻한다.

$$매출액\ 증가율 = \frac{당기말\ 매출액 - 전기말\ 매출액}{전기말\ 매출액} \times 100$$

영업이익 증가율은 매출액에서 매출원가와 판매비, 관리비를 뺀 영업이익이 1년 동안 얼마나 신장되었는지를 보여주는 지표이다.

영업이익이 늘었다는 것은 기업이 제품을 생산해 영업활동을 할 때마다 이익이 증가했다는 것을 의미하기 때문에 기업의 수익이 그만큼 개선되고 있다는 것을 보여준다. 영업이익은 부동산을 팔거나 주식 등 유가증권을 매각하는 것이 아니라 순수하게 영업활동을 통해 얻어진 이익이기 때문에 회사의 이익을 따질 때 가장 중시되는 항목이다.

$$영업이익 증가율 = \frac{당기말\ 영업이익 - 전기말\ 영업이익}{전기말\ 영업이익} \times 100$$

당기순익 증가율은 영업이익에서 영업외수익을 더하고 영업외비용과 법인세를 빼고 난 뒤의 이익이 얼마만큼 증가했는지를 나타내는 지표이다.

당기순익이 늘었다는 것은 그만큼 회사의 수익구조가 좋아졌다는 것을 의미하지만 일시적으로 부동산이나 건물을 팔아 영업외수익이 증가할 때도 있는 만큼 주의해야 한다. 영업이익은 대규모 적자를 나타내고 있지만 일시적으로 부동산과 빌딩을 팔아 영업외수익이 늘어나 당기순익은 흑자를 나타낼 수도 있기 때문이다.

$$당기순익 증가율 = \frac{당기말\ 당기순익 - 전기말\ 당기순익}{전기말\ 당기순익} \times 100$$

워렌 버핏이 중시하는 수익성 지표

"나는 바보라도 수익을 낼 수 있는 훌륭한 회사를 선호한다."

"나에게는 3개의 투자대상에 대한 판단기준이 있다. 즉 내가 이해할 수 있는 제품을 취급하는 회사여야 하며, 수익성이 좋은 회사여야 하며, 신뢰할 수 있는 경영진을 갖춘 회사여야 한다."

워렌 버핏은 기업의 성장성, 수익성, 안정성 지표를 모두 중시하지만 이 중에서도 수익성을 더욱 중요시한다. 영업활동을 통해 수익을 내지 못하는 기업은 투자대상으로서 아예 제쳐 놓는 것이 워렌 버핏의 투자 스타일이다. 기업의 존재가치는 수익을 얼마나 내고 얼마나 오랫동안 수익성을 유지하는가에 달려 있다고 워렌 버핏은 강조한다.

워렌 버핏이 주목하는 수익성 지표로는 자기자본 이익률과 매출액 영업이익률, 매출액 순이익률, 적립금 비율, 사내 유보율, 배당성향, 이자보상배율 등이 있다.

수익성 지표

자기자본 이익률은 당기순익을 자기자본으로 나눈 비율이다. 주식 용어로는 'ROE'라고 한다. 자기자본은 주주들이 회사에 출자한 자금이나 이익잉여금을 나타낸다는 점을 감안하면 당기순익은 최소한 은행 이자보다는 높아야 한다. 가령 자기자본을 은행에 그대로 예치하기만 해도 연간 4~5%의 이자를 얻을 수 있는데 당기순익이 자기자본의 4%에도 미치지 못한다면 자기자본을 잘못 운영했다는 것을 의미한다. 영업활동을 하지 않고 자기자본을 고스란히 은행에 예치하는 것이 더 큰 수익을 올릴 수 있는 것이다.

$$자기자본\ 이익률(ROE) = \frac{당기순익}{자기자본} \times 100$$

매출액 영업이익률은 영업이익을 매출액으로 나눈 지표이다. 부동산을 팔거나 주식 등 유가증권 투자로 얻은 이익은 영업외수익이기 때문에 영업이익에서 제외된다. 매출액 영업이익률이 좋다는 것은 동일한 매출규모이지만 영업이익이 더 많다는 것을 의미하기 때문에 매출액 영업이익률은 높으면 높을수록 좋다.

$$매출액\ 영업이익률 = \frac{영업이익}{매출액} \times 100$$

매출액 순이익률은 기업의 최종적인 성과물인 단기순이익을 매출액으로 나눈 지표이다. 제품 하나를 판매할 때마다 순익이 크다는 것을 뜻하기 때문에 회사의 마진율이 그만큼 높다는 것을 의미한다. 하지만 부동산을 팔거나 자산재평가를 통해 일시적으로 당기순익이 급격하게 증가한 것으로 나타날 수 있는 만큼 주의해야 한다.

$$\text{매출액 순이익률} = \frac{\text{당기순익}}{\text{매출액}} \times 100$$

적립금 비율은 자기자본 중 적립금이 차지하는 비중이다. 여러 차례 언급한 것처럼 자기자본은 주주들이 출자한 자본금과 자본거래에서 발생한 자본잉여금(주식발행초과금), 영업활동을 통해 얻은 이익잉여금 등으로 구성된다.

이 중 자본잉여금과 이익잉여금을 합해서 적립금이라고 한다. 적립금비율이 높다는 것은 자기자본에서 자본잉여금과 이익잉여금 비중이 크다는 것을 의미하며 상대적으로 자본금은 적다는 것을 뜻한다. 기업이 영업활동을 통해 이익을 많이 내면 자본금이 적기 때문에 배당을 많이 하지 않아도 되고, 대신 이익잉여금 형태로 사내유보할 수 있는 여지가 크게 된다. 결국 적립금 비율이 높으면 기업의 자본구성이 튼튼해지는 것이다.

사내 유보율은 기업의 당기순이익 중 얼마만큼 이익잉여금 형태로 회사 내부에 축적되는가를 나타내는 지표이다. 기업은 당기순이익을

$$\text{적립금 비율} = \frac{\text{자본잉여금} + \text{이익잉여금}}{\text{자기자본}} \times 100$$

내면 주주들에게 배당금을 지급한다. 고객이 은행에 돈을 예치하면 이자를 주는 것처럼 기업들은 자신들의 회사에 출자한 주주들에게 배당금을 지급한다. 물론 적자에 허덕이는 기업은 주주들에게 배당금을 지급하기가 불가능하다.

기업들이 이익을 모두 배당하지 않고 회사내부에 쌓아 두는 것은, 즉 사내에 유보시키는 것은 불경기에 대비해 현금을 쌓아 두는 것일 수도 있고, 설비투자 자금을 마련하는 것일 수도 있고, 기업 인수합병M&A에 필요한 자금을 준비하기 위해서일 수 있다. 그만큼 회사가 장기 성장전략을 수립하는 데 유리한 것이다.

예를 들어 시계 제조업체인 C사가 2008년도에 100억 원의 당기순익을 기록했다고 하자. 이 중 20억 원을 배당금 형태로 주주들에게 지급하게 되면 나머지 80억 원은 이익잉여금 형태로 고스란히 회사내부에 남게 된다. 이 경우 C사는 100억 원의 당기순익 중 80억 원을 사내에 유보시킨 것이 되기 때문에 사내 유보율은 80%가 된다.

$$\text{사내 유보율} = \frac{\text{당기순이익} - \text{배당금}}{\text{당기순이익}} \times 100$$

배당성향은 사내 유보율과 반대되는 개념으로 당기순이익 중 얼마만큼 주주들에게 배당금 형태로 지불되었는가를 보여준다. 배당성향이 높다는 것은 그만큼 당기순익 중 주주들에게 배당금을 많이 지급했다는 것을 의미한다. 사내 유보액과 배당액을 합하면 당기순이익이 된다. 결국 사내 유보율이 높으면 배당성향은 줄어들게 되고, 반대로 사내 유보율이 낮으면 배당성향은 높아지게 된다. 마찬가지로 사내 유보율과 배당성향을 합하면 100%가 된다. 기업의 배당성향이 높다는 것은 경영진이 주주들에게 배당금을 많이 지급한다는 것을 의미한다.

$$배당성향 = \frac{배당금}{당기순이익} \times 100$$

이자보상배율은 영업이익을 이자비용으로 나눈 지표로, 영업이익을 가지고 몇 번이나 이자를 갚을 수 있는지를 보여준다. 영업이익에서 은행이자 비용 등과 같은 영업외비용을 빼면 세전이익이 된다. 영업외수익을 고려하지 않는다면, 즉 영업외수익이 제로(0)라고 가정할 경우 이자보상배율이 1이면 영업이익과 이자비용은 동일하다는 것을 뜻하며 세전이익은 제로(0)가 된다.

이자보상배율이 1을 초과하면 영업이익이 이자비용보다 많다는 것을 의미하고 세전이익은 플러스(+)가 된다. 반대로 이자보상배율이 1을 밑돌면 영업이익보다 이자비용이 더 많다는 것을 뜻하며 세전이익은 마이너스(−)가 된다.

결국 이자보상배율이 높다는 것은 기업이 은행 등 금융기관에서 돈을 빌리고 이자를 지급하더라도 이자비용보다 더 많은 영업이익을 내

고 있다는 것을 의미하며, 그만큼 회사의 수익성이 좋다는 것을 보여
준다.

$$이자보상배율 = \frac{영업이익}{이자비용} \times 100$$

워렌 버핏이 중시하는 안전성 지표

"훌륭한 기업은 25년에서 30년 동안 위대한 회사로 남아 있을 수
있는 기업으로 정의된다."

"혁신적으로 변화된 기업이 예외적으로 높은 수익을 올리기는 힘들
다. 나는 변화를 하지 않고도 얼마든지 계속 수익을 올릴 수 있는 기업
을 선택한다."

워렌 버핏은 기업의 성장성, 수익성과 함께 안전성을 중시한다. 회
사가 큰 변화없이 얼마나 안정적으로 운영되고 있는지를 판단하는 것
이다. 어떤 해에는 기업이 번창하다가 어떤 해에는 적자를 기록하는
것과 같이 부침이 심한 것이 아니라 재무구조가 매년 안정적인 기업을
선택한다.

워렌 버핏이 기업의 안전성을 판단하는 기준으로 즐겨보는 지표로

는 자기자본 비율, 유동 비율, 당좌 비율, 부채 비율, 유동부채 비율, 차입금 의존도 등이 있다.

　자기자본 비율은 부채와 자기자본을 합한 총자본 중에서 자기자본이 차지하는 비율을 뜻한다. 자기자본 비율이 높다는 것은 총자본 중에서 부채 비중이 적고 자기자본이 많다는 것을 의미한다.

　기업은 부채가 많으면 부채를 사용하는 대가로 이자를 내야 한다. 금융비용이 늘어나는 것이다. 반면 주주들의 출자자금인 자기자본에 대해서는 이자를 내지 않아도 되고, 이익이 나지 않는 경우에는 배당을 실시하지 않아도 된다. 그만큼 금융비용이 절약되는 것이다. 따라서 자기자본비율이 높을수록 기업의 재무안전성은 양호하다고 판단할 수 있다.

$$\text{자기자본 비율} = \frac{\text{자기자본}}{\text{총자본(부채+자기자본)}} \times 100$$

　유동 비율은 유동자산을 유동부채로 나눈 것이다. 유동자산은 1년 이내에, 즉 단기간에 현금화할 수 있는 자산을 말하며, 유동부채는 1년 이내에, 즉 단기간에 상환하거나 갚아야 하는 부채를 의미한다. 결국 유동 비율이 높다는 것은 기업이 단기간에 현금화할 수 있는 능력이 뛰어나다는 것을 뜻한다.

　만약 유동 비율이 100%라면 유동자산으로 유동부채를 상환할 수 있다는 것을 의미한다. 하지만 유동 비율이 100%를 밑돈다면 유동자산으로 1년 이내에 상환해야 하는 유동부채를 갚을 수 없기 때문에 기업은 회사채를 발행하거나 은행에서 돈을 빌려야 한다. 그만큼 재무부담이 늘어나는 것이다. 결국 유동 비율이 100% 아래로 떨어진다면 기업은 단기적인 지급능력이 떨어지고 재무안전성도 떨어진다고 볼 수 있다. 반대로 유동 비율이 높으면 높을수록 기업의 현금흐름과 재무안전성은 우수하다고 할 수 있다.

$$유동\ 비율 = \frac{유동자산}{유동부채} \times 100$$

당좌 비율은 당좌자산을 유동부채로 나눈 수치이다. 1년 이내에, 즉 단기간에 현금화가 가능한 유동자산에는 당좌자산과 재고자산이 있다. 당좌자산은 현금이나 현금성자산, 단기투자증권, 단기대여금, 단기매출채권 등으로 빠른 시일 내에 현금화가 가능하다. 반면 재고자산은 제품이나 원재료 등으로 생산과 판매과정을 거쳐 현금으로 회수할 수 있다. 당좌자산이나 재고자산이나 모두 1년 이내에 현금화가 가능하지만 이 중에서도 당좌자산이 현금화할 수 있는 속도가 더 빠르다. 결국 당좌 비율이 높다는 것은 기업이 단기부채를 상환할 수 있는 능력이 뛰어나다는 것을 의미한다.

유동 비율과 함께 당좌 비율은 기업의 단기 채무를 상환할 수 있는 능력을 가늠할 수 있는 지표인 셈이다.

$$당좌\ 비율 = \frac{당좌자산}{유동부채} \times 100$$

부채 비율은 기업이 재무적으로 얼마나 튼튼한지를 나타내는 대표적인 안전성 지표이다. 증권사에서 나오는 기업보고서를 보거나 경제신문을 읽을 때 자주 언급되는 용어이기도 하다. 부채 비율은 부채를 자기자본으로 나눈 것이다. 부채에는 1년 이내에 상환해야 하는 유동부채와 1년 이후에 갚아야 하는 비유동부채가 모두 포함된다.

부채 비율이 동종 업종이나 동종 기업에 비해 높다는 것은 그만큼 금융기관에 대한 차입이 많고 이자 등과 같은 금융비용 부담이 크다는 것을 의미한다. 증권거래소에 상장된 기업들 중에서는 부채 비율이 100%에 불과한 기업이 있는가 하면 부채 비율이 1,000%를 넘는 기업들도 수두룩하다.

자기자본 비율과 부채 비율은 밀접한 관계에 있다. 가령 자기자본을 총자본으로 나눈 자기자본 비율이 40%라면 부채가 총자본에서 차지하는 비율은 60%가 된다. 따라서 자동적으로 부채 비율은 150%(60%/40%)가 된다. 자기자본 비율만 알고 있으면 자동적으로 부채 비율을 계산할 수 있는 것이다.

간단하게 설명하면 다음과 같다. A사의 총자본이 100억 원, 자기자본이 40억 원이면 자동적으로 부채는 60억 원이 된다. 자기자본 비율은 40%(40억 원/100억 원)가 되고 총자본에서 부채가 차지하는 비율은 60%가 된다. 따라서 부채를 자기자본으로 나눈 부채 비율은 150%(60억 원/40억 원)가 된다.

$$\text{부채 비율} = \frac{\text{부채(유동부채+비유동부채)}}{\text{자기자본}} \times 100$$

유동부채 비율은 자기자본에 비해 유동부채가 얼마나 많은지를 나타내는 지표이다. 유동부채는 매입채무(외상매출금, 지급어음)와 단기차입금, 미지급금 등과 같이 회사가 1년 이내에 갚아야 하는 단기부채를 말한다. 즉 유동부채 비율은 회사의 단기부채에 대한 재무안전성이 얼마나 좋은가를 보여준다. 유동부채 비율이 100%를 넘을 때에는 자기자본에 비해 단기간에 갚아야 하는 유동부채가 많다는 것을 의미하기 때문에 재무안전성이 불안정하다고 볼 수 있다. 유동부채 비율이 낮으면 낮을수록 기업의 재무안전성은 양호한 것이 된다.

$$\text{유동부채 비율} = \frac{\text{유동부채}}{\text{자기자본}} \times 100$$

차입금 의존도는 회사가 외부로부터 빌린 차입금을 총자본으로 나눈 비율이다. 차입금에 대해서는 이자를 지불해야 하는 만큼 차입금이 많으면 기업의 금융비용 부담은 늘어나게 된다. 차입금에는 국내 금융기관에서 빌리는 원화 차입금, 해외 금융기관에서 돈을 빌리는 외화 차 입금, 회사가 발행하는 채권인 회사채 등이 모두 포함되는데 이자를 지급하기로 약정하고 빌린 돈은 모두 차입금이 된다. 결국 기업의 차입금 의존도가 많다는 것은 금융기관에 빚이 많다는 것을 의미하며 이는 결국 기업의 금융비용이 증가하는 결과를 초래한다.

$$\text{차입금 의존도} = \frac{(\text{원화 차입금}+\text{외화 차입금}+\text{회사채})}{\text{총자본}} \times 100$$

워렌 버핏이 기업을 평가하는 12가지 기준과 우량 기업 발굴하기

워렌 버핏이 기업을 평가하는 12가지 기준

워렌 버핏은 가치투자의 귀재로 널리 알려져 있다. 기업의 주가가 시장충격으로 내재가치 이하로 떨어지거나 투자자들로부터 소외를 받고 있을 때 합리적인 가격으로 주식을 매수해 장기 보유하는 것이 워렌 버핏의 주식투자 방식이다. 그는 코카콜라, 워싱턴포스트(신문), 질레트(면도기), 벤자민 무어(페인트) 등 세계적인 기업의 주식을 사들여 10~20년 장기보유하는 것으로 유명하다. 워렌 버핏은 투자종목을 고를 때 4가지 요소를 눈여겨보고 이에 근거해 최종 투자를 결정한다. 아무런 기준 없이 무턱대고 투자에 나서거나 남들이 좋다는 종목에 솔

깃해 투자를 하는 것이 아니다.

4가지 요소는 기업요소, 경영요소, 재무요소, 가치요소 등이다. 여기서는 워렌 버핏의 가치투자 핵심을 이루는 4가지 요소를 자세하게 알아본다. 독자들이 보다 쉽게 내용을 이해할 수 있도록 다양한 저서와 보고서, 특히 『워렌 버핏 투자법』(로버트 해그스트롬 지음)과 '우리투자증권 보고서'를 참고했음을 알려 둔다.

가치투자 핵심을 이루는 4가지 요소

기업요소
1. 기업의 활동이 단순하고 이해하기 쉬운가?
2. 기업이 일관되고 오랜 역사를 가지고 있는가?
3. 기업의 장기적인 전망이 밝은가?

경영요소
4. 경영진이 합리적인가?
5. 경영진이 주주들에게 정직한가?
6. 경영진이 제도적 관행에 도전할 용기가 있는가?

재무요소
7. 자기자본 순이익률은 좋은가?
8. 회사의 주주수익은 좋은가?
9. 매출액 순이익률은 좋은가?
10. 유보금은 효율적으로 사용되고 있는가?

가치요소
11. 회사의 내재가치는 얼마나 되는가?
12. 주식을 내재가치보다 훨씬 싸게 살 수 있는가?

공부하지 않으면 백전백패

앞에서 언급한 12가지 기준을 모두 충족하는 기업이라면 투자대상으로 더할 나위 없이 좋다. 하지만 모든 조건을 갖춘 '백마 탄 왕자'는 찾아보기 힘든 것이 사실이다. 워렌 버핏도 12가지 조건을 모두 갖춘 기업을 찾아내고 발굴하기 위해 전 세계에서 보내온 기업보고서를 연구하고 검토한다.

투자공부를 하지 않고 주식을 사는 것은 총도 없이 전쟁터로 나가는 것과 마찬가지다. 무기 없이 전쟁에서 승리할 수 없는 것처럼 기업내용을 공부하지 않고서는 주식투자에서 이길 수 없다.

증권사 펀드매니저, 연기금 등 기관투자가와 외국인들은 기업내용을 잘 알고 있는 반면 개인투자자들은 기업내용을 접하기가 쉽지 않다. 기관투자가와 외국인들은 철저하게 기업내용과 보고서를 보고 투자판단을 내리지만 개인투자자 중에서는 소문이나 막연한 기대에 의존해 투자를 하는 경우가 많다. 누가 유리한가? 개인투자자들이 주식투자로 손실을 보거나, 기관투자가나 외국인에 비해 수익률이 저조한 것은 바로 이 때문이다.

철저하게 기업을 분석하지 않으면 어렵게 벌어들인 월급을 쉽게 까먹고 만다. 워렌 버핏이 제시하는 12가지 요소를 갖추고 있는 기업을 고르기 위해서는 기업내용을 공부하고 연구해야 한다. 이것이 주식투자의 첫걸음이요 출발점이다.

공부하지 않고 주식투자에 나서겠다고 호기를 부리는 사람이나 이미 투자로 손실을 보고 있는 사람이 있다면 당장 그만둘 것을 권한다. 기업내용과 실적을 속속들이 꿰뚫고 있는 기관투자가와 외국인들도 수익률이 마이너스를 기록할 때가 있는데 아무런 공부도 하지 않는 개인투자자가 어떻게 높은 수익률을 올릴 수 있겠는가. 우리 주위에서 주식투자로 큰 돈을 벌었다는 개인투자자를 찾아보기 힘든 것은 다 그럴만한 이유가 있는 것이다.

워렌 버핏은 기업분석 및 투자공부의 중요성에 대해 다음과 같이 설명한다.

"내가 40여 년 전에 한 것과 똑같은 일을 하라고 개인투자자들에게 조언하고 싶습니다. 즉 미국 내의 모든 상장회사에 대해서 분석을 해보는 것입니다. 상장회사가 27,000개나 된다면 이름이 A로 시작되는 회사부터 하게 됩니다."

일반 개인투자자들이 증권거래소에 상장된 모든 기업을 워렌 버핏처럼 분석하거나 공부하는 것은 사실상 불가능하다. 여기서 워렌 버핏이 우리에게 강조하고자 하는 것은 그만큼 기업분석을 철저히 하고 투자에 나서야 한다는 점이다.

워렌 버핏은 인수합병M&A을 위해 기업을 사들이는 것과 개인투자자들이 주식을 매입하는 것은 근본적으로 별다른 차이가 없다고 본다. 모두 특정 기업에 투자한다는 공통점을 가지고 있다. 다만 금액 규모에서 차이가 있을 뿐이다. 기업을 사들이는 의사결정을 내리는 상황에서 기업을 분석하지 않고 어떻게 천문학적인 돈을 투입하겠는가. 이는 기업을 통째로 사들이는 경우뿐만 아니라 개인투자자들이 주식투자를 할 때도 마찬가지로 적용되어야 한다는 것이 워렌 버핏의 설명이다.

그의 투자원칙은 한결같다. 자신이 사업내용을 잘 알고 있는 기업이어야 하며, 과거에 꾸준한 수익을 내왔고, 미래 성장성이 밝고, 재무구조가 탄탄하고, 자기자본이익률이 높고, 정직하고 유능한 경영자가 운영하며, 특히 주가가 내재가치에 비해 저평가되어 있어야 한다는 것이다.

개인투자자들은 해당기업을 경영하는 CEO라고 생각하고 투자를 결정해야 한다. 앞에서 언급한 원칙을 제대로 지키고 있는 기업인지를 철저하게 공부하고 난 뒤 투자에 나서야 한다.

"나는 주식을 매입하는 것이 아니라 영원히 소유하고 싶은 기업을 매입하는 것이다"라고 강조한 워렌 버핏의 투자원칙을 곱씹어 보아야 한다.

12가지 기준을 충족하는 기업 발굴하기 – 기업요소

앞에서 워렌 버핏은 기업요소, 경영요소, 재무요소, 가치요소 등 4가지 요소, 12가지 기준을 바탕으로 투자대상 기업을 발굴하고 투자결정을 내린다는 점을 알아봤다. 여기서는 12가지 기준이 구체적으로 어떤 내용과 의미를 나타내는지 자세하게 살펴보자.

워렌 버핏은 외부충격으로 주가가 하락한다고 해서 다른 무리들과 같이 주식투매에 동참하는 것을 경계한다. 반대로 이상과열 양상이 빚어지면서 다른 투자자들이 주식매입 광풍에 휩싸일 때 아무런 생각없이 따라가는 것도 어리석은 행동이라고 말한다. 워렌 버핏은 4가지 요소, 12가지 기준을 철저하게 지키며 투자에 나선다면 외부충격이나 주위의 소문, 일시적인 주가 급등락에도 불구하고 편안한 마음을 가지고 투자를 할 수 있다고 강조한다.

워렌 버핏은 "투자를 할 때 나는 나 자신을 기업분석가로 여긴다. 나는 나 자신을 시장분석가라고 여기지 않으며, 거시경제분석가라고 여기지 않으며, 심지어는 증권분석가라고 여기지도 않는다"라고 말한다. 주식투자에는 기업분석이 왕도王道라는 얘기이다.

단순하고 이해하기 쉬운 기업에 투자하라

투자할 대상기업은 우선 기업내용이 단순하고 이해하기 쉬워야 한다. 워렌 버핏이 개인투자자들에게 전하는 가장 중요한 주식투자 조언은 '아는 기업에 투자하라'이다. 이해하기 쉬운 기업이라고 해서 자동차를 만들고, 배를 만들고, 대형 백화점을 운영하는 기업 등과 같이 사업내용이 쉬운 기업만을 투자대상으로 선정하라는 얘기가 아니다.

개인투자자 자신의 입장에서 냉철하고 객관적으로 봤을 때 자신이 이해하기 쉽고 사업내용이 단순한 기업을 선택하라는 의미이다. 일반 개인은 첨단산업으로 부상하고 있는 줄기세포 등 바이오산업에 대해 문외한이지만 어떤 개인투자자는 바이오산업에 전문가적인 지식과 식견을 가지고 있을 수 있다. 이 경우 비록 바이오 분야가 다른 사람들에게는 생소하고 어렵게 느껴지겠지만 바이오 분야에 관심이 많은 투자자에게는 바이오산업이 친숙하게 다가올 것이다.

바이오 분야 전문가에게는 바이오 기업의 내용이 단순하고 이해하기 쉽게 느껴지는 것이다. 바이오 분야 전문가는 바이오 기업 중 미래 성장성과 재무구조가 양호한 기업을 선택하면 장기간 안정된 수익률을 올릴 수 있게 된다.

워렌 버핏은 빌 게이츠 마이크로소프트MS 회장과 둘도 없는 친구이다. 1991년 빌 게이츠 어머니의 주선으로 처음 만난 뒤 지금까지 만남을 이어오고 있다. 지난 2005년 버크셔 해서웨이 주주총회에 참석했을 때에도 워렌 버핏은 빌 게이츠 회장을 초대해 같이 카드놀이를 하고 탁구게임을 하면서 변함없는 우정을 과시했다.

하지만 워렌 버핏은 마이크로소프트 주식을 가지고 있지 않다. 소프트웨어SW 분야에 대해서는 자신이 문외한이기 때문에 가장 절친한 친구가 운영하는 기업일지라도, 아니 세계적인 기업일지라도 투자를 하지 않는 것이다.

"당신이 아는 범위 내에서만 투자를 하라. 당신이 얼마나 많이 아는가가 중요한 것이 아니다. 기업이 가지고 있는 변수에 대해 얼마나 자세하고도 정확하게 아느냐가 중요하다"고 워렌 버핏은 강조한다.

버크셔 해서웨이는 매년 연례보고서를 통해 보유하고 있는 기업종목을 주주들에게 공개한다. 버크셔 해서웨이가 투자한 기업들을 보면 은행, 보험, 시멘트, 신문사, 정유, 식료품, 광업, 담배, 음료, 방송, 농기구, 페인트 등과 같이 제조 및 금융 분야 중심으로 구성돼 있다. 워렌 버핏의 입장에서는 사업구조가 단순하고 이해하기 쉬운 기업들이다.

일관되고 오랜 역사를 가진 기업에 투자하라

개인투자자들은 '반짝 기업'에 현혹돼 투자에 나섰다가 큰 손실을 보는 경우가 많다. 코스닥시장은 물론이고 거래소시장에도 반짝 기업이 많다. 기업의 주력분야를 연구하고 육성하기 보다는 시대흐름에 편승해 사업내용과 회사 이름을 자주 변경하는 경우를 흔히 볼 수 있다. 줄기세포가 각광을 받는다고 하면 바이오 기업을 헐값에 인수해 줄기세포 분야에 진출한다고 발표해 주가를 몇 배나 끌어올리기도 한다.

친환경 자전거 산업이 테마로 부상하면 자전거 기업에 지분을 투자해 주가를 한껏 부풀리기도 하고 정부가 LED 분야를 집중 육성한다고 하면 LED 분야에 새로 진출한다며 공시를 남발하는 케이스도 있다. 이처럼 시대흐름에 편승해 사업내용을 자주 바꾸는 기업이 반짝 기업이다. 워렌 버핏은 이 같은 기업은 거들떠보지도 않는다. 주력 사업에 대해 오랜 역사를 가지고 있고 사업내용도 안정되고 일관된 기업에 투자를 한다.

반짝 기업은 일시적으로는 테마를 형성하며 주가가 급등할 수도 있지만 시간이 지나 수익을 창출하지 못한다는 사실이 밝혀지면 주가는 제자리로 돌아가거나 심지어는 수익률을 고스란히 반납하고 더 떨어지기도 한다. 워렌 버핏은 이 같은 반짝 기업들의 사업행태와 주가추이를 누구보다도 더 잘 알고 있기 때문에 이런 기업은 아예 무시해 버린다. 신규 사업 진출을 발표할 때마다 개인투자자들이 이에 현혹돼 주식을 사버리는 것에 대해 워렌 버핏은 안타까워한다.

워렌 버핏은 "혁신적으로 변화된 기업이 예외적으로 높은 수익을 올리기는 힘들다. 나는 변화를 하지 않고도 얼마든지 계속 수익을 올릴 수 있는 기업을 선택한다. 이제까지 우리가 성공적이었던 것은 우리가 뛰어 넘을 수 있는 30cm 높이의 나지막한 장애물을 찾아내는 데 노력을 집중한 때문이다. 2m가 넘는 높은 장애물을 뛰어넘는 별다른 재주가 있어서가 아니다"라고 강조한다.

장기적인 전망이 밝은 기업에 투자하라

상장기업들은 매년 주주총회를 개최할 때마다 '장기전망이 밝다'고 주주들에게 안심시킨다. 2007년과 2008년 글로벌 금융위기와 신용경색으로 매출이 급감하고 수익구조가 악화되고 있는 가운데서도 상장기업들은 하나같이 장기전망은 좋을 것이라며 주주들을 다독였다. 워렌 버핏은 기업들이 막연하게 장기전망이 좋다고 떠들어대는 것에 현혹되지 않는다. 장기전망이 나쁠 것이라고 예고하는 기업은 그리 많지 않기 때문이다. 장기전망에 대한 자신만의 기준과 옥석가리기가 필요하다는 것이다.

워렌 버핏이 강조하는 '장기전망이 좋은 기업'은 '시장지배력'이 높은 기업이다. 시간이 지날수록 시장지배력이 높아야 장기전망이 좋은 기업이다. 시장지배력은 간단히 말해 해당 업종에서 특정기업이 얼마만큼 시장점유율을 장악하고 있는지를 나타내는 독점력이다. 시장지배력이 높은 기업은 소비자들이 꾸준히 제품을 필요로 하고, 다른 회사들과 경쟁이 많지 않으며, 정부규제를 많이 받지 않는 기업이다. 요약하면 대체상품이 존재하지 않는 기업이 장기전망이 좋은 기업이다.

시장지배력이 좋은 기업, 즉 독점력이 뛰어난 기업은 경기불황기에도 소비가 꾸준하기 때문에 가격을 인하할 필요가 없다. 보통 경기불황기에는 소비가 둔화되거나 위축되기 때문에 기업들은 가격을 떨어뜨려 제품을 팔게 되는데 이 경우 수익성은 떨어지게 된다. 심지어는 손해를 보고 제품을 파는 기업도 있다. 시장지배력이 우수한 기업은 그야말로 해당 업종에서 다른 기업들이 근접할 수 없는 '철옹성'을 구축할 수 있기 때문에 가격경쟁력과 수익성을 오랫동안 유지할 수 있는 것이다.

워렌 버핏은 시장지배력이 뛰어난 기업을 '해자垓字'에 비유한다. 해자는 적의 공격을 차단하기 위해 성벽 주위를 따라서 파 놓은 연못을 말한다. 해자가 넓고 깊으면 적은 성벽을 공격하기가 그만큼 힘들어지고 성벽 안에 있는 사람들은 안전을 보장받을 수 있다.

워렌 버핏이 강조하는 장기전망이 좋은 기업, 즉 시장지배력이 높은 기업은 넓고 깊은 해자를 가지고 있기 때문에 다른 기업들이 쉽게 시장에 참여하기가 힘들어진다. 그만큼 오랜 기간 동안 품질 및 가격경쟁력을 확보할 수 있는 것이다.

워렌 버핏은 "투자의 핵심은 어느 한 기업의 경쟁적 우위성을 판단하는 것인데, 무엇보다 그러한 우위성이 오래 지켜질 수 있는 것이 중요하다. 둘러싸고 있는 해자가 넓고 튼튼한 제품이나 서비스일수록 투자자들에게 보다 확실한 보상을 해준다. 독점적 위치를 지닌 기업을 찾아보라. 내게 가장 중요한 것은 그 기업을 둘러싸고 있는 해자가 얼마나 큰지를 알아내는 것이다. 당연히 내가 좋아하는 것은 커다란 성벽과 피라냐 물고기와 악어가 득실거리는 커다란 해자이다. 훌륭한 기업은 25년에서 30년 동안 위대한 회사로 남아 있을 수 있는 기업으로 나는 정의한다"고 지적한다.

한국 상장기업 중에는 국내시장은 물론 해외시장에서 높은 시장점유율을 확보하고 있는 기업들이 많다. 이들 기업은 시장지배력이 높기 때문에, 워렌 버핏의 표현을 빌리자면 넓고 튼튼한 해자를 가지고 있기 때문에 높은 주가수익률PER이나 주가순자산가치PBR를 나타낸다.

워렌 버핏은 시장흐름에 따라 약삭빠르게 사업내용을 바꾸는 반짝 기업은 철저하게 무시하고 그대신 오랜 기간 동안 안정적인 수익을 보장하는 기업을 발굴해 투자대상으로 선정해야 한다고 강조한다.

버크셔 해서웨이가 보유하고 있는 코카콜라, 워싱턴포스트, **P&G**, 아메리칸익스프레스, 벤자민무어 등은 시장지배력이 높은 대표적인 기업으로 워렌 버핏이 이들 기업의 주식을 장기간 보유하고 있는 데에는 다 그럴만한 이유가 있는 것이다.

12가지 기준을 충족하는 기업 발굴하기 - 경영요소

워렌 버핏이 투자대상으로 선정하는 기업들의 경영진들을 보면 하나같이 정직하고 합리적이고 기존 관행에 도전하는 용기를 가지고 있다는 것을 알게 된다. 이 같은 도덕적 가치와 덕목은 모든 사람들에게 요구되는 사항이지만 특히 주주들의 믿음과 신뢰를 바탕으로 기업을 경영하는 CEO들에게는 무엇보다 중요한 항목이다.

워렌 버핏은 CEO는 우선 '정직'해야 한다고 강조한다. 그리고 그는 정직하고 솔직하게 기업내용을 공개하고 회사에 악재가 생겨도 이를 숨기지 않고 주주들에게 고백하는 CEO를 좋아한다. 그리고 그러한 CEO가 경영하는 기업에 실제 투자한다.

"아무리 전망이 좋은 기업이더라도 경영진의 자질이 훌륭하지 못하다면 그 기업에 대해서는 관심이 없다. 신뢰할 수 없는 사람과는 절대로 거래를 하지 않는다." 워렌 버핏의 투자 철학이다.

정직한 기업에 투자하라

거래소나 코스닥시장 상장기업 중에는 주주들을 교묘하게 속이는 기업들이 많다. 분기별 실적이 좋지 않거나 적자를 나타냈을 때, 자본 잠식이 발생했을 때, 대규모 수주계약이 취소됐을 때, 감자를 단행할 때 등과 같이 기업에 악재가 되는 내용을 쉬쉬 숨기면서 주주들에게 잘 알리지 않으려고 한다.

일부 기업은 금요일 주식시장이 종료되었을 때, 긴 연휴가 있는 바로 전날에 이 같은 사실을 공시한다. 투자자들이 공시내용을 자세하게 살펴볼 시간을 최대한 막아보자는 의도에서다.

어떤 경영자는 기업내용이 부실하고 미래 성장 가능성도 좋지 않은데도 증권사 애널리스트들을 초대해 회사를 과장하고 부풀려서 좋은 기업보고서가 나오도록 유도한다. 또 주가가 오를 만한 호재를 터뜨려 투자자들이 주식을 사게끔 만들어 놓고 자신은 보유한 주식을 시장에 내다파는 몰염치한 경영진들도 있다. 이러한 부류의 경영진들은 주주와 투자자들을 파트너로 인식하지 않고 머니게임의 경쟁자로 생각하고 어떻게든지 주주와 투자자들의 눈을 속이려고 한다.

경제신문이나 금융감독원 전자공시를 보면 이처럼 주주와 투자자들에게 정직하지 못하고 자신의 이속만 챙기는 경영자들을 자주 목격하게 된다. 워렌 버핏은 이 같은 부류의 CEO가 경영하는 기업들은 거들떠보지도 않는다. 아니 무시한다.

워렌 버핏은 다음과 같이 말한다. "사람들을 평가함에 있어서는 정직, 지능, 그리고 정열이라는 세 가지 가치를 들여다본다. 그런데 만일 정직성이 결여되어 있다면 나머지 두 가지 요소를 갖추고 있더라도 아무 소용이 없게 된다."

워렌 버핏은 주주들에게 보내는 2001년도 연례 서한에서 다음과 같이 말했다.

"찰리(버크셔 해서웨이 부회장)와 나는 지난 몇 년간 너무나도 흔히 볼 수 있었던 상황에 구역질이 난다. 그 기간 동안 주주들이 수십억 달러의 손실을 입은 반면 그러한 손실을 가중시킨 CEO들은 아무런 문제도 없이 엄청난 부를 손에 쥐었다. 실제로 그런 사람들 중 많은 이들은 정작 자신이 소유하고 있는 주식은 던져버리면서도 투자자들에게는 그 주식을 사라고 부추겼으며, 어떤 경우에는 자신들의 행동을 감추기 위해 비열한 방법도 동원했다. 부끄럽게도 그 기업의 우두머리들은 동업자가 아닌 희생양으로 여긴다. 미국의 많은 기업에서 터무니없는 짓이 맘껏 자행되고 있다."(『워렌 버핏의 완벽 투자기법』 중에서)

11살 때부터 주식 매매를 시작한 워렌 버핏은 지금까지 한 번도 주가를 인위적으로 조작하거나 주식가격을 부풀린 적이 없다. 주가조작은 특정 기업의 주식을 대거 사들여 인위적으로 주가를 끌어올리는 것을 말한다. 주가를 조작하면 짧은 시간동안 많은 돈을 벌 수 있지만 같은 주식을 산 다른 투자자들은 큰 손실을 입기 때문에 불법 행위다.

워렌 버핏은 마음만 먹으면 대기업의 주가도 인위적으로 끌어올릴 수 있을 정도로 막대한 자금과 인적 네트워크를 가지고 있다. 돈만 버는 것이 목적이라면 기업의 주가를 2배, 4배, 아니 10배 이상 끌어올릴 수도 있을 것이다. 하지만 버핏은 '돈은 정직하게 벌어야 한다'는 가르침을 부모님으로부터 배웠고 이를 지금까지 몸소 실천하고 있다.

어린 시절 미국 경제의 대공황 여파와 아버지의 실직으로 가난한 시절을 보내기는 했지만 '남을 속여 돈을 버는 것은 부끄러운 일'이라는 가르침을 부모님으로부터 배웠다. 워렌 버핏은 어린 시절 부모님에게서 배운 가르침을 지금까지도 인생의 철칙으로 실천하고 있는 것이다.

워렌 버핏이 운영하는 버크셔 해서웨이는 〈포브스〉〈비즈니스위크〉〈하버드 비즈니스〉 등 세계적으로 큰 영향력을 미치는 경제잡지 설문조사에서 항상 가장 존경받는 기업으로 선정된다. 돈을 불려 나가는 능력도 탁월하지만 이에 앞서 깨끗하고 정당하게 돈을 버는 원칙을 더욱 중요하게 생각하기 때문이다. 버크셔 해서웨이의 경영실적도 뛰어나겠지만 그만큼 투명하고 깨끗하게 돈을 벌고 부(富)를 축적하는 워렌 버핏을 높게 평가한다는 얘기가 된다.

합리적인 기업에 투자하라

경영진은 회사의 성장성과 수익성, 안전성을 제고하는 데에 최선을 다해야 하지만 이와 함께 주주가치 이익을 개선시키는 데에도 신경을 써야 한다.

워렌 버핏은 합리적인 경영진은 '배당'과 '자사주 매입'을 통해 주주들에게 회사 이익을 돌려주어야 한다고 생각한다. 물론 배당하는 것보다 재투자하는 것이 더 높은 수익률을 보장한다면 굳이 배당을 하지 않고 내부 유보금을 재투자하는 것이 합리적인 선택이다.

배당은 회사 순익 중 내부에 유보하는 것을 제외하고 주주들에게 돌려주는 것이다. 이익이 많이 나서 현금이 쌓여가고 있는데도 불구하고 높은 수익률로 재투자할 수 기회를 찾지 못했다면 회사는 이익을 회사에 쌓아 놓기보다는 주주들에게 배당을 통해 돌려주는 것이 바람직하다.

주주들은 배당금을 받아 보다 높은 수익률을 보장하는 금융상품에 투자할 수 있게 된다. 회사가 사내 유보해서 얻는 수익보다 주주들이 다른 곳에 투자해서 얻는 수익률이 더 높다면 회사는 주주들에게 배당을 하는 것이 합리적인 결정이라고 워렌 버핏은 지적한다.

반면 회사가 순익을 재투자해서 높은 수익률을 얻을 수 있는 자신감이 있다면 굳이 주주들에게 배당을 하지 않고 내부 유보금을 재투자하는 것이 바람직하다. 주주들 입장에서는 배당금을 많이 받는 것이 당장 이익이 될 것이라고 생각하겠지만 회사가 내부 유보금을 잘 활용해서 기업 가치를 더 높일 수 있다면 장기적으로 배당을 하지 않는 것이 주주들에게 더 유리하다.

경영진은 내부 유보금을 주주들에게 배당 형식으로 돌려줄 것인지, 아니면 더 높은 수익률을 올릴 수 있다는 판단 아래 재투자에 나설 것인지를 현명하게 결정해야 한다.

워렌 버핏이 운영하는 버크셔 해서웨이는 배당을 하지 않는 것으로 유명하다. 버크셔 해서웨이가 매년 18%의 투자수익률을 올리고 있는 상황에서 내부 유보금을 주주들에게 배당하는 것보다는 이를 재투자해서 기업 가치를 매년 18% 올려주는 것이 결국에는 주주들에게 이익이 되기 때문이다.

버크셔 해서웨이 주주들은 버핏이 배당을 하지 않는 것에 대해 불평을 하거나 불만을 토로하지 않는다. 주주 자신들이 배당을 받아 다른 금융상품에 투자하는 것보다 버크셔 해서웨이가 내부 유보금을 다시 재투자하는 것이 더 높은 수익률을 보장하기 때문이다.

워렌 버핏은 합리적인 경영진은 회사의 내재가치가 크게 떨어졌을 때에는 자사주 매입에 나선다는 점을 강조한다. 2007년 말부터 시작된 글로벌 금융위기로 2008년 한 해 동안 한국 기업들의 주가는 속절없이 떨어졌다. 회사 주가가 금융시장 충격에 내재가치를 제대로 반영하지 못했던 것이다. 만약 회사 주가가 내재가치 아래로 떨어졌을 때 경영진이 자사주를 매입한다면 높은 수익성을 기대할 수 있다.

가령 A사의 내재가치는 1주당 1만 원인데 주가는 5,000원에서 거래되고 있다고 하자. 이 경우 경영진이 5,000원을 투자해 자사주 1주를 매입할 때마다 1만 원의 내재가치를 얻게 된다. 향후 경기가 안정되고 회사가치를 제대로 평가받게 되는 날이 온다면 5,000원에 매입한 자사주 가치는 내재가치인 1만 원을 향해 상승하게 될 것이다. 이는 회사 주식을 보유한 주주들에게도 높은 수익을 안겨주는 셈이다.

이를 달리 말하면 주가가 급등한 상태에서 자사주를 매입하면 주주들에게 오히려 손해를 끼칠 수 있다는 얘기가 된다. 예를 들어 1주당 내재가치는 1만 원인데 주가가 2만 원에서 거래되고 있다면 굳이 자사주를 매입할 필요가 없다. 주가가 떨어질 경우 회사가치를 손상시킬 위험이 있고 주주들에게 손실을 안겨줄 수 있기 때문이다. 2008년과 같이 경기불황기에 주가가 급락했을 때 자사주 매입을 결정한다면 합리적인 판단이라고 할 수 있다.

관행에 도전하는 기업에 투자하라

2007년 말 서브프라임 모기지(비우량 주택담보대출)사태가 발생하고 글로벌 신용경색이 확산되기 이전만 하더라도 미국 기업, 특히 세계 금융의 중심지인 월스트리트에서는 스톡옵션과 고액연봉이 일반적인 관행이었다.

시티그룹, JP모건, AIG, 모건스탠리 등 미국 금융사들은 CEO와 임원들에게 수 천만 달러의 연봉과 함께 스톡옵션을 제공했다. 금융사들은 부실대출과 파생상품 투자손실로 대규모 영업적자를 기록하고 있었지만 이에 아랑곳하지 않고 CEO와 임원들에게 천문학적인 연봉을 지급했다. 한때 세계 자동차시장을 장악했던 제너럴모터스GM와 크라이슬러도 예외가 아니었다. 특히 GM의 경우 퇴직한 근로자들에게도 본인 자신은 물론 가족들의 의료보험을 책임지는 등 방만한 경영관행이 한동안 지속되었다.

고액연봉 열풍은 미국 회사들의 일반적인 관행이 되었으며 고액연봉을 제공하지 못하는 회사는 평균 이하의 회사로 취급받을 정도였다.

하지만 세계 경제가 침체국면에 돌입하고 신용경색이 더욱 심화되면서 잘못된 관행의 문제점들이 하나둘씩 만천하에 드러나기 시작했다. 미국 금융회사들은 청산되거나 매각되거나 국유화되는 수순을 밟고 있고, GM과 크라이슬러는 다른 회사에 매각되거나 법정관리를 신청해야 되는 지경까지 내몰리게 되었다. 이들 회사의 주가는 고점대비 98% 이상 급락한 상태이며 이들 기업의 주식은 그야말로 휴지조각이 되었다.

워렌 버핏은 고액연봉과 스톡옵션으로 대변되는 미국 회사들의 오랜 관행을 싫어했다. 고액연봉과 스톡옵션은 주주들에게 돌아가야 할 이익을 CEO와 임원들에게 부당하게 할당하는 행위라고 비난했다.

특히 워렌 버핏은 스톡옵션을 재무제표에 비용으로 처리하지 않는 기업들의 관행을 강하게 비난했다. 스톡옵션은 비용으로 처리되어 회사 순익에 미치는 요소로 반영돼야 한다고 주장했다. 미국 회사들이 스톡옵션을 비용으로 처리하지 않는 방식으로 CEO와 경영진에게 대규모 연봉을 제공했던 관행을 날카롭게 꼬집었던 것이다.

워렌 버핏은 이 같은 불합리한 관행을 타파한 아마존에 주목하고 이곳에 투자를 결정하게 된다.

2003년 4월 닷컴회사인 아마존은 기존 관행을 깨고 스톡옵션을 비용으로 회계 처리하겠다는 발표를 했다. 워렌 버핏은 아마존의 CEO 제프 베조스에게 편지를 보내 그의 이 같은 결정은 기존의 잘못된 관행을 없애려는 용기와 의지가 없으면 불가능한 것으로 그의 행동은 역사에 길이 남을 것이라고 높게 평가했다.

편지를 보낸 일주일 뒤 워렌 버핏은 아마존이 발행한 회사채 9,000만 달러가량을 사들였다. 워렌 버핏은 기존의 잘못된 관행을 깨고 회사주주들에게 도움이 되는 경영전략을 수립한 회사에 높은 점수를 주고 실제 투자를 단행했던 것이다.

워렌 버핏은 자신이 경영하는 버크셔 해서웨이로부터 스톡옵션을 전혀 받지 않고 있다. 또 연간 수 천만 달러의 연봉을 받는 금융회사 CEO들과 달리 매년 10만 달러의 연봉을 받는다. 버크셔 해서웨이 주주들이 워렌 버핏을 좋아하고 버크셔 해서웨이 주식에 애착을 보이는 것은 이처럼 버크셔 해서웨이가 기존 관행을 깨고 주주들을 위한 경영을 실천하기 때문이다.

2008년 원/달러 환율이 1달러당 1,600원에 근접하는 등 원화약세 현상이 나타났을 때 통화옵션 파생상품인 키코KIKO에 투자했던 기업들이 된서리를 맞았다. 환율변동에 따른 위험을 차단할 수 있는 수준에서 키코에 가입해야 했지만 많은 기업들이 투기적인 목적으로 키코 상품에 가입했었다. 태산엘시디, 심텍 등 상장기업들은 원/달러 환율이 하락할 것으로 예상하고 대규모로 키코 상품에 가입했지만 원/달러 환율은 오히려 상승했고 결국 이들 기업은 흑자도산하는 지경까지 내몰렸다. 자본잠식에 따른 경영부실로 주식시장에서 퇴출될 위기도 있었다.

또 이들 기업과 키코 계약을 맺은 하나은행, 우리은행 등도 키코 계약에 따른 대규모 손실 우려감이 제기되면서 주가가 급락하는 사태를 겪어야 했다. 결국 이들 기업은 잘못된 관행을 그대로 답습하면서 적자규모가 확대되고 심지어 회사의 존립 자체가 의심스러운 지경까지 내몰리게 되었다.

워렌 버핏은 기존의 잘못된 관행에 과감하게 도전하는 기업에 주목하고 이들 기업에 투자한다. 워렌 버핏이 닷컴기업인 아마존의 회사채를 매입한 이유가 바로 여기에 있다.

12가지 기준을 충족하는 기업 발굴하기 - 재무요소

워렌 버핏은 개별 기업의 주가 움직임에 일희일비하지 않는다. 매일 컴퓨터 화면을 보면서 개별 기업의 주가가 어떻게 움직이는지 초조해하며 지켜보지 않는다. 외부충격으로 개별 기업의 주가가 크게 떨어지더라도 안달하지 않으며 오히려 매수기회로 여긴다.

워렌 버핏은 자신이 객관적으로 평가해 우량한 회사라고 판단한 기업의 주식을 매입하기 때문에 일시적으로 주가가 떨어지더라도 실망하지 않는다. 주식시장이 패닉상태에서 벗어나면 기업 가치를 시장에서 제대로 평가 받고 주가는 다시 오를 것이라고 믿기 때문이다. 워렌 버핏은 철저하게 개별 기업의 주가 움직임은 무시한다.

워렌 버핏은 경기전망에 대해서도 신경을 쓰지 않는다. 향후 경기가 좋아질 것인지 악화될 것인지, 금리가 오를 것인지 내릴 것인지, 국제 유가가 상승할 것인지 하락할 것인지, 물가가 오를 것인지 내릴 것인지 등에 대해서 큰 신경을 쓰지 않는다. 자신이 선택한 기업을 믿기 때문에 경기전망에 아랑곳하지 않고 기업 주가는 내재가치를 찾아갈 것이라고 믿기 때문이다.

워렌 버핏이 이처럼 개별 기업의 주가나 경기전망에 흔들리지 않고 투자를 할 수 있는 이유는 철저한 재무분석을 바탕으로 투자기업을 선별하기 때문이다.

워렌 버핏은 다음과 같이 말한다. "주식투자는 결코 복잡한 일이 아니다. 먼저 기업의 언어인 회계원리를 알 필요가 있다. 그러기 위해서는 『현명한 투자자 The Intelligent Investor』를 읽어야 한다. 또 바른 마음가짐과 올바른 기질을 가져야 한다. 기업이 하는 일에 관심을 가져야 하며, 자신이 잘 아는 기업에만 집중해야 한다. 벤자민 그레이엄과 필립 피셔의 책, 기업의 영업보고서 및 업계의 자료를 읽어라. 하지만 그곳에 나와 있는 복잡한 수학기호는 읽지 말고 건너뛰어라."

그럼 워렌 버핏이 기업의 재무요소를 분석하는 데 있어 가장 중요시하는 항목에는 어떤 것이 있을까.

워렌 버핏이 중시하는 기업의 재무요소는 위와 같이 크게 4가지로 요약할 수 있다.

자기자본 순이익률이 높은 기업에 투자하라

워렌 버핏이 장기투자하고 있는 코카콜라는 높은 자기자본 순이익률을 기록하는 기업으로 유명하다. 1980년대 고이주에타 코카콜라 CEO는 자기자본 순이익률을 높이는 것을 회사의 최대 사명으로 여겼으며 기업경영도 이 목표를 달성하기 위해 조정되었다. 코카콜라는 1970년대 20%의 자기자본 순이익률ROE을 나타냈지만 1988년에는 자기자본 순이익률이 31%에 달했다. 워렌 버핏이 코카콜라 주식에 애착을 가지고 있는 것은 바로 이 때문이다. 높은 자기자본 순이익률을 바탕으로 코카콜라 주가는 이 기간 동안 크게 상승했으며 코카콜라의 시가총액도 1980년 41억 달러에서 1987년 말 141억 달러로 늘어났다.

워렌 버핏은 과다하게 부채를 늘리는 기업은 주의해야 한다고 말한다. 일정 수준의 부채를 통해 설비투자를 늘리고 연구개발에 나서면서 더 많은 수익을 창출하는 것은 바람직하지만 부채규모가 크면 경기침체기에 회사존립 기반이 흔들리기 때문이다. 금융회사에서 부채를 많이 끌어다 쓰는 기업은 경기가 침체국면에 접어들 때에는 허점이 만천하에 드러나게 된다.

2007년 말 시작된 글로벌 경기침체가 지속되면서 2009년 부채규모가 큰 국내 중소기업은 물론 대기업그룹들도 계열사를 매각하거나 보유 부동산을 헐값에 처분해야 했다. 이들 기업의 주가가 하락하거나 반등장세에서도 상대적으로 덜 오른 것은 과다한 부채규모가 기업의 재무건전성을 훼손했기 때문이다.

주주수익이 높은 기업에 투자하라

워렌 버핏은 기업재무구조 건전성 지표 가운데 '현금흐름'보다는 '주주수익owner earnings'을 중시한다.

기업의 현금흐름은 세후 순이익에 감가상각비, 분할상환금 등과 같이 현금이 수반되지 않는 제반 비용을 합한 것이다. 일반적으로 현금흐름이 좋다는 것은 기업의 자금사정이 양호하다는 것을 의미하며 그만큼 투자대상으로 손색이 없다고 평가된다. 하지만 워렌 버핏은 기업이 경쟁력유지를 위해 기본적으로 지출해야 하는 '자본지출'이라는 요소를 포함시켜 기업의 자금 상태를 측정해야 한다고 강조한다.

기업이 이전과 같은 매출액 증가율, 영업이익 증가율 등을 달성하기 위해서는 기본적으로 일정 수준의 시설투자에 나서야 하고 연구개발에 매진해야 한다. 기본적인 시설투자 및 연구개발을 게을리할 경우 기업의 경쟁력은 뒤처지고 만다. 기업의 경쟁력을 현 상태로 유지하기 위해서는 최소한의 자본지출이 필요한 것이다.

그래서 워렌 버핏은 '현금흐름'에서 향후 소요될 것으로 예상되는 자본지출 금액과 운전자금을 뺀 수치를 중시한다. 이것이 워렌 버핏이 말하는 '주주수익'이다. 미래에 반드시 소요되는 경비를 현금흐름에서 제외해야 실질적인 기업의 현금 상태를 예상할 수 있다는 것이다.

매출액 순이익률이 높은 기업에 투자하라

워렌 버핏은 기업의 전체 매출액에서 순이익이 차지하는 비율을 나타내는 매출액 순이익률을 중시한다. 기업들 중에서는 품질 좋은 제품을 생산해 높은 매출과 영업이익을 기록하지만 쓸데없는 곳에 돈을 낭비해 순이익이 크게 줄어들거나 아예 적자를 나타내는 기업도 있다.

회사 규모와 직원 수를 고려하지 않고 터무니 없이 큰 건물을 임차하는 경우, 임직원들에게 스톡옵션을 남발하는 경우, 원가절감 노력을 게을리하는 경우, 과다한 금융비용을 지불하는 경우 등은 기업의 순이익을 갉아먹는 요인이다. 워렌 버핏은 기업들도 절약해야 한다고 강조한다. 기업이 경비절약에 나서면 나설수록 그만큼 기업의 순이익은 증가하기 때문이다.

워렌 버핏이 경영하는 버크셔 해서웨이 본사는 네브라스카 주 오마하의 파남스트리트Farnam street 키윗 빌딩에 있다. 키윗 빌딩은 15층이나 되는 고층건물이지만 버크셔 해서웨이 본사임을 나타내는 간판이나 로고도 하나 없다. 왜냐하면 이 빌딩은 워렌 버핏의 건물이 아니라 키윗이라는 부자가 주인이기 때문이다.

버크셔 해서웨이는 전체 키윗빌딩 중 14층 한 개층만 사용한다. 전 세계에 76개의 투자회사를 가지고 있고 매년 13조 원(132억 달러) 이상의 이익을 내는 버크셔 해서웨이가 단 한 개층만 사용하고 있다는 사실을 아는 사람은 그리 많지 않다. 버크셔 해서웨이는 휘황찬란한 건물 구입에 돈을 낭비하기 보다는 경비를 줄이는 데 애를 쓰고 있는 것이다.

2005년 버크셔 해서웨이 주주총회에 참석해 만난 버크셔 해서웨이 직원은 필자에게 다음과 같이 말했다.

"버크셔 해서웨이 본사에서 일하는 직원은 워렌 버핏을 포함해 20명 정도입니다. 20명을 수용할 수 있는 공간이면 충분한데 굳이 빌딩을 살 필요가 없습니다. 버핏 회장은 쓸데없는 데는 기업의 돈을 절대로 낭비하지 않습니다."

워렌 버핏은 기업경비를 줄여 매출액 순이익률을 높이는 기업을 주목하라고 얘기하고 있는데, 그는 버크셔 해서웨이를 통해 이 같은 경영 철학을 실천하고 있는 것이다.

사내 유보금 이상으로 시장가치를 창출하는 기업에 투자하라

워렌 버핏이 중시하는 재무요소의 하나가 사내 유보금을 얼마나 효율적으로 사용하는가 여부이다. 기업이 영업활동을 통해 순이익을 많이 내고 이를 회사 내부에 쌓아 두는 것은 물론 좋은 일이다. 순이익이 많은 기업은 그만큼 사내 유보금으로 남겨둘 자금이 많아지게 된다. 하지만 사내 유보금이 많다는 사실 자체가 중요한 것이 아니라 사내 유보금을 얼마나 효율적이고 생산적으로 활용하는가가 더욱 중요하다고 워렌 버핏은 강조한다.

사내 유보금은 기업의 대차대조표에서 자기자본에 포함된다. 가령 A사의 자기자본이익률ROE이 10%인데 A사가 사내 유보금을 4%의 금리를 주는 정기예금에 마냥 가입해 놓는다면 이 회사는 사내 유보금을 비효율적으로 사용하고 있는 것이 된다. A사의 경우 사내 유보금을 은행 예금에 예치해 둘 것이 아니라 재투자를 하게 되면 더 많은 이익과 효용을 창출하게 되고 이는 결국 기업주가 상승으로 이어지게 된다.

경기불황기에는 기업들이 투자를 꺼리게 되며 대부분의 이익을 사내 유보금 형태로 보유하려고 한다. 능력이 탁월하고 주주이익을 중시하는 경영자라면 불황기일수록 사내유보금을 적극적으로 활용해 기업 가치를 높이려고 한다. 워렌 버핏은 이러한 기업을 눈여겨보고 투자대상으로 최종 선정하는 것이다.

워렌 버핏이 제시하는 재무요소가 일반인이 이해하기에 다소 어려울 수 있다. 하지만 주식투자에 나서기로 결심했다면 반드시 기업의 대차대조표와 손익계산서 등과 같은 재무제표는 기본적으로 마스터해야 한다. 재무제표에는 기업의 모든 것이 나와 있다. 이 기업이 튼튼한 기업인지 부실한 기업인지, 성장성이 높은지 낮은지, 재무구조가 양호한지 불량한지 등과 같이 기업의 현재 모습이 고스란히 투영되어 있다.

기업의 재무제표를 이해하지 않고 투자에 나선다는 것은 적을 모르고 전쟁터에 나가는 것과 다를 바 없다. 상대할 적을 모르는 상태에서 전쟁을 어떻게 승리로 이끌 수 있겠는가. 워렌 버핏처럼 주식투자를 하려면 우선 기업의 재무요소를 제대로 이해하는 것이 필요하다.

12가지 기준을 충족하는 기업 발굴하기 – 가치요소

워렌 버핏 가치투자의 핵심은 '기업 주가가 내재가치보다 떨어지면 매수해서 내재가치 이상으로 회복될 때까지 보유하라'는 것이다. 아주 간단한 원리이지만 개인투자자들은 이 같은 원칙을 잘 지키지 않을뿐더러 내재가치를 어떻게 산정하는지 잘 모른다.

일반적으로 주식시장이나 기업 주가는 이성적이고 합리적인 수준에서 움직이지만 예측하지 못한 외부충격이나 기업내용이 투자자들에게 잘 알려지지 않았다는 이유 등으로 비非이성적으로 형성되는 경우가 허다하다.

2007년 말 미국 신용위기로 촉발된 글로벌 금융위기 때문에 코스피지수는 1,000포인트 아래까지 떨어지기도 했지만 이후 한국 기업 내용에 비해 주가낙폭이 비이성적으로 컸다는 인식이 확산되면서 주가지수는 빠르게 상승했다. 외부충격에도 불구하고 한국 기업들의 펀드멘털에는 별다른 문제가 없으며 한국 경제도 빠르게 정상궤도에 들어설 것이라는 기대감이 확산되면서 외국인과 기관들이 다시 한국 기업의 주식을 사들였던 것이다. 당시 한국의 코스닥지수는 세계 주식시장에서 상승률이 가장 높았다.

워렌 버핏은 이처럼 외부환경 변화에 따른 일시적인 충격으로 주가가 급락할 때야말로 펀드멘털이 좋은 기업의 주식을 매수해야 할 때라고 지적한다. 실제 그는 2008년 글로벌 금융위기에 겁먹은 투자자들이 주식을 내다팔 때 우량 주식을 사들였다. 기업의 주가가 내재가치 아래로 떨어졌기 때문에 외부충격이 가시고 시간이 지나면 주가는 내재가치를 따라서 상승할 것이라고 믿었기 때문이다. 결국 그의 판단은 옳았다.

주식투자는 결국 기업의 내재가치를 제대로 파악하고 주가가 내재가치 아래로 떨어졌을 때에 매수하는 것이라고 요약할 수 있다. 이는 워렌 버핏 주식투자의 핵심이다. 합리적이고 이성적인 주식투자를 하기 위해서는 기업의 내재가치를 판단하고 주가가 내재가치보다 충분히 낮을 경우에만 매수하는 것이라고 워렌 버핏은 지적한다.

워렌 버핏은 다음과 같이 말한다.

"주가를 걱정하며 매일 잠자리에 들어가는 것은 안타까운 일이다.

기업의 실적과 내재가치를 믿는다면 걱정을 하지 않아도 된다. 주식시장은 우리를 가르치기 위해서 존재하는 것이 아니라 단지 매매를 하기 위한 장소일 뿐이다."

그럼 어떻게 하면 기업의 내재가치를 제대로 평가할 수 있을까.

기업의 내재가치를 평가하라

내재가치 개념을 이해하기 위해서는 잉여현금흐름이라는 용어를 알아야 한다. 잉여현금흐름FCF, Free Cash Flow은 영업활동으로 인한 현금흐름에서 자본지출을 빼서 구한다.

잉여현금흐름 = 영업활동으로 얻은 현금흐름 - 자본지출

잉여현금흐름이 많다는 것은 그만큼 기업의 자금사정이 양호하다는 것을 뜻한다. 기업이 영업활동으로 수익을 창출할 수 있는 능력을 갖추고 있기 때문에 그만큼 주주들에게 배당을 하거나 자사주를 매입할 수 있는 여지가 높다는 것을 의미한다. 잉여현금흐름을 구하는 방식은 투자자나 금융회사별로 다소 차이가 있지만 대체적으로 위의 공식을 이용하면 별 무리가 없다.

앞에서 우리는 워렌 버핏이 기업분석 지표로 중시하는 '주주수익'에 대해 알아보았다. 버핏의 주주수익 개념도 넓게 해석하면 잉여현금흐름과 크게 다를 것이 없다. 잉여현금흐름과 주주수익 용어의 유사성을 알아보기 위해 앞에서 설명한 주주수익 개념을 그대로 다시 한 번 설명하도록 한다.

주주수익 = 현금흐름(세후순이익 + 감가상각비) − 자본지출

일반적으로 현금흐름이 좋다는 것은 기업의 자금사정이 양호하다는 것을 의미하며 그만큼 투자대상으로 손색이 없다고 평가된다. 하지만 워렌 버핏은 기업이 경쟁력유지를 위해 기본적으로 지출해야 하는 '자본지출'이라는 요소를 포함시켜 기업의 자금 상태를 측정해야 한다고 강조한다.

기업이 이전과 같은 매출액 증가율, 영업이익 증가율 등을 달성하기 위해서는 기본적으로 일정 수준의 시설투자에 나서야 하고 연구개발에 매진해야 한다.

기본적인 시설투자 및 연구개발을 게을리 할 경우 기업의 경쟁력은 뒤처지고 만다. 기업의 경쟁력을 현 상태로 유지하기 위해서는 최소한의 자본지출이 필요한 것이다.

그래서 워렌 버핏은 '현금흐름'에서 향후 소요될 것으로 예상되는 자본지출 금액을 뺀 수치를 중시한다. 이것이 워렌 버핏이 말하는 '주주수익'이다. 미래에 반드시 소요되는 경비를 현금흐름에서 제외해야 기업의 현금 상태를 제대로 판단할 수 있다는 것이다. 이렇게 보면 잉여현금흐름과 주주수익 개념이 기본적으로 같은 것이라는 점을 이해하게 될 것이다.

잉여현금흐름은 다시 말해 매년 똑같은 금액의 이익을 벌어들일 경우 미래에 얻게 될 현금총액을 현재가치로 환산한 것이 된다. 예를 들어 핸드폰 부품을 생산하는 A사가 매년 1억 원의 이익을 창출한다고 하자. 그리고 시중 이자율이 5%라고 가정하면, 다시 말해 할인율이 5%라고 하면 A사의 현재가치는 20억 원(100,000,000/0.05=2,000,000,000)이 된다. 또 A사의 발행주식수가 1만 주라고 한다면 A사의 주당 현재가치는 2만 원이 된다(20억 원/1만 주=2만 원). 이는 A사의 내재가치가 주당 2만 원에서 형성되어야 한다는 것을 의미한다.

만약 A사의 주가가 2만 원을 넘어선다면 A사 주가는 내재가치보다 고평가된 것이다. 반대로 A사 주가가 2만 원을 밑돈다면 주가는 내재가치보다 저평가된 것이 된다.

기업의 주당 내재가치 = 연간 이익 / 시장금리(할인율) / 발행주식수

만약 일시적인 외부충격으로 또는 투자자들이 신경을 쓰지 않아서 특정 기업의 주당 내재가치가 현재 주가보다 낮다면 이 기업은 투자가치가 있다는 것을 의미한다. 위의 공식은 기업의 주당 내재가치를 가장 단순화한 형태이다.

기업의 연간 이익은 변하게 된다. 따라서 연간 이익 증가율이 높은 기업은 내재가치도 덩달아서 오르게 된다. 워렌 버핏이 기업이 얼마만큼 이익을 창출하는지, 이익 증가율이 얼마나 빠른 속도로 개선되고 있는지에 주목하는 것은 바로 이 때문이다.

워렌 버핏 투자기법 전문가인 로버트 해그스트롬은 그의 저서 『워렌 버핏 방식』을 통해 내재가치의 중요성을 다음과 같이 설명한다.

워렌 버핏이 코카콜라 주식을 매입하기 시작했을 당시 코카콜라의 주주수익(잉여현금흐름)은 8억 2,800만 달러였다. 당시 30년 만기 국채 수익률이 9% 수준에서 형성되었다. 따라서 1988년의 주주수익을 9%로 할인하게 되면 코카콜라의 내재가치는 92억 달러(8억 2,800만 달러 / 0.09)가 된다. 하지만 주식시장에서 코카콜라의 시가총액은 148억 달러로 내재가치에 비해 60%나 높았다.

많은 사람들은 워렌 버핏이 코카콜라의 내재가치보다 높은 가격에 주식을 매입한 것이 아니냐며 의혹을 제기했지만 워렌 버핏은 코카콜라의 이익 증가율에 주목하고 투자를 단행한 것이다.

실제 코카콜라는 직전 7년 동안 연평균 주주수익 성장률이 15% 이상을 기록하고 있었다. 1988년을 기점으로 코카콜라가 향후 10년간 연평균 15%의 주주수익 성장률을 기록한다고 가정할 경우 1988년 코카콜라의 주주수익 8억 2,800만 달러는 10년 후 33억 4,900만 달러로 늘어난다. 1989년부터 10년 동안 주주수익의 현재가치는 112억 4,800만 달러가 된다.

이에 더해 11년째 되는 해부터는 연평균 성장률이 5%로 둔화된다고 하더라도 11년째 되는 해의 주주수익은 10년째 되는 해의 주주수익 33억 4,900만 달러에 1.05배를 곱한 값인 35억 1,600만 달러가 된다.

한편 5% 성장률을 무위험 수익률인 국채수익률 9%에서 빼면 4%의 할인율이 나온다. 35억 1,600만 달러에 4%의 할인율을 적용하면 879억 달러(35억 1,600만 달러 / 0.04)라는 잔존가치가 계산된다.

하지만 879억 달러는 11년째 되는 해의 잔존가치이기 때문에 할인계수를 적용하면 잔존가치의 현재가치는 371억 2,900만 달러가 된다. 따라서 코카콜라의 1988년 현재 내재가치는 371억 2,900만 달러에 첫 10년 동안 주주수익의 현재가치인 112억 4,800만 달러를 합한 483억 7,700만 달러가 된다. 이는 당시의 코카콜라 시가총액 148억 달러보다 월등히 높은 수준이다.

결국 워렌 버핏은 코카콜라의 이익 증가율을 감안할 경우 1988년 당시 시가총액이 코카콜라의 내재가치를 제대로 반영하지 못하고 있는 것으로 판단하고 대규모 투자를 단행한 것이다. 그리고 그의 결정은 결국 옳았던 것으로 판명되었다.

내재가치보다 주가가 낮은 기업을 찾아라

워렌 버핏은 튼튼한 재무구조를 가지고 있고, 안정적인 이익을 내고, 능력 있는 경영자를 보유하고 있고, 사업구조를 이해하기 쉬운 기업을 투자대상으로 선호한다. 하지만 가장 중요한 것은 주가가 내재가치보다 낮게 형성되고 있는 기업을 발굴해 투자하는 것이라고 강조한다.

개인투자자들은 이 같은 워렌 버핏의 가르침과 정반대로 투자하는 경향이 있다. 기업의 주가가 과열되어 폭등할 때에는, 즉 주가가 내재가치를 훨씬 상회할 때에는 무턱대고 추격매수에 나서다가 낭패를 당하는 경우가 많다. 반대로 외부충격으로 기업의 주가가 속절없이 하락할 때에는, 즉 주가가 내재가치를 크게 밑돌 때에는 공포에 휩싸여 가지고 있는 주식도 처분하고 만다.

2007년 말 글로벌 신용위기로 종합주가지수가 급락할 때 주식투자에 문외한인 개인투자자들은 보유주식을 처분했고 앞 다투어 펀드를 해약했다. 내재가치보다 주가가 낮은 기업들이 속출해 오히려 투자기회는 더욱 많아졌지만 많은 개인투자자들이 이 같은 기회를 놓쳤다. 실제 2008년 하반기 892포인트까지 떨어졌던 코스피지수는 이후 가파른 상승세를 나타내며 몇 개월도 되지 않아 40% 이상 급등했다.

반면 코스피지수가 40% 이상 급등하자 많은 개인투자자들이 다시 주식시장에 몰려들었다. 일부 기업의 경우 주가가 폭등하며 2007년 신용위기 이전 수준까지 회복되었다. 주가가 내재가치를 회복한 것은 물론 내재가치보다 높은 수준에서 형성되는 종목들이 속출했지만 안타깝게도 이 같은 종목에 투자했다가 큰돈을 잃은 개인투자자들이 많았다. 개인들은 워렌 버핏의 가르침과는 정반대로 '청개구리 투자'를 하는 경우가 많은 것이다.

기업의 주가는 내재가치를 향해 수렴하게 되어 있다. 내재가치를 크게 상회하면 주가는 다시 떨어지게 되어 있고, 내재가치를 크게 밑돌면 주가는 다시 오르게 되어 있다. 일시적으로는 비이성적으로 주식시장이 작동할 수 있지만 결국에는 주가와 내재가치는 수렴하는 방향으로 움직이게 된다. 내재가치보다 주가가 충분히 낮은 경우에만 주식을 매수해야 하는 이유가 여기에 있다.

이명박 대통령의 경제정책과 관련된 이른바 'MB테마주'가 2009년 상반기 급등했다. 4대강 정비작업에 따른 4대강 관련주, 자전거 활성화에 따른 자전거 관련주, 쇠고기 수입과 관련된 쇠고기 관련주 등이 폭등했다. 심지어 4대강, 자전거와 별다른 관련이 없는 종목들도 MB 테마주로 분류돼 주가가 고공행진을 이어갔다.

막연한 기대감에 몇 년째 적자를 내는 기업에도, 사업내용이 검증되지 않은 기업에도, 재무구조가 허약한 기업에도 개인투자자들은 몰려들었다. 주가가 내재가치를 몇 배나 상회하는 기업들이 속출했지만 개인들은 아랑곳하지 않고 추격매수에 나섰다. 이 같은 무분별한 추격매수는 결국 암울한 결과로 이어졌다.

수입쇠고기 유통업체로 쇠고기 테마주인 이네트 주가는 2008년 11월 435원이었지만 한미 자유무역협정FTA 및 유럽연합EU과의 FTA 체결 기대감으로 한 달 뒤인 12월에는 970원까지 폭등했다. 개인들이 추격매수에 나서면서 한 달 만에 주가가 2배나 급등한 것이다.

하지만 기업내용에 걸맞지 않게 주가가 내재가치를 크게 상회한다고 인식한 투자자들이 매물을 내놓기 시작하면서 2009년 6월에는 주가가 270원까지 폭락했다. 이네트는 2009년 1분기(1~3월) 120억 원의 매출에 33억 원의 영업적자, 42억 원의 순손실을 보였던 것이다.

회사 실적과 기업내용을 무시하고 막연한 기대감에 추격매수에 나서면 어떠한 결과로 이어지는지 적나라하게 보여주는 사례이다.

4대강 테마주로 분류되는 홈센타도 마찬가지다. 홈센타 주가는 2007년 11월 5,500원 수준이었지만 4대강 수혜주로 꼽히면서 개인투자자들은 빛을 찾아 몰려드는 불나방처럼 홈센타로 몰려들었다.

한 달 뒤인 12월 홈센타 주가는 18,700원을 기록했는데 한 달 만에 주가가 3배 이상 폭등한 것이다. 주가는 내재가치를 찾아가는 법. 이후 주가가 기업의 내재가치에 비해 너무 고평가되었다는 인식이 확산되면서 매물이 쏟아졌고 2009년 6월 홈센타 주가는 5,900원대로 제자리를 찾아갔다.

이네트, 홈센타의 사례는 워렌 버핏 투자기법이 왜 중요한지 다시 한 번 일깨워준다. 워렌 버핏은 비교적 높은 수익을 올리는 기업을 찾아내고, 기업의 내재가치보다 싼 가격에 주식을 매입하라고 역설한다. 간단명료한 가르침이지만 개인투자자들은 단기수익 욕심에 사로잡혀 기업내용이나 실적도 체크하지 않고 남들이 사는 종목을 추격 매수하는 실수를 범한다. 개인투자자들이 외국인과 기관투자자의 봉 노릇을 하는 것은 바로 이 때문이다.

워렌 버핏처럼 분석하라

투자의 첫걸음은 손익계산서 보기

"재무관리 분야에서는 버핏 회장이 내가 알고 있는 한 가장 똑똑한 사람이다. 그리고 두 번째로 똑똑한 사람이 누군지 나는 모르겠다." 미국 굴지의 신문사인 워싱턴포스트 신문사Washington Post Company를 경영하고 있는 도널드 그레이엄의 말이다. 도널드 그레이엄은 현재 워싱턴포스트의 이사회 의장을 맡고 있다.

철저하게 기업의 대차대조표와 손익계산서를 보고 기업을 경영하고 주식투자에 나서는 워렌 버핏을 보고 도널드 그레이엄 의장이 한 이 말은 워렌 버핏이 그만큼 기업분석을 중요시하고 있다는 것을 보여준다.

1973년 워싱턴포스트의 주가가 내재가치보다 크게 떨어지자 워렌 버핏은 워싱턴포스트 주식을 매입하기 시작했으며 다음해에는 워싱턴포스트의 이사로 영입돼 이 회사의 재무운영위원회 의장에 선임됐다. 워렌 버핏은 워싱턴포스트가 1970년대 들어 한층 심해진 신문사 파업의 위기를 넘기는 데 도움을 주었으며 회사 경영진들이 기업경영 전반을 폭넓게 이해할 수 있도록 많은 도움을 주었다.

워렌 버핏이 주식투자 결정을 내리는 데 있어 약방의 감초처럼 중요시 하는 것이 대차대조표와 함께 손익계산서이다. 대차대조표가 기업의 자산과 부채, 자기자본 등을 중심으로 재무 상태를 나타낸다면 손익계산서는 기업의 매출, 영업이익, 당기순이익 등 경영성과를 일목요연하게 보여준다.

〈손익계산서 구성〉

매출액

(－)매출원가

매출총이익

(－)판매비와 관리비

영업이익

(－)영업외수익

(－)영업외비용

법인세 차감전 순이익

(－)법인세 비용

당기순이익

매출총이익은 매출액에서 매출원가를 빼서 계산한다. 매출액은 회사가 판매한 제품의 판매수입이며 매출원가는 제품을 생산하기 위해 소요된 경비를 말한다. 예를 들어 장난감을 생산하는 S사가 1년 동안 1,000억 원의 장난감을 팔고, 이 중 원료비와 인건비 등으로 200억 원을 사용했다면 매출총이익은 800억 원이 된다.

매출총이익 = 매출액 − 매출원가

영업이익은 매출총이익에서 판매비와 관리비를 빼서 구한다. 판매비와 관리비는 제품을 팔기 위해 광고를 하거나 품질관리 등 제품관리를 위해 소요된 비용을 말한다. 만약 판매비와 관리비가 매출총이익을 초과한다면 영업이익은 마이너스를 기록해 영업 손실을 나타내게 된다. 이 경우 회사는 제품을 생산해 판매할수록 이익은 더욱 감소하게 된다.

영업이익 = 매출총이익 − 판매비와 관리비

법인세 차감전 순이익은 영업이익에서 영업외수익은 더하고 영업외비용은 빼서 구한다.

영업외수익과 영업외비용은 말 그대로 영업 이외의 활동에서 발생하는 이익이나 비용을 말한다. 즉 유상증자를 하거나 회사채를 발행하거나 은행에서 대출을 받는 등의 재무활동을 통해 나타나는 이익이나 비용을 일컫는다.

영업외수익의 대표적인 항목으로는 돈을 빌려주거나 은행예금을 통해 벌어들이는 이자수익 및 주식투자로 벌어들이는 배당금수익, 부동산 임대를 통한 임대료 수익, 환율변동에 따른 환차익 등이 있다. 반면 영업외비용으로는 금융회사 차입금에 대한 이자비용을 비롯해 투자자산 평가손실, 환율변동에 따른 환차손 등이 있다.

법인세 차감전 순이익 = 영업이익 + 영업외수익 − 영업외비용

당기순이익은 법인세 차감전 순이익에서 법인세 비용을 빼서 계산한다. 당기순이익이 마이너스를 나타낼 경우에는 당기순손실이라고 말한다. 당기순이익은 법인세를 지불하고 난 뒤의 이익이이라고 해서 '세후이익'이라고 하고, 법인세 차감전 순이익은 법인세를 지불하기 전의 이익이기 때문에 '세전이익'이라고 부르기도 한다.

당기순이익 = 법인세 차감전 순이익 − 법인세 비용

여기서 주의해야 할 점은 영업이익은 적자인데 일시적인 기업활동으로 당기순이익은 흑자를 나타내는 경우가 있다는 점이다. 당기순이익만 보면 회사가 경영을 잘한 것으로 왜곡돼서 보이지만 실상은 경영을 잘못한 케이스도 많은 만큼 기업을 분석할 때 주의해야 한다.

가령 반도체장비 업체인 B사가 경기침체에 따른 판매부진과 경영악화로 2008년 회계연도에 영업이익이 −100억 원을 기록했다. 100억 원의 영업적자를 나타낸 것이다.

하지만 부동산에 대한 자산재평가를 실시하거나 보유주식을 처분해 150억 원의 영업외수익을 나타냈다면 B사는 50억 원(150억 원−100억 원)의 당기순익을 기록하게 된다. 영업적자를 기록했지만 당기순이익은 흑자를 보이게 되는 것이다. 영업활동은 신통치 않지만 일시적으로 부동산이나 주식을 처분해 당기순이익은 흑자로 돌아서는 경우이다.

워렌 버핏의 주식투자 기준으로는 이 같은 기업은 투자 부적격 대상이다. 워렌 버핏은 지속적으로 영업이익을 내는 기업을 선호한다. 주식투자자들은 당기순이익보다는 기업의 영업이익에 더 큰 관심을 기울여야 한다.

워렌 버핏은 ROE와 ROA를 유심히 살핀다

워렌 버핏은 기업의 대차대조표, 손익계산서 등과 같은 재무제표를 제대로 이해하지 못하는 사람들에게는 아예 주식에 손을 대지 말라고 충고한다. 워렌 버핏의 여비서 마가렛 임씨를 버크셔 해서웨이 주주총회장에서 만났을 때 그녀는 필자에게 다음과 같이 귀띔해 주었다.

"버핏 회장은 하루에도 해외 펀드매니저들이 보내오는 기업들의 보고서를 수십 개나 분석합니다. 주식투자의 기본은 기업분석에 있다고 생각하기 때문이죠. 버핏 회장은 버크셔 해서웨이 주주총회에 참석하는 주주들에게 입버릇처럼 기본적인 기업분석 능력을 갖추고 있어야 한다고 강조합니다."

워렌 버핏이 강조하는 기업분석 잣대 중에서 빠트릴 수 없는 것이 자기자본 이익률ROE, Return On Equity과 총자산 수익률ROA, Return On Assets이다. 경제신문의 증권면을 읽거나 주식관련 방송을 들을 때 약방의 감초처럼 자주 등장하는 용어가 바로 ROE와 ROA이다. 그만큼 기업의 수익성을 나타내는 대표적인 개념이라고 볼 수 있다.

ROE, 은행 이자보다는 높아야

자기자본 이익률ROE은 기업의 당기순이익을 자기자본으로 나눈 비율이다. 기업이 가지고 있는 자금(자기자본)을 활용해 얼마나 장사를 잘하고 있는지 보여주는 대표적인 기업 수익성 지표다.

자기자본 이익률은 최소한 은행의 정기예금 금리나 국채 수익률을 웃돌아야 한다. 그렇지 못하면 회사는 자기자본을 제대로 활용하지 못했고 수익성이 나쁘다는 것을 의미한다.

예를 들어 주주들이 A라는 회사에 자기자본을 100억 원 투자했다고 하자. 만약 은행의 정기예금 금리가 5%라면 A사는 자기자본 100억 원을 은행에 넣어 두기만 해도 연간 5억 원의 순익을 얻을 수 있다. 아무런 영업활동을 하지 않고 은행에 100억 원을 예치해 놓기만 해도 5%의 수익률을 챙길 수 있는 것이다.

그렇다면 A사는 경영활동을 통해 최소한 당기순익이 5억 원은 넘어야 한다. 순익이 5억 원을 밑돈다면 A사는 은행에 돈을 그대로 예치하는 것보다도 더 나쁜 경영활동을 했다는 얘기가 된다. A사의 당기순익이 4억 원을 기록했다면 자기자본 이익률은 4%로 은행 이자보다도 더 낮은 수치를 기록했다는 얘기가 된다. 결국 경영을 잘못했다는 얘기가 된다. ROE가 은행의 정기예금보다 낮게 나왔다면 경영자는 주주로부터 납입받은 자금을 비효율적으로 운영했다는 것을 의미한다.

지난 2004년 이후 국내 기업의 평균 ROE는 10%를 웃돌았지만 최근에는 ROE가 2004년 이후 처음으로 9%대로 떨어졌다. 글로벌 경기침체에 따른 국내 기업의 순익이 줄어들면서 ROE가 감소한 것이다. 한국경제가 'V자형' 반등이 아니라 L자형 침체를 장기간 이어갈 경우에는 개별 기업들의 ROE가 더욱 떨어질 것으로 예상된다. 따라서 불경기에도 양호한 ROE를 나타내는 기업을 투자종목으로 선정하는 것이 바람직하다.

자산활용도를 나타내는 ROA

자기자본 이익률처럼 기업의 수익성을 측정할 수 있는 다른 개념으로 총자산 수익률ROA이 있다. 기업의 당기순익을 총자산으로 나눈 값

〈부채 비율이 낮아지면서 ROE가 개선될 것으로 전망되는 기업〉

시장구분	종목명	2007년	2008년	2009년	2007년	2009년 9월
거래소	CJ CGV	6.8	16.5	23.7	144.4	133.6
	LG 데이콤	10.0	18.7	21.1	45.2	42.0
	유한양행	12.9	18.0	20.2	28.7	18.9
	LG텔레콤	16.9	10.2	17.1	104.6	95.1
	삼광유리	10.3	11.6	13.3	118.6	114.1
	롯데삼강	8.3	12.1	12.8	77.5	73.5
	제일기획	13.8	9.1	12.7	107.4	83.0
	환인제약	12.3	8.9	11.2	11.8	10.5
코스닥	CJ홈쇼핑	6.8	13.5	14.3	85.9	83.7
	YTN	7.2	13.8	14.1	37.7	35.3

• 주 : 2009년 ROE순으로 정렬
• 자료 : WiseFn, 대우증권 리서치센터

〈10%선이 붕괴된 ROE〉

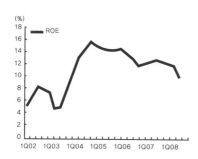

• 자료 : WiseFn, 대우증권 리서치센터

〈시장 전체 1990년 이후 연간 PBR, ROE 분포〉

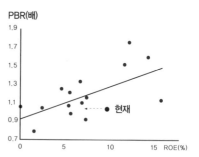

• 주 : 시장 전체적으로 적자를 기록했던
   1997~1999년은 제외
• 자료 : WiseFn, 대우증권 리서치센터

으로 총자산 수익률이 높을수록 기업이 한정된 자산을 잘 활용해 이익을 많이 냈다는 것을 뜻한다.

총자산은 자기자본과 부채(타인자본)를 합한 것으로 기업이 얼마만큼 덩치가 큰지를 나타낸다.

$$총자산 \ 수익률(ROA) = \frac{당기순익}{총자산(자기자본+부채)}$$

예를 들어 B사의 자기자본이 100억 원, 부채가 50억 원이라면 총자산은 150억 원이 된다. B사가 한 해 동안 15억 원의 순익을 달성했다면 B사의 총자산 수익률은 10%(15억 원/150억 원)가 된다.

기업을 평가하는 데 있어 중요한 것은 기업의 덩치, 즉 총자산이 아니라 총자산을 활용해 얼마나 이익을 내느냐 하는가이다. 총자산이 큰 대기업 중에서도 경영을 잘못해 부도를 내는 기업이 있는가 하면 총자산 규모는 작지만 알차게 기업내실을 다지는 중소기업들도 있다.

다음의 표에서 C사는 총자산이 100억 원에 불과한 중소기업이지만 당기순익은 10억 원을 기록해 총자산 수익률이 10%에 달한다. 반면 D사는 총자산이 1조 원에 달하는 대기업이지만 순익이 400억 원에 그쳐 총자산 수익률은 4%에 불과하다.

순익 전체 규모로 볼 때는 D사가 압도적으로 순익이 많지만 자산 활용도 측면에서는 C사가 훨씬 우수하다고 볼 수 있는 것이다. C사는

〈총자산 수익률(ROA)의 비교〉

구분	C사	D사
당기순익(A)	10	400
총자산(B)	100	10,000
총자산 이익률(A/B)	10%	4%

• 단위 : 억 원, %

1,000원의 자산을 투입해 100원의 이익을 얻는 반면 D사는 동일한 1,000원의 자산을 투입할 경우 순익은 40원에 불과하기 때문이다.

총자산 수익률은 경쟁 회사 간 또는 다른 업종 간 기업의 자산 1단위당 벌어들인 순익을 동일한 잣대로 비교할 수 있어 수익창출능력을 객관적으로 비교할 수 있는 장점이 있다.

워렌 버핏이 자기자본 이익률이나 총자산 수익률을 꼼꼼히 조사해 투자지표로 활용하는 데는 다 그럴 만한 이유가 있는 것이다.

워렌 버핏은 PER과 PBR을 따진다

워렌 버핏은 기업의 내재가치에 비해 주가가 저평가된 기업을 발굴해 장기 보유하는 것으로 유명하다. 주식시장에서 떠도는 루머나 흘러나오는 정보에 의존하기 보다는 철저하게 기업내용을 분석해 저평가된 기업을 골라낸다.

지난 2007년 미국발發 서브프라임 모기지(비우량 주택담보대출) 부실사태로 야기된 글로벌 금융위기로 세계 경제가 침체의 늪에 빠져있고, 기업들의 주식도 속절없이 떨어지고 있다.

워렌 버핏은 전 세계적으로 경기침체의 골이 깊어지는 것에 대해 오히려 "주식투자로 돈을 벌 수 있는 기회가 점점 커지고 있다"고 강조한다. 부채가 많은 한계기업이나 경영을 잘못한 부실기업들은 엄동설한이 닥치면 사라지거나 문을 닫아야 하지만 혹한 한파寒波를 견뎌낸 알짜기업들은 봄이 되면 더욱 화려한 꽃을 피우기 때문이다.

주식투자를 하는 사람이거나 주식투자에 나서는 초보자라면 기업 내재가치에 기초해 투자를 해야 한다. 기업 가치를 파악할 수 있는 수치가 바로 '주가수익률PER, Price Earnings Ratio'과 '주가순자산비율PBR, Price Book Value Rotio'이다. 이는 워렌 버핏이 전 세계 기업을 분석하는 가장 기본적인 도구이자 수단이기도 하다. 경제신문 증권면에 빠지지 않고 언급되는 용어로 이 개념만 정확히 알고 있어도 어느 기업에 투자해야 할지 망설이지 않고 결정할 수 있다.

주가수익률과 주가순자산비율이 낮다는 것은 기업 가치가 시장에서 제대로 평가받지 못하고 낮게 평가되었다는 것을 의미하는 만큼 장기적으로 주가는 오를 가능성이 높다.

워렌 버핏도 일시적인 충격으로 기업 가치가 시장에서 제대로 대접받지 못하는 회사, 즉 주가수익률과 주가순자산비율이 낮은 기업에 투자하는 것으로 유명하다.

주가수익률을 체크하라

주가수익률PER은 회사의 주가를 1주당 순익으로 나눈 것으로 현재 주가가 기업 가치를 얼마나 제대로 반영하고 있는지 나타내는 지표다. 여기서 1주당 순익은 EPS Earnings per Share라고 한다. 결국 주가수익률PER은 현재 주가를 주당 순익EPS으로 나눈 값이다.

예를 들어 A사가 한 해 동안 상품을 팔고 영업활동을 해서 벌어들인 순익이 100원이라고 하자. A사는 한국증권선물거래소에 주식이 상장돼 투자자들 사이에서 거래되는 공개기업이다. A사가 투자자들에게 발행한 주식수가 총 100주라고 하면 A사의 주당 순익은 1원(100원/100주)이 된다. 현재 주식시장에서 A사의 주가가 10원에 거래된다면 A사의 주가수익률은 10배(10원/1원)가 된다.

따라서 주가수익률이 높으면 회사의 순익에 비해서 주가가 상대적으로 높은 수준에서 형성되고 있는 것이 되며, 주가수익률이 낮으면 주가가 이익에 비해 낮게 평가되고 있는 것을 의미하게 된다. 주가수익률이 같은 업종의 기업이나 시장 평균에 비해 너무 높게 형성되어 있다면 거품(버블)이 끼여 있는 것이 되며, 주가가 갑자기 하락할 위험에 놓이게 된다.

2009년 정부의 녹색성장 정책에 편승해 발광다이오드LED 관련주들이 급등했다. 기업 내재가치는 고려하지 않고 LED 관련 주식이라는 얘기만 들어도 개인투자자들은 LED주에 투자했다. LED 관련주인 서울반도체의 경우 주가수익률이 80배에 달하기도 했다.

우리나라 기업의 평균 주가수익률은 12.2배다. 기업규모가 그리 크지 않은 중소형주가 많이 거래되는 코스닥시장에서 50배, 100배에 달하는 주가수익률을 기록하고 있는 기업들이 많은데 언제 거품이 터질지 모르는 위험이 큰 만큼 투자에 신중을 기해야 한다.

역사는 '저평가된 주가순자산비율을 보라'고 한다

주가순자산비율PBR도 아주 유용한 주식투자 용어다. 주가를 1주당 순자산으로 나눈 것으로 주가수익률과 마찬가지로 이 수치가 높으면 주가가 높게 평가된 것이고, 반대로 이 수치가 낮으면 낮게 평가돼 있는 것이다.

여기서 말하는 순자산은 기업의 자산현황을 요약한 대차대조표Balance Sheet상의 총자산에서 부채를 뺀 것으로 대부분의 경우 자기자본과 같다고 보면 된다. 즉 B사의 자기자본이 1,000원이고 발행주식수가 100주라면 B사의 주당순자산은 10원(1,000원/100주)이 된다. 주식시장에서 B사의 주가가 100원에 거래된다면 B사의 주가순자산비율은 10배(100원/10원)가 되는 셈이다.

2009년 3월 현재 국내 주식시장의 주가순자산비율은 1배 수준을 밑돌고 있다. 주가가 기업의 자산가치도 제대로 반영하지 못할 정도로 떨어져 있는 상태다. 1987년 블랙먼데이(주가폭락) 당시 미국 증시의 주가순자산비율이 1.5배였던 점을 감안하면 한국 증시의 현 주가순자산비율은 이보다도 낮은 수준이다.

글로벌 금융위기가 심화되고 그 공포가 주식시장을 엄습하면서 모두가 주식을 내다팔고 있을 때 워렌 버핏은 오히려 주식을 사들이고 있다. 워렌 버핏은 다음과 같이 강조한다.

"주식투자를 하는 데 있어 가장 좋은 매수 이유는 바로 가격이 싸기 때문이다. 외부충격으로 주가순자산비율이나 주가수익률이 급락한 종목을 잡아 인내하고 견디어낸다면 해당 기업의 주가는 정상수준으로 돌아가게 될 것이다. 주식은 결국 시간과의 싸움이다."

여기저기서 '불황이다' 'IMF 위기 때보다 더 심하다' '주식투자로 망했다' 등등 우울하고 침울한 한숨이 터져나오고 있다. 주식투자를 잘못해 패가망신하거나 가정불화로 이혼하거나 심지어 스스로 목숨을 끊는 사람들도 있다. 영웅은 난세亂世에서 나오는 법이고, 경기불황일수록 돈을 벌 수 있는 기회는 오히려 더 많은 법이다.

주식투자도 마찬가지다. 한방에 대박을 터뜨리기 위해 관리종목에 투자하거나 워크아웃 기업에 투자하는 어리석은 행동을 하기 보다는 주가수익률이나 주가순자산비율 등을 엄밀히 따져 주가가 저평가된 종목을 발굴해 장기 보유하는 전략이 필요하다. 워렌 버핏이 평생에 걸쳐 철칙으로 여기고 있는 주식투자 방법이다.

워렌 버핏의 배당성향, 배당률, 배당수익률

주식투자에 있어 기업의 성장성과 수익성, 재무안전성이 모두 고려되어야 하겠지만 이외에 배당에도 관심을 기울여야 한다. 기업이 배당을 한다는 것은 그만큼 당기순익을 많이 기록하고 있다는 얘기가 되며, 주주들에게 일정 수준의 사례를 한다는 말이 된다.

적자에 허덕이거나 부채가 많은 기업은 배당을 하지 못한다. 특히 2009년과 같이 경기침체로 기업들의 경영환경이 악화되고 있는 시기에 높은 당기순익을 바탕으로 배당을 실시한다는 것은 그만큼 기업의 수익성과 안정성이 뛰어나다고 볼 수 있다.

배당과 관련해 혼동하기 쉬운 용어들이 있는데 배당성향과 배당률, 배당수익률이 그것이다. 주식투자에 있어 이들 용어의 차이점을 알고 있어야 배당을 쉽게 이해할 수 있고, 주식투자에 응용할 수 있다.

배당성향은 당기순익 중 얼마를 배당하는가를 나타낸다. 예를 들어 A사의 2008년 당기순익이 100억 원인데 이 중 10억 원을 배당하고 나머지 90억 원을 내부 유보로 쌓아 놓는다면 A사의 배당성향은 10%(10억 원/100억 원)가 되며, 반대로 내부 유보율은 90%(90억 원/100억 원)가 된다. 기업의 배당성향과 내부 유보율을 합하면 100%가 된다.

$$배당성향 = \frac{배당금}{당기순익} \times 100$$

배당률은 주당 배당금을 액면가로 나눈 비율이다. 예를 들어 A사 주식의 액면가가 5,000원이고 1주당 500원을 배당한다고 하면 배당률은 10%(500원/5,000원)가 된다. 분모가 주식의 '액면가격'이 된다는 점에 주의해야 한다.

$$배당률 = \frac{주당\ 배당금}{액면가} \times 100$$

반면 배당수익률은 주당 배당금을 현재의 기업주가로 나눈 비율로 시가배당률이라고 한다. 앞에서 예로 든 A사 주식을 25,000원에 매수했다면 A사의 배당수익률은 2%(500원/25,000원)가 된다. 분모가 '액면가'가 아니라 '현재의 주가'인 점에 유의해야 한다.

배당 투자에 있어 의미 있는 지표는 배당률이 아니라 배당수익률이다.

예컨대 액면가 5,000원인 B사와 C사가 있다고 하자. B사는 주당 1만 원을 배당하고 현재의 주가는 20만 원이라고 한다면 B사의 배당률은 200%(1만 원/5,000원)가 되고, 배당수익률은 5%(1만 원/20만 원)가 된다.

반면 C사는 주당 5,000원을 배당하고 현재의 주가가 5만 원이라면

C사의 배당률은 100%(5,000원/5,000원)이지만 배당수익률은 10%(5,000원/5만 원)가 된다.

주당 배당금은 B사가 1만 원이고 C사가 5,000원으로 B사가 2배나 많다. 배당률도 B사가 월등히 높다. 하지만 배당수익률은 오히려 C사가 높다. C사에 대한 주식매수 가격이 B사에 대한 주식매수 가격보다 낮기 때문이다. 배당투자에 있어 중요한 것은 배당률이 아니라 배당수익률이라는 점을 알 수 있다.

일정 수준의 배당금을 매년 지급하는 기업이라면 주가가 떨어질수록 배당수익률은 높아지게 된다. 2009년과 같이 기업들의 경영환경이 악화되면서 주가가 떨어지고 있는 가운데 매년 일정 수준의 배당금을 지급한다면 배당수익률은 오히려 상승하게 된다.

$$배당수익률 = \frac{주당\ 배당금}{기업의\ 주식매입\ 가격} \times 100$$

경기침체기에 은행이자보다 높은 배당수익률을 약속하는 기업이라면 눈여겨볼 만하다. 경기침체기에 배당을 실시한다는 것은 그만큼 기업의 성장성과 수익성이 양호하다는 것을 의미하기 때문이다.

2008년 국내 기업들의 경영환경이 크게 악화되면서 유가증권시장 상장사들의 배당금이 2007년에 비해 37.7% 크게 감소했다. 2008년의 경우 12월 결산법인 638개 가운데 현금배당을 실시한 413개사의

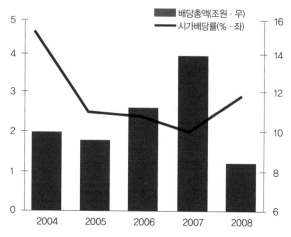

〈배당총액과 배당수익률〉

• 유가증권시장 대상
• 자료 : 한국거래소

배당총액은 8조 6,610억 원으로 2007년의 13조 9,162억 원보다
37.7% 줄었다. 불경기 탓으로 기업들이 배당을 할 수 있는 자금여력
이 감소했기 때문이다. 배당총액이 줄어든 것은 2005년 이후 3년 만
에 처음이다. 당기순익에서 배당금이 차지하는 비중을 나타내는 배당
성향도 20.03%로 2007년보다 4.04%포인트 낮아졌다.

　하지만 2008년 주가급락으로 주가대비 배당금 비율을 의미하는 배
당수익률(시가배당률)은 오히려 2007년보다 0.83%포인트 상승한
2.86%를 기록했다. 2008년의 경우 배당수익률이 높았던 기업으로는
순서대로 미창석유공업(9.64%), 화승인더스트리(9.51%), 휘닉스컴
(8.40%), WISCOM(8.3%) 등이었다.

〈배당수익률 높은 기업〉

종목	배당금총액	시가배당률
마창석유공업	36.1	9.6
화승인더스트리	14.8	9.5
휘닉스컴	16.0	8.4
WISCOM	45.0	8.3
쌍용	53.0	8.3
한국쉘석유	78.0	7.9
금양	11.0	7.9
상신브레이크	23.6	7.8
S-Oil	5,821.9	7.5
한국고덴시	34.2	7.4

• 2008년 유가증권시장 대상
• 자료 : 한국거래소

Part 2

워렌 버핏의
첫 번째 지갑
투자편

Money begets money.

01 펀드 투자, 기본에 충실하라

워렌 버핏은 주가지수를 추종하는 인덱스 펀드Index Fund를 추천한다. 하지만 굳이 펀드 투자에 나서고자 한다면 펀드 투자의 기초상식을 충분히 숙지할 것을 조언한다.

펀드 투자는 기본만 잘 지켜도 큰 손해를 안 볼 수 있다. 펀드의 ABC를 고려하지 않고 남의 말만 따라 하다가는 낭패를 당하기 십상이다. 운이 좋아 몇 번은 성공할 수 있겠지만 장기적으로는 실패할 위험이 높다.

주식형과 채권형 비중을 조절하라

경기변동에 맞춰 펀드에 편입되는 주식과 채권 비중을 잘 조절해야 한다.

2007년은 주식형이 채권형 펀드보다 수익률이 좋았다. 2007년에는 전 세계적으로 유동성(돈의 흐름)이 풍부해지면서 시중금리가 올라가고 채권수익률도 덩달아 올라가는 현상이 나타났다. 채권수익률이 올라간다는 것은 반대로 채권가격은 떨어진다는 것을 의미하는 만큼 2007년 채권형 펀드에 투자한 사람들은 별다른 재미를 못 봤다.

반면 2007년 국내 주식시장은 물론 인도, 베트남, 중국 등 신흥시장 국가들의 주가가 가파르게 상승하면서 국내 주식형 및 해외 주식형 펀드에 가입한 사람들은 짭짤한 재미를 봤다. 전 세계적으로 시중금리가 올라가고 부동산 경기가 냉각되면서 채권과 부동산에 몰렸던 자금이 주식시장으로 몰릴 것이라고 제대로 판단한 사람들이라면 주식형 펀드에 투자해 짭짤한 수익을 올렸을 것이다.

하지만 2008년은 주식형 펀드 투자자들에게는 악몽이었다. 글로벌 신용경색과 경기침체로 주가지수가 속절없이 떨어지면서 펀드 수익률은 생각하기도 싫을 정도로 하락했다. 평균적으로 원금의 50%가량을 까먹었으며 심지어 원금의 80%를 손해 본 펀드들도 있었다. 특히 중국, 인도 등 신흥국가 주식시장이 급락하면서 해외펀드들이 고전을 면치 못했다.

하지만 2009년 상황은 다시 바뀌기 시작했다. 단기급락에 따른 반발 매수세가 유입되고 한국 경제의 기초체력(펀드멘털)이 튼튼하다는 인식이 확산되면서 기관투자가와 외국인, 개인들이 주식시장으로 몰려들었다. 코스피지수는 2009년 3월 1,000포인트 아래로 떨어진 것을 바닥으로 이후 가파른 상승세로 돌아섰고 5월에는 1,400포인트 근처까지 올랐다. 2개월 남짓 코스피지수는 40%가량 급등한 것이다. 세계 주식시장 중에서 몇 손가락 안에 꼽을 정도로 주가상승이 두드러졌다.

펀드 투자 시에는 주식 비중이 높은 펀드를 택할 것인지, 채권 비중이 높은 펀드에 들 것인지 신중하게 생각해야 한다. 한국 경제뿐 아니라 글로벌 경제흐름과 동향, 앞으로의 전망을 제대로 알고 있어야 제대로 된 펀드 투자를 할 수 있다. 아무런 공부도 하지 않고 돈을 벌겠다는 것은 손도 대지 않고 코를 풀겠다는 것과 같이 어리석은 생각이다.

2007년의 경우 채권형 펀드가 죽을 쑤고 있는 동안 국내 주식형 펀드는 평균 20% 이상의 수익률을 달성했고 인도, 베트남, 중국 등 신흥시장에 주로 투자하는 해외 주식형 펀드도 15% 이상의 수익률을 기록했다. 2009년 상반기도 마찬가지였다.

펀드 투자의 기본은 주식형으로 할 것인지, 채권형으로 할 것인지 결정하는 것이며, 시중금리 오름세가 이어질 것으로 생각한다면 주식 투자 비중을 늘리는 것이 유리하다.

과거 수익률에 의존하지 마라

펀드에 가입하기 위해 은행창구를 방문하면 창구 직원들은 과거의 높은 수익률을 제시하며 펀드가입을 권유한다. 최근 3년 동안 50%의 수익률을 올렸다느니, 최근 6개월 동안 10%의 수익률을 기록했다느니 과거 수익률이 양호했던 펀드들을 침이 마르게 자랑한다.

기준시가와 현재 시가의 높은 수익률을 비교해 보고 있노라면 혹하는 마음에 이것저것 따져보지도 않고 그만 펀드에 가입하고 만다. 장기적으로 꾸준하게 높은 성과를 유지할 수 있을 것인지, 과거의 운용실적이 미래 수익을 보장할 수 있을 것인지 고민하지도 않는다.

대표적인 상품이 해외 부동산에 주로 투자하는 글로벌 리츠펀드와 동유럽 지역에 투자하는 동유럽 펀드다. 글로벌 리츠펀드의 경우 최근 7년간 평균 수익률이 24.5%, 최근 4년 평균 수익률이 29.6%를 기록할 정도로 높은 인기를 끌었지만 2007년에는 해외 부동산 경기둔화로 성적이 형편없었다. 2007년의 경우 9월 말까지 평균 수익률은 −5.4%를 기록했다. 유럽 리츠펀드는 −20.4%, 미국 리츠펀드는 −4.2%를 나타냈다.

동유럽 펀드도 최근 5년간 38.6%의 수익률을 자랑하며 지역펀드 중 가장 뛰어난 성적을 나타냈지만 2007년의 경우 9월 말까지 수익률은 9.1%로 크게 떨어졌다. 과거의 투자실적만 믿고 섣불리 투자했다가는 큰 낭패를 당할 수 있다는 것을 쉽게 알 수 있다.

아무리 붉은 꽃이라도 영원하지 않다는 '화무십일홍 花無十日紅' 원칙과 아무리 강한 권력도 오래가지 못한다는 '권불십년權不十年' 철학이 펀드 투자에도 적용된다는 것을 잊어서는 안 된다.

너무 빨간 사과에는 독이 있다

투자보고서 중에는 장밋빛 전망으로 가득한 것들이 많다. 펀드 상품을 많이 팔아야 하는 판매회사와 자산운용사들은 상품제안서에 나쁜 코멘트는 좀처럼 하지 않는다.

자산운용사들은 상품을 팔라는 얘기는 거의 하지 않고, 운용사와 판매회사가 발행하는 제안서와 보고서에는 매수의견Buy 일색이다. 모든 상품이 수익을 안겨주는 노다지 상품인 듯한 착각을 들게 할 정도다. 그야말로 혼을 쏙 빼놓는다.

일본 기업의 평균 주가수익률PER, 주가를 순익으로 나눈 것은 지난 1996년 40배를 넘어섰지만 현재 15.7배까지 떨어진 상태다. 이를 두고 일본 펀드 매수를 권유하는 판매회사나 자산운용사들은 일본 기업의 주가수익률이 역사적으로 저평가되었으니 저점인 지금 사야 한다고 목청을 높이고 있다. 저점매수, 고점매도 원칙을 믿고 있는 투자자들에게는 솔깃한 얘기다.

하지만 일본 기업의 주가수익률은 미국(14.4배), 유럽(11.6배), 한국(11.9배), 브라질(9.8배), 러시아(10.0배) 등에 비해 여전히 높은 상태다. 일본 기업의 주가가 선진국은 물론이고 신흥시장에 비해서도 여전히 높게 평가되어 있음에도 불구하고 판매회사와 증권사 직원들은 좋은 점만을 부각시킨다.

소수펀드에 '몰빵' 투자하지 마라

단기간 높은 수익을 올리려는 욕심에 물펀드와 같은 특수펀드, 헤지펀드와 같은 대안펀드에 자산의 대부분을 투자하는 사람들이 많다. 자신의 예상대로 시장상황이 흘러간다면 높은 수익을 기대할 수도 있겠지만 기대한 것과 반대로 시장상황이 전개된다면 큰 손해가 불가피하다.

주식투자에 실패한 투자자들이 선물과 옵션 투자에 나서 더 큰 손실을 입는 것과 같다. 잘 설계된 자산배분 원칙에 따라 펀드별 분산투자를 제대로 하고 있는지 꼼꼼히 살펴보아야 한다. 2~3개의 펀드에 분산해 돈을 배분하는 것이 좋다. 관리하기도 힘들 만큼 여러 곳에 분산투자해야 한다는 얘기는 아니다. 워렌 버핏은 자신이 어느 펀드에 가입해 있는지 헷갈릴 정도로 분산투자하는 것을 극도로 경계한다.

이미 시장에서 검증된 주력펀드에 대해서는 투자 비중을 높이는 반면 시장검증이 되지 않았거나 유동성이 부족한 신규 펀드에 대해서는 아무리 높은 수익이 기대된다고 하더라도 큰 손실을 입을 위험도 높은 만큼 제한된 범위 내에서 투자하는 지혜가 필요하다.

또 신흥시장 펀드의 경우 대부분 변동성이 높고 단기급등에 따른 위험부담이 상존하고 있는 점을 고려해 분산투자하는 것이 필수적이다.

110

'도 아니면 모'라는 심정으로 1개 펀드에 투자원금 전액을 넣기 보다는 2~3개의 펀드에 투자자금을 배분시켜 안정성을 높이는 것이 무엇보다 중요하다.

펀드 종류를 숙지하라

음식에도 나의 몸과 체질에 맞는 궁합이 있듯이 펀드에도 나의 투자 스타일과 맞는 궁합이 있다. 남들이 '펀드가 재테크 수단으로는 딱이다'라고 해서 부랴부랴 은행이나 증권사 창구로 달려가 아무 펀드에나 가입해서는 안 된다.

금융기관 창구 직원들은 고객의 투자 스타일은 묻지도 않고 회사가 전략적으로 키우는 종목을 추천하거나 신규로 출시된 상품을 권하는 경우도 있다는 점을 명심해야 한다. 자신의 투자 스타일과 자금운용 기간, 투자 철학 등을 종합적으로 판단해 궁합이 맞는 펀드를 골라야 한다.

펀드는 주식과 채권을 어느 정도의 비율로 편입시키느냐에 따라 보통 '주식형 펀드' '채권형 펀드' '혼합형 펀드' 등으로 크게 나뉜다.

자산운용협회 기준에 따르면 주식형 펀드는 전체 자산의 60% 이상을 주식에 투자하고 나머지는 채권과 어음 등에 투자하는 다소 공격적인 펀드로 '성장형 펀드'라고도 한다.

주식시장이 활황을 보이고 있는 요즘 주위에서 주식형 펀드에 가입해 30% 이상의 수익률을 달성했다는 투자자들을 흔히 보게 된다. 또는 2008년 -40%에 달했던 수익률이 원금 수준에 달할 정도로 수익률이 회복되었다는 말도 심심찮게 들린다.

주식형 펀드에는 다양한 종류가 있는데 기본적인 개념은 짚고 넘어갈 필요가 있다. 삼성전자, 현대자동차, 포스코 등과 같이 시가총액이 큰 기업에 주로 투자하는 펀드가 대형주 펀드다. 주가가 가파르게 급등하기는 어렵지만 주가가 조정을 받을 때에도 크게 빠지지 않는 장점이 있어 안정적인 투자를 원하는 투자자들에게 적합하다. 대형주 펀드에 속한 기업들은 대부분 기업의 내재가치가 높다.

반대로 증권선물거래소 시장에서 거래되는 기업 중 규모가 다소 작은 기업들이나 대부분의 코스닥시장 상장 기업들은 중소형주라고 부르고, 이들 기업에 주로 투자하는 펀드를 '중소형주 펀드'라고 한다. 주식시장이 좋을 때에는 주가가 급등하는 이점이 있지만 반대로 주식시황이 좋지 않을 때, 즉 조정을 보일 때에는 대형주보다 더 크게 하락하는 단점이 있다.

대형주 펀드가 기업이 가지고 있는 현재가치, 즉 내재가치를 중시하는 측면이 강한 반면 중소형주 펀드는 향후 기업의 성장잠재력, 즉 성장가치에 초점을 맞춘다.

결국 '대형주＝가치주' '중소형주＝성장주'라고 보면 크게 틀림이 없다. 공격적인 투자자의 경우 채권형 펀드보다는 주식형 펀드를 더욱 선호하는데 이 중에서도 고위험 고수익 투자패턴을 좋아하는 투자자들은 대형주 펀드보다는 중소형주 펀드를 더 좋아한다.

그럼 주식형 펀드 중 조정 장세에서도 버팀목 역할을 하고 시장평균 수익률을 보장해 주는 안정된 펀드는 없을까? 주식형 펀드 중 안전성을 강조하는 것으로는 '인덱스 펀드'가 있다.

한국을 대표하는 주가지수인 코스피Kosopi 및 코스피 종목 중에서도 대표적인 200개 종목의 주가추이를 나타내는 코스피 200지수와 같이 움직이도록 펀드를 구성한 것이 인덱스 펀드다. 다시 말해 코스피 지수가 한 해 동안 10% 오른다면 이에 걸맞게 10% 안팎의 수익률을 올릴 수 있도록 펀드를 구성한 것이다. 코스피 인덱스, 즉 코스피지수와 주가흐름이 같이 가는 구조로 설계돼 있다.

소액 투자자들은 보유자금이 적어 삼성전자, 포스코, 현대자동차, 신세계 등 코스피를 대표하는 종목들에 분산 투자하는 것이 거의 불가능하다. 하지만 인덱스 펀드에 돈을 넣어 놓으면 이들 종목에 투자하는 것과 같은 효과를 얻을 수 있다. 주식시황에 따라 주가가 크게 오르고 내리는 중소형 펀드를 꺼리는 투자자들이라면 시장평균 수익률을 보장하는 인덱스 펀드에 관심을 가질 필요가 있다. 인덱스 펀드는 주가지수와 함께 움직인다고 해서 '주가지수 연동형펀드'라고도 부른다.

주식형 펀드는 주식을 실제 운영하는 사람, 즉 펀드매니저의 펀드운용 스타일에 따라 '액티브형Active 펀드'와 '패시브형Passive 펀드'로 나뉜다. 액티브형 펀드는 말 그대로 펀드매니저가 적극적으로 종목을 고르고 투자하는 펀드로, 일반적으로 주식형 펀드는 대부분 이 유형에 속한다.

액티브형 펀드는 펀드매니저가 수익률을 올리기 위해 노력을 기울여야 하고 운용하는 데 별도의 수고가 따르기 때문에 패시브형 펀드보다 수수료가 다소 높은 것이 특징이다.

반대로 펀드매니저가 펀드운용에 거의 개입하지 않고 기계적으로 종목을 선정하는 펀드를 패시브형 펀드라고 부르는데, 앞에서 언급한 인덱스 펀드가 대표적이다. 코스피지수를 그대로 따라가도록 설계돼 있어 펀드매니저의 재량권과 운신의 폭이 좁아진다. 따라서 액티브형 펀드는 펀드매니저의 능력과 주식시황에 따라 수익률이 천차만별이지만 패시브형 펀드는 수익률이 거의 비슷하다는 특징이 있다.

펀드는 돈을 넣는 방식에 따라서도 차이가 있다. 시중은행에 불입하는 적금처럼 매달 일정한 금액을 투자하는 게 '적립식'이다. 또 은행의 정기예금처럼 처음에 계좌를 개설할 때 목돈을 한꺼번에 넣어 두는 것이 '거치식'이다.

매달 월급을 받아 생활하는 직장인이라면 한푼 두푼 돈을 모아 저축하는 기분으로 투자하는 적립식이 좋다. 가입한 펀드의 기준가격이 떨어지더라도 나중에 다시 돈을 넣을 수 있는 만큼 주식을 더 싸게 살 수 있는 메리트가 있다. 반면 거치식은 만기 이전에 돈을 찾을 경우(환매할 경우) 환매 수수료를 물거나 투자금액 전체를 환매해야 하는 불편이 있다.

이와 함께 적립식과 거치식 중간 성격의 '임의식'이 있는데 처음에는 거치식처럼 투자금을 넣어 두고 이후에는 적립식처럼 수중에 돈이 생길 때마다 추가로 넣는 것을 말한다.

〈펀드의 종류와 특징〉

주식투자 비중으로 구분하는 법	자산운용협회 기준	주식형 : 주식에 60% 이상 투자
		채권형 : 주식투자 없고 채권에 60% 이상 투자
		혼합형 : 주식형, 채권형이 아닌 것
	펀드 평가사 제로인 기준	성장형 : 주식투자 상한이 70% 초과
		안전성장형 : 주식투자 상한이 41~70%
		안정형 : 주식투자 상한이 40% 이하, 10% 초과
		시가채권형 : 주식투자 없이 채권 등을 시가로 평가
	펀드 평가사 한국펀드평가 기준	주식펀드 : 자산의 60% 이상을 주식에 투자
		채권펀드 : 주식투자 없이 시가 평가 채권 등에 투자
		혼합펀드 : 자산의 60% 미만을 주식에 투자
투자 철학	성장주 펀드	성장잠재력이 뚜렷한 주식에 투자하는 펀드
	가치주 펀드	기업 실적에 비해 주가가 싼 주식에 투자하는 펀드
펀드매니저 개입 정도	액티브형 펀드	펀드매니저가 적극적으로 개입해 투자하는 펀드
	패시브형 펀드	매니저가 개입하지 않고 지수 등을 따라가는 펀드
투자금 넣는 방식	적립식	은행적금처럼 매달 일정 금액을 투자
	거치식	처음 넣을 때 목돈을 한꺼번에 납입
	임의식	최초 투자금을 넣고 이후 수시로 자유롭게 넣음

02 펀드 투자에도 요령이 있다

청약이 힘들다면 공모주 펀드를 이용하라

　주식시장에 곧 상장 예정인 기업의 주식을 사는 공모주 투자는 증권사 영업창구를 찾아가야 하는 불편함과 수고를 감수해야 한다. 공모주 청약서류를 작성해야 하고, 공모기업의 일정을 일일이 체크해야 하고, 투자하고자 하는 기업의 재무구조와 기업내용도 꼼꼼히 알아봐야 한다.

　또 특정 기업의 공모주 투자에 성공한다고 하더라도 이 기업의 주가가 공모주 청약 당시의 주가보다 크게 상승하면 투자수익을 올리지만 반대로 주가가 떨어질 때에는 큰 손실이 불가피하다. 단일 종목에 투자하는 위험이 있다는 얘기다.

116

공모주 투자의 대안

지난 2007년 7월부터 기업 상장을 주관한 증권사가 기업 공모가격의 90%를 떠받쳐 주었던 '풋백옵션'제도가 폐지되면서 공모주 투자의 위험은 더욱 커졌다. 기업공모를 주관한 증권사는 기업의 주가가 90% 아래로 떨어지면 해당 기업의 주식을 매수해 주가가 90% 아래로 떨어진 주식을 사들여 주가를 올려 주었는데 증권사의 이 같은 의무가 없어진 것이다. 공모주 투자를 잘못했다가는 낭패를 보기 쉽게 투자환경이 변했다고 볼 수 있다.

이에 대한 대안으로 떠오르는 것이 공모주 펀드다. 공모주에 투자하고는 싶지만 증권사 영업 창구를 일일이 찾아갈 시간도 없고 개별 공모기업의 기업내용도 잘 모를 때 선택할 수 있는 것이 공모주 펀드다.

공모주 펀드는 일반적으로 펀드자산의 70% 정도를 채권에 투자하고 나머지 30%를 공모주에 투자해 수익을 올린다.

엄밀히 따지자면 채권혼합형 펀드에 속하기 때문에 주식형 펀드에 비해 안전하다. 주식시황이 호황일 때에는 주식 비중이 70%에 달하는 주식형 펀드보다 수익률이 떨어지지만 주식시장이 조정국면에 들어갈 때에는 채권에 투자하기 때문에 주식형 펀드에 비해 상대적으로 유리하다. 하지만 채권투자로 일정 수준의 금리를 보장받기 때문에 '금리+알파'의 효과를 얻을 수 있다.

2007년 말과 2008년의 경우 공모주 투자는 큰 메리트가 없었다. 주식시장이 장기 조정 및 하락국면을 보였기 때문에 공모주 펀드 투자는 개인들에게 외면당했다. 하지만 2009년 주식시장이 바닥을 찍고 반등국면에 돌입하면서 공모주 펀드에 대한 관심이 다시 높아지고 있다. 상장 당일 공모가의 2배에서 시초가가 형성된 이후 그날 상한가를 기록하는 것은 물론 며칠 동안 상승세를 나타내는 것을 쉽게 찾아볼 수 있다.

경기반등의 신호가 감지될 때, 주식시장이 반등국면을 보일 때 공모주 및 공모주 펀드에 대한 관심이 고조되는 법이다.

공모주 펀드 중에는 원칙에 따라 공모주와 채권에만 투자하는 펀드가 있는가 하면 채권, 공모주뿐만 아니라 일반 주식에도 투자하는 다소 공격적인 펀드도 있다. 공모주 펀드마다 수익률에 다소 차이가 나는 것은 펀드구성 비중에 차이가 있기 때문이다.

주목받는 원자재 펀드

경기 바닥 신호가 나타나면서 국제유가도 다시 꿈틀거리고 있다. 2009년 2월 배럴당 40달러 아래로 떨어진 국제유가는 2009년 5월 말 62달러를 기록했으며 향후 경기회복 기대감이 높아지면서 추가 상승할 가능성이 높은 상태이다. 투자자들이 경기회복기의 원자재 수요 증가를 기대하고 원유 등 상품시장으로 몰리고 있는 것이다.

글로벌 상품시장 전문가들은 중국과 같은 신흥시장의 에너지 소비가 급속하게 증가하고 있는 데다 전 세계적으로 비교적 개발이 쉬운 곳에 매장된 석유는 대부분 개발됐다는 이유를 들어 수년 내에 국제유가가 급등세를 연출할 것으로 내다보고 있다. 국제유가가 반등하게 되면 원유, 금, 석탄, 철강, 목재 등에 투자하는 '원자재 펀드' 의 수익률도 덩달아 오르게 된다.

물가가 오르면, 원자재 펀드의 매력이 높아진다

국제유가가 상승하고 물가가 오르면 금, 원유 등 실물에 관심을 쏟게 된다. 물가가 상승하면 화폐가치는 떨어지지만 실물자산의 가치는 반대로 상승하기 때문이다. 유가 상승기에 원자재 펀드가 높은 수익률을 기록하며 인기를 끄는 이유가 여기에 있다.

향후 국제유가는 상승추세를 이어갈 것이라는 게 일반적인 분석이다. 왜 그럴까. 먼저 달러약세가 지속되고 있기 때문이다. 국제유가는 달러로 결제되는데 달러 가치가 떨어지고 있어 같은 양의 원유를 구입한다고 하더라도 이전보다 더 많은 달러를 지불해야 한다.

반면 원유공급은 제한되어 있는데 수요는 급증하고 있다. 연간 9~10%의 높은 성장률을 기록하고 있는 중국과 인도는 가장 큰 원유 수요자로 부상했으며, 동남아 등 새롭게 떠오르는 신흥국가들의 경제성장도 다시 속도를 내고 있다.

이처럼 국제유가의 상승추세가 이어지고 물가상승 압력이 높아지면 주식형 펀드의 대안투자로, 또는 주식형 펀드의 위험분산 차원에서 원자재 펀드가 인기를 끌게 된다.

일반적으로 원자재 펀드는 해외 원자재 개발기업에 직접 투자하거나 원자재 인덱스 펀드에 투자하는 재간접펀드 형태로 운영된다.

원자재 펀드와 함께 고유가 시대에는 금 펀드의 수익률이 높다. 고유가는 물가상승으로 이어지면서 실물자산인 금에 대한 수요가 급증하기 때문이다.

아이들 돌잔치나 부모님 회갑 선물용으로만 여겨졌던 순금 반지가 수익률 높은 재테크 수단으로 다시 인기를 끌고 있는 것이다. 시중은행들도 금값에 연동되는 예금상품을 선보이고 있고 자산운용사들도 금 관련 펀드를 내놓고 있다.

시중은행 PB센터 전문가들은 유가 오름세가 지속될 경우에는 중동, 중남미, 아프리카 등 원유생산 국가에 대한 투자 비중을 늘리는 한편 주식형 펀드에 대한 분산 차원에서 원자재 펀드에 관심을 기울이는 것이 유리하다고 조언한다.

관심 끄는 스타일 상장지수펀드

상장지수펀드ETF에 대해서는 이미 살펴보았다. 주가지수를 따라 수익률이 움직이는 대표지수 ETF, 업종(섹트)지수를 추종하는 섹트 ETF 이외에 스타일 ETF가 있다.

스타일 ETF는 성장주나 가치주 등 주식의 스타일이 유사한 종목들을 모아 발표하는 지수(스타일 지수)를 추종하는 ETF상품이다. 스타일지수는 2006년 10월부터 발표되었는데 미래성장성이 높은 종목 그룹, 내재가치가 큰 종목 그룹 등으로 나누어 이를 지수화한 것이다.

'성장형 스타일 지수'에는 앞으로 성장가능성이 높은 종목들이 대거 포진해 있으며, 과거 5년 동안의 순익, 매출액 증가 추이와 향후 3년간의 순익, 매출액 증가 기대치 등을 기준으로 종목을 고른다. 성장형 스타일 지수에 편입되는 종목은 보통 중소벤처기업, 신기술기업, 정보통신IT 기업 등이며 코스닥 기업들이 여기에 속한다.

'가치형 스타일 지수'에는 기업 내재가치에 비해 주가가 낮게 평가된 기업들이 속한다. 워렌 버핏이 입버릇처럼 강조하는 것이 "내재가치에 비해 주가가 저평가된 종목을 발굴하라"는 것인데 워렌 버핏의 투자 철학을 반영하는 투자 상품이다.

주가를 주당순익EPS으로 나눈 주가수익률, 주가를 주당순자산가치로 나눈 주가순자산가치 등이 낮아 다른 업종의 종목보다 주가가 낮게 형성되고 있는 종목들이 주요 편입대상이다. 거래소 종목 중 회사는 괜찮은데 주가가 잘 움직이지 않는 종목으로 주가가 쉽게 하락하지도 않고 급등하지도 않는 진중한 종목들이 여기에 속한다.

시가총액을 기준으로 시가총액이 큰 종목을 편입하는 '대형주 스타일 지수', 시가총액이 작은 종목을 편입하는 '중소형주 스타일 지수'도 있다. 따라서 주식시황이 좋을 것으로 예상되거나 공격적인 투자를 선호하는 사람들은 성장형이나 중소형주 스타일 지수에 투자하는

ETF가 좋다. 반면 주식시장이 조정 장세를 보일 것으로 전망되거나 안정적인 투자를 선호하는 사람이라면 내재가치, 대형주 스타일 지수에 투자하는 ETF에 가입하는 것이 바람직하다.

스타일 ETF를 활용하면 투자자들은 훨씬 쉽고 다양하게 포트폴리오를 구성할 수 있다. 또 언제나 환매가 가능하고 환매수수료도 저렴한 장점이 있다.

03 워렌 버핏이 추천하는 인덱스 펀드

워렌 버핏은 초보 주식투자자들뿐 아니라 오랫동안 주식투자를 했지만 번번히 손실을 보고 있는 투자자들에게 '인덱스 펀드' 투자를 권한다. 매년 5월 초에 열리는 버크셔 해서웨이 주주총회에서 워렌 버핏은 수만 명의 주주들을 대강당에 모아 놓고 주식관련 조언을 할 때에도 빠뜨리지 않고 인덱스 펀드의 장점을 강조하며 인덱스 펀드 투자에 나설 것을 역설한다.

"주식투자에 자신이 없거나 주식투자에 매달릴 시간이 없는 투자자들이라면 인덱스 펀드에 가입하는 것이 좋습니다. 왜 엄청난 비용을 지불하며 펀드운용을 특정 펀드매니저에게 맡깁니까. 펀드운용을 펀드매니저에게 맡겨 놓으면 수수료 비용이 만만치 않습니다. 펀드운용이 단순하고 지불해야 할 펀드수수료도 낮은 인덱스 펀드를 여러분에게 추천합니다." 워렌 버핏의 설명이다.

인덱스 펀드는 자산운용사가 투자종목을 직접 고르는 주식형 펀드와 달리 지수(인덱스)를 정해 놓고 펀드운용 수익률이 주가지수와 동일하게 움직이도록 설계된 펀드다.

저렴한 수수료

예를 들면 한국을 대표하는 우량 기업들로 구성된 코스피 200지수를 따라가는 방식으로 인덱스 펀드를 만드는 것이다. 이렇게 되면 코스피 200지수가 움직이는 대로 인덱스 펀드의 수익률도 결정된다.

코스피 200지수에는 삼성전자, 포스코, 한국전력 등 한국 주식시장을 대표하는 대기업들이 포함돼 있다. 개인투자자들이 이들 종목에 각각 투자하기는 불가능하다. 이들 기업을 모두 편입하기 위해서는 천문학적인 투자자금이 필요하기 때문이다. 하지만 인덱스 펀드에 가입하면 코스피 200지수에 포함된 종목을 한꺼번에 사들이는 효과를 거둘 수 있는 장점이 있다.

그럼 워렌 버핏은 왜 개미투자자들에게 인덱스 펀드를 추천하는 것일까? 인덱스펀드에는 어떠한 장점과 매력이 있는 것일까?

국내 우량 기업들로 구성된 코스피 200지수를 추종하게 설계된 인덱스 펀드는 우선 수수료가 저렴하다. 일반 주식형 펀드 수수료는 평균 2.5~3.0%인데 반해 인덱스 펀드는 평균 1.4% 정도에 불과하다. 수수료 측면에서는 비용이 일반 주식형 펀드의 절반에 지나지 않는다. 가령 3,000만 원을 주식형 펀드에 가입할 때에는 90만 원을 수수료로 지불해야 하지만 인덱스 펀드의 경우에는 42만 원이면 된다.

글로벌 금융위기와 경기침체로 2008년 국내 주식시장은 50% 이상 급락했고 2009년 들어서도 좀처럼 반등기미가 나타나지 않고 있다. 특히 신흥국가에 투자하는 브릭스 펀드, 중국 펀드, 베트남 펀드, 동유럽 펀드 등에 가입한 개인투자자들은 주가급락으로 큰돈을 잃은 것은 물론 비싼 펀드운용 수수료도 지불해야만 했다. 인덱스 펀드는 펀드매니저가 임의로 주식을 사고팔지 않고 정해진 시스템에 따라 거래되기 때문에 수익률이 비교적 안정적이라는 장점도 갖고 있다.

인덱스 펀드도 세제혜택 가능

2009년 자본시장통합법(자통법)이 시행되면서 인덱스 펀드는 대부분이 고위험상품으로 분류되면서 투자자들로부터 외면을 받기도 했다. 자산운용사들이 코스피 200지수선물을 추종하도록 설계해 인덱스 펀드의 상당수가 일반금융상품이 아니라 위험도가 높은 파생상품으로 취급되었기 때문이다. 파생상품의 경우 일반인들이 상품에 가입하기는 힘들다. 금융당국이 나이가 만 65세 이상이고 파생상품 투자경험이 1년 미만이라면 아예 가입을 허락하지 않았다. 이처럼 인덱스 펀드는 일반 주식형 펀드보다 안정적인 수익률을 보장해 주는 장점에도 불구하고 오히려 파생상품보다 투자위험이 높은 것으로 분류돼 찬밥신세로 떨어지기도 했다.

하지만 인덱스 펀드가 화려하게 부활할 수 있었던 것은 정부가 인덱스 펀드를 둘러싼 제도상의 미비점을 정비하고 세제혜택을 부여했기 때문이다.

2009년 2월 말 금융감독원은 "인덱스 펀드도 자산총액의 60% 이상을 국내에서 발행해 국내에서 거래되는 상장주식에 투자하는 경우에는 장기주식형저축의 요건에 해당된다"며 인덱스 펀드에도 세제혜택을 주었다.

2008년 10월 정부는 주식시장이 연일 곤두박질치고 투자심리가 꽁꽁 얼어붙자 주식시장 활성화를 위해 장기 적립식 주식형 펀드에 다양한 세제혜택을 제공하기 시작했다. 개인들이 3년 이상 펀드 투자를 할 경우에는 소득공제와 비과세혜택이라는 당근을 제시했던 것이다.

펀드 가입일로부터 최초 1년은 납입금액의 20%, 2년은 10%, 3년은 납입금액의 5%를 소득공제해 주기로 했다. 또 3년간은 펀드 배당소득에 대해 비과세혜택도 제공했다. 세제혜택 한도는 분기당 300만 원, 연간으로는 1,200만 원까지이다.

국내에서 판매되는 인덱스 펀드는 대부분 국내 주식에 60% 이상을 투자하기 때문에 여타 적립식 주식형 펀드와 똑같이 소득공제와 비과세혜택을 얻을 수 있다.

좋은 인덱스 펀드 고르는 방법

인덱스 펀드는 종합주가지수를 그대로 따라가면서 수익률이 결정되도록 설계되었기 때문에 주식에 대한 전문지식이 없더라도 주가방향만 제대로 예측한다면 최소한 은행이자보다는 높은 수익률을 기대할 수 있다.

반면 종합주가지수가 하락하더라도 하락폭이 심한 개별 종목보다는 코스피 200지수와 인덱스 펀드 수익률은 하락률이 제한되기 때문에 과다낙폭에 따른 불안에서도 벗어날 수 있다. 인덱스 펀드는 불황기에 적합한 금융상품이라고 볼 수 있다.

인덱스펀 드는 운용기간이 충분한 것을 고르는 것이 좋다. 내가 가입하는 인덱스 펀드가 과연 코스피 200지수를 그대로 추종하면서 코스피 200지수와 비슷한 수익률을 기록하고 있는지 확인하기 위해서는 운용기간 동안의 성과를 살펴보면 된다. 3~4개월 전에 설정된 인덱스펀드보다는 객관적인 평가가 가능한 1년 이상의 설정기간을 가지고 있는 인덱스 펀드를 고르는 것이 유리하다.

펀드설정 규모가 일정 수준을 충족해야 트레킹 에러를 줄일 수 있다. 트레킹 에러는 인덱스 펀드와 코스피 200지수 간의 차이를 말한다. 인덱스 펀드가 코스피 200지수를 추종하도록 설계돼 있지만 어떤 인덱스 펀드는 종목편입과 비율을 잘못 선정해 인덱스 펀드 수익률과 코스피 200지수 사이에 큰 차이가 나는 경우도 있다. 이를 '트레킹 에러'라고 한다. 트레킹 에러가 작은 펀드가 좋은 펀드이며 이를 위해서는 펀드설정 규모가 큰 것이 좋다.

설정 규모가 10억 원에 불과한 인덱스 펀드보다는 500억 원 이상에 달하는 펀드가 보다 안정적으로 자산을 운용하고 트레킹 에러도 적다.

세제혜택 여부도 꼼꼼히 따져보아야 한다. 2009년 3월 현재 설정규모 10억 원 이상인 106개 인덱스 펀드 가운데 39개가 국내 주식투자 비중이 전체 자산의 60%를 웃돌아 세제혜택을 받을 수 있다.

많은 인덱스 펀드가 세제혜택을 받기 위해 국내 주식투자 비중을 60% 이상으로 확대하거나 약관을 변경하고 있지만 경우에 따라서는 국내 주식투자 비중이 60%에 달하지 못해 세제혜택 요건이 안 되는 인덱스 펀드도 있다. 인덱스 펀드에 가입하기 전 은행창구에서 세제혜택 여부를 반드시 물어봐야 한다.

〈인덱스 펀드 세제혜택〉

세제혜택 대상	자산의 60% 이상을 국내 주식에 투자하는 적립식 펀드
	기존 적립식 펀드는 약관을 변경해야 함
세제혜택 한도	분기당 300만 원, 연간 1,200만 원
가입 시기	2009년까지 가입하거나 2009년 중 투자계약 갱신한 펀드
투자기간	3년 이상. 중도환매 시 세금 추징
혜택	가입 후 1년간 불입액의 20%, 2년차 10%, 3년차 5% 소득공제
	3년간 배당소득에 대해 비과세

04 진화하는 펀드의 미래, 상장지수펀드

워렌 버핏은 버크셔해서웨이 주주총회에서 기회 있을 때마다 주주들에게 인덱스 펀드 투자를 권한다. 코스피, 코스닥 등 전체 주가지수와 같은 수익률을 나타내도록 구성된 인덱스 펀드는 주식투자에 문외한인 사람들이 투자하기에 안성맞춤인 금융상품이다. 인덱스 펀드와 마찬가지로 종합주가지수를 따라서 수익률이 결정되면서 자유롭게 매매가 가능한 금융상품이 있는데 이것이 바로 상장지수펀드이다.

워렌 버핏 회장은 주식이나 펀드에 대해 잘 모르는 사람들은 주가 변동이 심한 개별 종목이나 기업에 직접 투자하기보다는 주가지수와 연동돼 수익률이 움직이는 상장지수펀드에 관심을 가질 것을 조언한다.

매매가 자유로운 ETF

ETF는 특정 주가지수와 연결돼 수익률이 움직이도록 설계된 '인덱스 펀드'의 하나로 증권거래소에서 주식처럼 사고 팔 수 있는 것이 가장 큰 특징이다. 이를테면 인덱스 펀드를 기초로 해 발행하는 뮤추얼 펀드라고 보면 된다. 투자자들은 유가증권거래소나 코스닥시장에서 상장된 ETF를 매매할 수 있다.

일반적으로 주식형 펀드는 유가증권시장이나 코스닥시장에서 상장이 되어 있지 않기 때문에 중간에 돈을 인출하려면 환매수수료를 지불해야 한다. 하지만 ETF는 마치 기업 주식이 거래되는 것처럼 주식시장에 상장되어 개인이 사고팔 수 있으므로 중간에 돈을 인출하고 싶으면 ETF를 팔면 된다. 언제든 환매수수료를 부담할 필요없이 ETF를 거래할 수 있는 것이다.

한국 경제가 침체상태를 벗어나 반등국면으로 접어든다면 ETF투자로 기대이상의 수익률을 올릴 수 있다. 우리나라에서는 2002년 10월 ETF가 처음으로 거래소에 상장됐으며, 시가 총액 상위 종목으로 업종대표성을 나타내는 코스피 200과 코스피 50 등의 주가지수를 기초자산으로 거래되고 있다.

해외 주식시장에 투자하는 해외 ETF

해외 주식시장의 주가지수에 투자하는 해외 ETF도 눈여겨볼 만하다. 해외 ETF는 국내 주식시장에 상장된 해외 주가지수 상품이다. 해외 증시의 지수수익률을 그대로 따라가거나 모방하게끔 설계된 것으로 투자자들이 해외 증시에 투자하는 것과 같은 효과를 얻을 수 있다.

2007년 10월 10일 해외 ETF로는 처음으로 국내 증시에 상장돼 거래된 '코덱스 차이나H ETF'는 홍콩 H지수를 구성하고 있는 43개 종목 전체를 펀드에 편입해 수익률이 홍콩 H지수와 같이 움직이도록 만들어졌다. 한국 투자자들은 홍콩 증시나 기업에 직접 투자하지 않고도 국내 주식시장에서 홍콩 증시에 투자하는 것과 똑같은 효과를 얻을 수 있는 것이다. 앞으로 일본 토픽스 지수, 중국 항셍지수, MSCI지수 등 다양한 해외 주가지수에 투자할 수 있는 해외 ETF가 속속 선보일 것으로 예상된다.

다만 해외 ETF투자 시에는 환리스크에 대비해야 한다. 해외 ETF는 증권사가 자동으로 환매해 매매하는 구조이기 때문에 환위험에 무방비로 노출될 수 있다. 예를 들어 중국 ETF에 투자해 10%의 수익을 올렸다고 하더라도 중국 위앤화 환율이 10% 떨어진다면 실질적으로 중국 ETF 수익률은 제로가 된다. 따라서 해외 ETF에 투자할 때에는 해당 국가와 원화의 환율 움직임에 대해서도 세심한 주의가 필요하다.

ETF와 인덱스 펀드의 차이점

그럼 ETF와 인덱스 펀드는 어떤 차이점이 있는 것일까. 인덱스 펀드의 경우 투자자들이 환매 요구를 할 경우 자산운용사들은 펀드에 편입된 주식을 주식시장에 내다팔아야 한다. 이들 주식이 시장에 매물로 나올 경우 해당 주식의 주가는 하락하게 되고 전체 종합주가지수도 하락 압박을 받게 된다. 이는 다시 인덱스 펀드의 수익률을 떨어뜨리는 악순환으로 이어진다.

하지만 ETF는 주식 실물거래가 이루어지지 않기 때문에 시장에 주는 충격을 줄일 수 있다. 투자자는 자산운용사에 환매 요청을 할 필요 없이 자신이 주식처럼 보유하고 있는 ETF 자체를 시장에 팔면 된다.

ETF는 기업주식에 투자하는 것이 아니라 가상의 주가지수에 투자하기 때문에 주식시장에서 ETF를 팔아도 실물 주식과 주가에는 어떠한 영향도 미치지 않는다.

ETF투자의 장점

ETF투자는 어떤 장점이 있을까. 코스피 200개 종목에 모두 투자하는 것과 같은 효과를 얻을 수 있기 때문에 위험을 분산시킬 수 있다. 특정 기업의 주가가 크게 떨어지더라도 하락 폭을 줄일 수 있는 것이다.

가령 현대자동차 한 종목에 투자할 때에는 현대자동차 주가가 예기치 않은 악재로 떨어지면 투자손실이 불가피하다. 하지만 현대자동차, 삼성전자, 포스코 등 한국 주식시장을 대표하는 200개 종목에 모두 투자하는 것과 같은 효과를 얻을 수 있는 ETF에 투자하면 한 종목의 주가가 떨어지더라도 전체 수익률에 미치는 영향은 제한적이다.

또 주식형 펀드의 경우 3개월 이상 보유하지 않으면 중간에 돈을 찾을 때 환매수수료를 물어야 하지만 ETF는 주식시장에서 실시간 거래가 가능하고 매매 후 바로 현금을 인출할 수 있다. 특히 주식형 펀드의 수수료는 2~3%에 달하는데 반해 ETF는 수수료가 1%도 안돼 거래비용이 저렴한 것이 특징이다.

결국 ETF는 위험을 분산시키면서 주가지수 상승률 만큼의 수익을 챙기겠다는 주식 투자자들에게 제격인 금융상품이라고 볼 수 있다.

앞으로는 국채 지수나 금, 원유 등 상품 가격을 따라가는 상장지수펀드ETF도 선보일 예정이다. 현재 거래소에는 38개의 ETF가 상장돼 있으며 코스피 200지수를 따라가거나 해외 주가지수, 정보기술, 은행 등 특정업종 지수에 연동되는 게 대부분이다. 기존 법에서 '증권을 기초 자산으로 한 지수'로 ETF가 따라갈 수 있는 대상을 제한했기 때문이다. 하지만 자본시장통합법 시행으로 이 같은 규제가 풀리면서 농산물 가격이나 원자재, 외환, 채권 지수 등을 따라가는 ETF의 등장이 가능해졌다.

ETF의 기초자산이 확대되는 것과 함께 지수를 어떤 방식으로 따라가느냐에 대한 규제도 완화됐다. 지금은 지수가 오른 만큼 수익률이 오르는 형태의 ETF뿐이지만, 앞으로는 지수가 내려가면 수익률이 거꾸로 올라가는 인더스 ETF, 지수 오름폭의 2배를 수익률에 반영하는 레버리지 ETF 등도 출시될 것으로 보인다.

경기불황기, 적립식 펀드에 투자하라

"남들이 욕심을 부릴 때 두려워해야 하고, 남들이 두려워할 때는 욕심을 내야 한다." 워렌 버핏의 주식투자에 대한 철학을 단적으로 표현하는 명언이다.

지난 2007년 주식시장이 고점을 향해 치달았을 때 개인들은 너도나도 펀드에 가입했다. 신흥시장 주식에 투자하는 브릭스펀드는 날개돋친 듯 팔려 나갔고 개인들은 은행에서 대출을 받아 펀드 투자에 나섰다. 불을 찾아 달려드는 불나방처럼 개인들은 펀드 투자에 열을 올렸다. '묻지마 펀드 투자'에 나섰던 것이다.

하지만 2007년 말부터 글로벌 신용경색과 경기침체가 강타하면서 펀드 수익률은 곤두박질치기 시작했다. 2007년 말부터 2009년 초까지 1년 남짓한 기간 동안 펀드수익률은 보통 40~50% 급락했고 원금의 90%를 손해 본 펀드들도 속출했다. 두려움과 공포에 떨었던 개인투자자들은 펀드가입을 해지했고 펀드에 남아 있는 얼마 되지 않는 자금을 환매했다. 2007년 고점에 펀드 투자에 나섰다가 2009년 초 저점에 펀드를 환매한 개인들이 많았다. 펀드 투자에 무지했던 개인들이 저지른 큰 실수였다.

2007년 말 2,085포인트를 기록했던 종합주가지수는 2008년 말 892포인트까지 떨어졌다. 1년 동안 종합주가지수가 57.2%나 크게

〈종합주가지수 추이〉

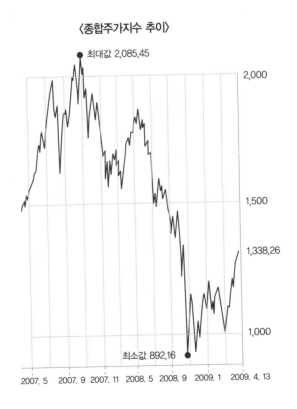

하락했고 펀드에 가입했던 개인들도 펀드원금의 50% 이상을 잃었다.

박현주 미래에셋그룹 회장이 "지금 주식시장은 100년 만에 한번 올까 말까 한 절호의 기회"라고 강조한 것도 이때의 일이다. 주식시장이 900선을 저항선으로 바닥을 다지고 상승시도를 보이고 있는 것을 놓치지 않고 일부 펀드 투자자들은 적립식 펀드에 가입했다. 워렌 버핏이 역설한 것처럼 남들이 두려워할 때 과감하게 욕심을 낸 것이다.

2009년 3월 초 1,000포인트를 오르내렸던 종합주가지수는 한 달이 지난 4월 초에는 1,300포인트에 달했다. 한 달 동안 종합주가지수는 30%나 급등한 것이다. 경기호황기보다는 오히려 경기불황기에 펀드 투자에 나서야 한다는 것을 단적으로 보여준다.

불황기에는 거치식보다 적립식이 안전

경기불황기에는 적립식 펀드에 가입하는 것이 안전하다. 일정 금액을 한꺼번에 펀드 가입 시 불입하는 거치식 펀드와 달리 적립식 펀드는 주머니 사정이 좋을 때마다 푼돈을 저금하듯 꾸준히 불입하는 펀드다. 경기불황기에 적립식 펀드에 조금씩 돈을 넣어 두면 향후 경기가 좋아지고 주가지수가 오를 때마다 투자수익률이 올라가기 때문이다.

경기불황기에 거치식보다 적립식 펀드가 좋은 이유는 뭘까? 예를 들어 A씨가 1월 시중에 나와 있는 주식형 펀드 '부자펀드'에 가입했고 부자펀드는 유가증권시장에 상장된 '부자기업'에 투자하는 펀드라고 하자.

A씨는 1월에 10만 원을 부자펀드에 투자했다. 부자기업 주가가 1만 원이라면 10만 원을 투자해 10주를 사는 꼴이다. 투자 수익률은 0% 인 상태다.

2월이 되어 부자기업의 주가가 빠져 5,000원으로 내렸을 때 A씨는 다시 10만 원을 투자했다. 이번에는 주가가 절반으로 빠졌기 때문에 부자기업 20주(10만 원/5,000원)를 살 수 있었다.

현 상태에서 A씨의 펀드에는 이전에 산 10주를 포함해 모두 30주의 주식이 있으며 주가는 5,000원에 거래되고 있다. 주식평가 금액은 15만 원(30주 5,000원)이다. 즉 20만 원을 투자했는데, 평가금액은 15만 원인 만큼 5만 원(25%)의 손실을 입었다. 3월이 되어 부자기업 주가 는 다시 1만 원을 기록했고, A씨는 옛날처럼 10만 원을 투자해 10주 를 사들였다.

결국 A씨는 이전에 매입했던 30주와 3월에 매입한 10주를 포함해 모두 40주의 주식을 보유하게 되었다. 현재 주가가 1만 원인 점을 감 안하면 평가금액은 40만 원이다. A씨는 1월, 2월, 3월 각각 10만 원 씩 모두 30만 원을 투자했는데, 현재 평가금액은 40만 원으로 늘어나 있어 결국 33.3%의 수익을 올리게 되는 것이다.

펀드에 가입한 시점이나 3개월이 지난 시점에서나 주가는 변함이 없 지만 적립식으로 투자했기 때문에 오히려 높은 수익을 얻을 수 있었다.

만약 A씨가 거치식으로 1월에 30만 원을 몽땅 투자했다면 3월이 되어서도 주가 변동이 없기 때문에 수익률은 여전히 0%를 나타내고 있을 것이다.

이처럼 적립식 펀드는 주가가 떨어지면 더 많은 주식을 사들이고 주가가 오르면 사들이는 주식 수를 줄일 수 있어 평균 매입단가를 낮추는 효과가 있다. 물론 주가가 지속적으로 상승하는 강세장에서는 거치식 펀드가 유리하겠지만 주식시장의 방향성을 예단하기 힘든 상태에서 장기적으로 주식시장이 오를 것으로 판단한다면 적립식 펀드가 제격이다.

적립식 펀드 중에는 정기적으로 일정한 금액을 투자하는 정기·정액식과 아무 때나 넣고 싶은 금액을 마음대로 투자할 수 있는 임의·자유식이 있다. 임의·자유식의 경우 투자하는 시점을 제대로 선택해야 하기 때문에 전문가 수준의 금융지식과 주식시장을 분석하는 능력이 있어야 한다. 하지만 정기·정액식은 단기적인 시황변화에 얽매이지 않고 장기적으로 주가는 오른다는 신념 아래 투자할 수 있어 초보자들에게 유리하다고 볼 수 있다.

06 역외펀드, 세금과 환차손에 주의하라

해외에 상장된 주식과 채권 등 해외시장에 투자하는 펀드를 해외펀드라고 하는데, 여기에는 크게 역내펀드와 역외펀드 2가지가 있다. 국내시장에 투자하지 않고 해외시장에 투자하는 펀드들이다.

역내펀드는 자산운용사가 국내 투자자들로부터 돈을 모아 펀드를 만들고 국내 자산이 아닌 해외자산에 투자하는 펀드로 '해외 역내펀드'라고도 한다. 반면 역외펀드는 외국의 자산운용사가 외국법에 근거해 국내외에서 돈을 모아 펀드를 만들고 해외자산에 투자하는 펀드를 말한다. '해외 역외펀드'라고도 한다.

해외자산에 투자한다는 점에서는 유사하지만 운영주체가 국내 자산운용사인가, 해외 자산운용사인가에 따라 차이가 있다. 즉 미래에셋,

삼성, 한화 등 국내 자산운용사가 해외 주식이나 채권, 원자재에 투자하면 해외 역내펀드이고, 피델리티, 슈로더, 도이치 등 해외 자산운용사가 돈을 모아 해외 유가증권에 투자하면 해외 역외펀드가 된다.

역내펀드는 세금에서 유리하다

그럼 해외 역내펀드와 해외 역외펀드에는 어떤 차이가 있는 것일까. 세금 측면에서는 역내펀드가 훨씬 유리하다. 국내법에 따라 설정된 역내펀드의 경우 주식매매 차익으로 얻은 수익에 대해서는 세금이 부과되지 않지만(비과세혜택), 외국법에 의해 만들어진 역외펀드에 대해서는 소득의 15.4%를 소득세로 내야 한다.

역내펀드의 경우 2007년 6월 1일부터 2009년까지 한시적으로 세금이 부과되지 않는다. 국내 유가증권에 투자하는 국내펀드의 경우 주식시세 차익에 대해서는 세금을 부과하지 않는데 이 같은 혜택을 역내펀드에도 적용하는 것이다.

정부가 해외 유가증권에 투자하는 역내펀드에 대해 이처럼 세제혜택을 부과하는 것은 원화가치가 강세를 나타내고 있기 때문에 달러자산에 투자해 원화가치 상승속도를 제한하기 위한 의도가 깔려 있다.

따라서 해외펀드에 투자할 때에는 반드시 자신이 가입하는 해외펀드가 역내펀드인지 역외펀드인지 꼼꼼히 따져보아야 한다.

보통 은행창구 직원들은 해외펀드 내용을 잘 모르거나, 알고 있어도 자신에게 수수료가 많이 떨어지는 해외펀드를 추천하기 때문에 잘못하다가는 고객이 의도하지 않은 해외펀드에 가입하는 경우도 있다. 중국, 브릭스, 원자재 등 해외펀드가 유망하다고 해서 무턱대고 해외펀드에 가입해서는 안 되며, 세제혜택 여부를 반드시 물어보아야 한다.

〈역내펀드와 역외펀드의 차이점〉

비교	역내펀드	역외펀드
과세여부	소득에 비과세 (2009년까지 한시적)	소득에 과세 (15.4%)
투자대상	국내 상장주식	해외 상장주식
환차손 위험	없다	환차손 주의
설정 근거법	국내법	해외법
운용자산회사	대부분 국내 자산운용사	해외 자산운용사

해외펀드는 환차손에 유의하라

역내펀드, 역외펀드 등 해외펀드에 투자할 때는 환율시세에도 유의해야 한다. 해외펀드 투자는 대개 달러통화로 거래가 이루어지는데 달러 가치가 떨어질 때에는 특히 주의해야 한다. 해외펀드 투자로 10%의 수익이 났다고 하더라도 달러 가치가 원화가치보다 10% 이상 떨어질 경우에는 오히려 손해를 보는 경우가 발생하기 때문이다.

예를 들어 1,000만 원을 해외펀드에 투자해 10%의 수익률이 발생했다면 1,100만 원을 돌려받는다. 하지만 환매시점에 달러 가치가 원화에 비해 20% 떨어진다고 하면(원화가치는 20% 상승) 비록 해외펀드 투자로는 10%의 수익을 올렸지만 20%의 환율 손실로 인해 최종 환매 시에는 10% 마이너스를 나타내게 된다. 결국 투자원금에서 10% 떨어진 900만 원을 돌려받게 되는 것이다.

해외펀드 투자 시에는 약관에 보통 다음과 같은 환차손 경고가 있다.

"고객이 가입한 해외펀드는 환율변동 위험에 대해 환율변동 위험 제거를 위한 환헤징hedging 전략은 실시하지 않을 계획이므로 환율변동으로 인한 급격한 신탁재산 가치변동을 초래할 수 있습니다." 즉, 환율변동으로 원화로 따진 실질 수익률에서는 낭패를 볼 수 있다는 얘기인데 이를 환차손이라고 한다.

환헤징은 환율이 어떻게 변하더라도 파생상품 투자를 통해 투자자산에 손실이 발생하지 않도록 하는 것이다. 위의 예에서 달러 가치가 20% 하락하더라도 환헤징 전략을 사용하면 환율변동에 상관없이 해외펀드 투자로 얻은 10%의 투자수익을 그대로 유지할 수 있게 된다. 여기서 말하는 '헤징'이란 '위험을 피한다'는 의미를 가지고 있는데 환헤징이라고 하면 환율변동에 따른 위험을 피한다는 의미로 이해하면 된다.

해외펀드 가입 시에는 오퍼레이션operation 위험도 상존한다. 해외투자의 경우 돈을 인출하는 환매기간이 국내투자보다 길다. 환매청구일과 실제 환매일이 다르기 때문에 환매청구일로부터 환매일까지 투자신탁재산의 가치가 변할 수 있는 것이다.

펀드 투자, 절약하면서 하라

2009년 주식시장이 반등조짐을 보이면서 다시 펀드 투자에 관심을 보이는 개인들이 늘어나고 있다. 한국 주식시장은 2009년 상반기 경제협력개발기구OECD 국가들 중에서 가장 높은 수익률을 안겨다줄 정도로 주가상승률이 높았다. 2007년 말부터 시작된 주식시장 조정과 낙폭이 깊었기 때문에 강한 반등세를 연출했던 것이다.

펀드 투자를 통해 높은 수익률을 올리는 것도 중요하지만 워렌 버핏은 펀드 투자에 나설 때에도 돈을 아낄 수 있는 것은 최대한 아끼는 지혜가 필요하다고 강조한다. 펀드 투자에도 '절약'이 필요하다는 것이다.

인터넷으로 가입하면 수수료 최대 60% 절약

펀드는 은행창구를 이용하기보다는 인터넷으로 가입하면 수수료를 크게 절약할 수 있다. 국내 인덱스 펀드의 경우 은행에서 가입하면 보통 1.5~1.6%의 수수료를 내야 하지만 인터넷을 이용하면 수수료가 0.9%까지 떨어진다.

이미 설정된 프로그램에 따라 자동적으로 매매가 이루어지는 인덱스 펀드보다 펀드매니저의 운영노력과 수고가 뒤따르는 다른 펀드들은 일반적으로 펀드 수수료를 더 많이 내야 한다. 보통의 펀드들은 은행 창구에서 가입하면 2~3%의 수수료를 내야 하지만 인터넷으로 가입하면 비용을 30~60%까지 아낄 수 있다. 한꺼번에 목돈을 맡기는 거치식 펀드에 2,000만 원을 투자할 경우 수십 만 원의 돈을 절약할 수 있다는 얘기다.

사정이 이러하다 보니 여우처럼 알뜰하게 돈을 굴리는 펀드 투자자들은 인터넷 펀드를 이용한다.

온라인으로 펀드에 가입하는 방법

그럼 온라인 펀드가입은 어떻게 할까. 증권사 계좌가 없다면 주민등록증 등 신분증을 가지고 은행이나 증권사를 찾아가 계좌를 만들어야 한다. 계좌가 만들어지면 증권사나 은행 홈페이지에 접속해 회원가입하고 사이트에서 안내하는 순서와 절차대로 따라하면 된다.

은행의 계좌이체 거래를 온라인으로 할 때처럼 공인인증서가 필요한데 인터넷 사기를 당하지 않도록 아이디와 비밀번호를 선정할 때에는 각별한 주의가 필요하다.

미래에셋투자교육연구소 관계자는 "온라인 사이트에 게시돼 있는 펀드 상품에 대한 설명뿐 아니라 투자설명서, 약관, 자산운용보고서 등을 다운로드 받아 펀드의 특징을 꼼꼼히 파악하는 것이 중요하다"며 "은행 창구를 이용하지 않기 때문에 이 같은 설명서를 챙겨 보는 것은 필수"라고 설명한다.

주의해야 할 점도 있다. 인터넷으로 펀드에 가입하면 은행창구 직원들의 전문상담 서비스를 받을 수 없기 때문에 펀드 초보자들이 무턱대고 인터넷으로 펀드를 결정할 경우 큰 낭패를 볼 수 있다. 또 자신이 노력을 기울이지 않는다면 펀드상품의 투자성향, 펀드매니저의 약력, 판매와 운영 수수료, 과거운용 실적 등 다양한 정보를 접할 수 있는 기회가 줄어들기 때문에 객관적인 펀드선정이 힘들 수 있다.

결국 펀드에 처음 가입하는 왕초보라면 은행이나 증권사 창구를 찾아 펀드상품과 운영에 대한 전반적인 설명을 듣고 은행에서 펀드가입을 하는 편이 낫다.

반면 펀드 투자 경험이 풍부하고 평소 펀드에 대한 기본지식이 쌓여 있는 투자자라면 인터넷 펀드가입으로 수수료를 줄이는 것이 유리하다.

꼭꼭 숨어 있는 펀드세금을 따져라

A씨는 주식형 펀드에, B씨는 채권형 펀드에 각각 1,000만 원을 투자해 10%의 수익을 올렸다. A씨의 경우 투자수익 100만 원에 대해 세금이 부과되지 않았지만 B씨는 투자수익 100만 원의 15.4%에 해당하는 15만 4,000원을 세금으로 내야 했다.

펀드상품과 종류에 따라 과세여부가 달리 적용되기 때문에 펀드 투자자들은 세금을 꼼꼼히 챙겨 보아야 한다. 투자 수익도 중요하지만 힘들게 번 투자수익 중 얼마나 세금으로 빠져나가는지 따져보아야 한다. 세금을 내지 않아도 되거나 세제혜택이 있는 상품이 있는가 하면 원금손실이 발생해도 세금을 또 물어야 하는 상품도 있기 때문이다.

배당과 이자소득은 과세대상

그럼 펀드 투자로 얻을 수 있는 소득에는 어떤 것이 있을까. 주식에 투자해서 얻을 수 있는 소득에는 주식매매차익(살 때와 팔 때의 가격차이)과 배당금이 있다. 채권투자에서는 채권매매차익과 이자소득이 발생한다. 이 중 주식 매매차익에 대해서는 세금을 부과하지 않지만 나머지 소득에 대해서는 15.4%의 소득세를 부과한다.

따라서 채권형 펀드에 가입해서 100만 원의 이자소득이 발생했다면 15.4%에 해당하는 15만 4,000원을 세금으로 내야 한다. 반면 주식형 펀드에 가입해 100만 원의 주식매매차익과 50만 원의 배당소득이 발생했다면 주식매매차익인 100만 원에 대해서는 세금을 부과하지 않고 배당소득인 50만 원에 대해서만 15.4%인 77,000원을 소득세로 내면 된다.

펀드 세금과 관련해 주의해야 할 점은 펀드 전체로 손실이 나더라도 배당소득, 이자소득이 있을 경우에는 배당소득과 이자소득에 대해서는 세금이 부과된다는 점이다.

예를 들어 1억 원을 주식채권 혼합형 펀드에 가입해 전체적으로 2,000만 원의 손실을 입었다고 하자. 주가가 급락해 원금에서 2,000만 원을 손해 본 것이다. 하지만 주식배당으로 500만 원, 이자수익으로 500만 원을 벌었다면 주식배당과 이자수익을 합한 1,000만 원에 대해서는 다시 15.4%인 15만 4,000원의 소득세가 부과된다. 투자원금은 원금대로 손해를 보고 여기에 다시 세금을 물어야 하는 것이다.

펀드 세금과 관련해 주의를 기울여야 할 부분은 해외펀드다. 해외 역내펀드와 해외 역외펀드에는 세금부과에 있어 큰 차이가 있다.

국내법에 따라 설립돼 해외 유가증권에 투자하는 '해외 역내펀드'의 경우 국내펀드와 세금구조가 동일하다. 주식매매차익에 대해서 2007년 6월부터 3년간 한시적으로 세금을 부과하지 않는다.

반면 외국법에 따라 설립돼 해외 유가증권에 투자하는 '해외 역외펀드'의 경우 비과세혜택이 전혀 없어 주식매매차익에 대해 15.4%의 소득세를 내야 한다. 국내펀드, 해외 역내펀드와 가장 큰 차이점이다.

또 여기에 그치지 않고 다른 금융소득과 합산해 종합과세기준금액인 연 4,000만 원을 초과하는 경우에는 금융소득종합과세의 규제를 받게 돼 15.4%의 세율을 적용받게 된다. 이 경우에는 수익이 과도하게 발생하지 않도록 펀드 일부를 환매하는 방법을 고려해야 한다.

이외에 주식형 펀드가 아닌 실물펀드, 부동산펀드, 펀드에 투자하는 재간접펀드Fund of Funds도 세금혜택이 없어 투자수익에 대해서는 15.4%의 소득세를 내야 한다.

급전이 필요하면 펀드담보대출을 이용하라

식료품 배달 직원으로 일하는 이천수 씨(40)는 2008년 중순 중국 펀드에 가입해 1년이 지난 현재 25%의 높은 수익률을 올렸다. 하지만 동생의 입원 수술비로 1,000만 원의 급전이 필요하게 되었다. 신용대출을 받자니 은행의 높은 금리를 부담해야 하고 보증인을 세우는 등 절차가 까다로워 불편했다.

중국 펀드를 환매하자니 앞으로 중국 주식시장 강세가 이어질 것 같아 환매하는 것도 내키지 않았다. 또 환매를 하자니 이익금의 50%가량을 환매 수수료로 내야 했다. 이런 저런 방법을 알아보던 차에 증권사의 '수익증권 담보대출' 을 이용할 수 있다는 것을 알게 되었다.

채권형 펀드가 더 많은 대출을 받는다

이 씨처럼 급하게 돈이 필요한 경우, 특히 신용등급이 좋지 않을 경우에는 대부업체 등 대출 금리가 20~30%에 달하는 2금융권을 찾을 것이 아니라 자신이 가입한 펀드를 담보로 대출을 받는 것이 좋다.

개인의 신용등급과 대출규모별로 금리에 차이가 있는데 보통 6.5~9%라고 보면 된다. 주식형 펀드의 경우 원금과 수익을 합한 평가금액의 50%를 대출하는 곳이 많고, 채권형 펀드는 이보다 비율이 높아 평가금액의 70~80%를 대출하는 곳이 많다. 채권형 펀드의 담보인정비율이 주식형 펀드보다 높다.

주식형 펀드는 주가변동에 따라 평가금액이 크게 달라질 수 있지만 주식에 비해 상대적으로 안정된 수익을 예상할 수 있는 채권형 펀드는 평가금액 변동이 거의 없기 때문이다.

예를 들어 펀드 평가금액이 2,000만 원이고 주식형 펀드의 담보인정비율이 50%라면 최고 1,000만 원의 담보대출을 받을 수 있다. 하지만 담보대출에도 주의해야 할 점이 있다.

펀드담보대출 시 유의사항

담보유지비율을 지켜야 하는데 담보유지비율을 충족하지 못할 경우에는 증권사가 반대매매에 나설 수도 있는 만큼 추가담보를 설정해야 한다.

'담보유지비율'은 대출금의 몇 % 이상을 펀드 계좌에 보유하고 있어야 하는 비율이다. 주식형, 채권형 펀드마다 차이가 있지만 일반적으로 110~150%가량이다.

위의 사례와 같이 펀드담보대출로 1,000만 원을 받았을 경우 담보유지비율이 120%라면 대출금의 120%인 1,200만 원 이상의 평가금액을 펀드계좌에 유지하고 있어야 한다. 주식이나 채권시가 변동으로 평가금액이 1,200만 원 아래로 떨어지면 증권사는 반대매매에 들어가거나 추가담보 설정을 요구한다. 펀드담보대출 약정기간도 보통 180일 이내이기 때문에 장기간 담보대출을 받는 것은 위험할 수 있다.

증권사마다 대출 금리와 한도에도 차이가 있다. 최대 5억 원까지 대출이 가능한 증권사도 있는가 하면 어떤 증권사는 대출한도가 1,000만 원에 불과하다. 대출 금리도 개인의 신용등급에 따라, 대출기간에 따라 차이가 나기 때문에 꼼꼼하게 따져보고 결정해야 한다.

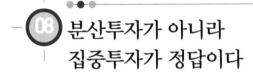

08 분산투자가 아니라 집중투자가 정답이다

주식투자를 하는 사람들 중에는 분산투자에 대해 잘못 이해하고 있는 사람들이 많다. '달걀을 한 바구니에 넣지 마라'는 주식 격언은 여기저기 많은 종목에 투자하라는 의미가 아니다.

홈트레이딩 시스템에 20개 이상의 종목을 선정해 놓고 매일 단타매매를 하는 사람들이 있다. 매일 6~7개 종목을 갈아타며 매매를 하면서 철저하게 위험을 분산시키고 있다고 잘못 이해하고 있다. 여러 종목에 분산시켜 투자를 하거나 여러 개의 펀드에 분산시켜 투자를 할 때의 문제점을 생각해 보라.

주식시장이 대세상승기에 있고, 경기호황이 이어진다면 모든 종목이 상승할 것이다. 이 경우에는 주식 종목수를 늘려 놓아도 대세상승에 편승해 모든 종목의 수익률이 양호할 것이다. 하지만 주식시장에서 대세상승기는 그리 흔한 것이 아니다. 하락국면이나 조정국면이 더욱 일반적일 것이다.

20개 이상의 종목에 무턱대고 투자해 놓으면 특정 종목이나 펀드는 수익률이 상승할 수 있겠지만 다른 종목이나 펀드는 수익률이 떨어질 수 있다. 20개 종목 전체의 수익률이 좋을 것으로 기대하는 것은 어리석은 짓이다. 20개 종목의 평균 수익률을 가중 평균해 본다면 수익률 성적표가 형편없다는 것을 많이 경험해 보았을 것이다.

기업 가치를 평가하지 않고 무턱대고 분산투자에 나서는 것은 어리석은 짓이다. 워렌 버핏은 기업 가치 평가를 기초로 집중투자에 나서야 한다고 강조한다.

어설픈 분산투자가 더 위험하다

"25개 이상의 종목을 보유한 투자자들이 놀라울 정도로 많다. 종목의 수가 많아서 문제가 되는 것은 아니다. 놀라운 것은 투자자 대부분의 경우 기업의 수익성을 제대로 진단하고 투자하는 종목은 보유주식의 몇 %에도 안 된다는 점이다. 이런 투자자들은 종목의 수를 늘리면서 제대로 알지도 못하는 종목에 분산해 투자한다. 사실, 종목에 대한 지식 없이 이것저것 사들이는 분산투자는 훨씬 더 위험하다." 워렌 버핏의 말이다.

152

워렌 버핏은 버크셔 해서웨이 주주총회장을 찾는 주주들에게 이 점을 특히 강조한다. 무턱대고 종목 수를 분산시켜 놓는다고 해서 분산투자를 실천하는 것이 아니라는 것이다. 이보다는 철저하게 기업을 분석하고 재무제표를 살펴보고 경영자의 능력을 알아보고 '될성부른 기업'에 집중투자를 해야 한다고 지적한다. 워렌 버핏은 1996년 주주들에게 보낸 편지에서 "분산투자는 무지에 대한 보호책에 불과하다"고 말하기도 했다.

버크셔 해서웨이 주주총회에 참석해 연례보고서를 본 적이 있는데 버크셔 해서웨이가 투자한 기업들의 이름과 지분율이 순서대로 나열되어 있었다. 세계적인 투자기업인 만큼 전 세계에 걸쳐 순번을 매기기 어려울 정도로 많은 기업에 투자했을 것이라고 생각했는데 사실은 그렇지 않았다. 이름만 얘기하면 알 만한 큰 기업에 집중투자하고 있다는 사실을 알게 되었다.

버크셔 해서웨이의 투자 철학은 우량 기업에 대규모 자금을 집중 투입하는 것으로 워렌 버핏은 이를 '역량의 범주Circle of Competence'라고 부른다. 투자할 종목에 대해 잘 알고 있는가, 성장성·수익성·안정성이 높은가, 경영자를 신뢰할 수 있는가 등에 대해 확신이 선다면, 다시 말해 특정 기업에 대한 분석을 할 수 있는 능력과 역량이 있다면 과감하게 투자해야 한다는 것이다. 반면 투자할 기업에 대해서 모를 때에는, 즉 나의 능력과 역량을 벗어날 때에는 투자를 해서는 안 된다는 것이다.

주식투자는 야구게임과 비슷하다. 스트라이크 존에 오는 볼에 스윙을 해야지 안타를 치거나 홈런을 칠 가능성이 높다. 투수가 유인구로 던지는 볼에 스윙을 해봤자 파울이 되거나 삼진이 되거나 병살타로 끝나는 것이 대부분이다. 타자는 스트라이크 존에 오는 볼을 집중 공략해야 한다. 볼에 방망이가 나간다면, 즉 기업내용을 잘 알지 못하는 종목에 투자했다가는 삼진을 당하기 일쑤다. 스트라이크에 역량을 집중하기 위해서는 그만큼 투자종목을 철저하게 분석하고 이해하고 있어야 한다. 워렌 버핏 투자의 핵심이 바로 이것이다.

필립 피셔의 집중투자

워렌 버핏에게는 정신적인 스승이 2명 있다. 청년시절 미국 콜롬비아대학교에서 가르침을 받았던 벤자민 그레이엄 교수와 세계적인 투자가 필립 피셔가 워렌 버핏에게 주식투자의 대가로 성장할 수 있는 지식과 자양분을 제공한 스승이다.

필립 피셔는 많은 숫자의 그저 그런 기업에 투자하기보다는 소수의 뛰어난 기업에 집중투자해야 한다고 워렌 버핏에게 가르쳤다. 통상 필립 피셔의 투자 포트폴리오는 10개사 미만으로 구성되어 있었고 때로는 3~4개 회사에 총 투자자금의 75% 이상이 집중되어 있었다. 필립 피셔는 다음과 같이 말한다.

"나는 처음에는 나 자신이 잘 알지 못하는 기업들에 투자를 시작했다. 그 기업들은 내가 익숙한 것과는 전혀 다른 사업영역을 갖고 있었으며, 나 자신은 다른 투자자들에 비해 상대적으로 잘 모르는 상황에 처하게 되었다."

이후 필립 피셔는 자신이 기업내용을 잘 알고, 미래성장성이 높고, 신뢰할 수 있는 경영진을 보유한 종목에 집중투자하게 된다.

이 책을 읽고 있는 투자자 여러분의 포트폴리오를 한번 체크해 보자. 여러분의 홈트레이딩시스템HTS에 선정된 종목들이나 여러분이 자주 트레이딩하는 종목을 한번 들여다보자.

기업내용도 잘 모르면서 차트모양을 보고 매수 및 매도시점을 결정하고 있는 것은 아닌가. 어떤 사람들은 이를 기술적 분석, 차트분석이라며 거창하게 떠들어댄다. 내일 당장 법정관리를 신청해야 할 정도로 재무구조가 엉망이고 성장성도 없는 기업인데도 차트가 좋다느니, 작전세력이 있다느니 하면서 떠들어대는 데 혹시 현혹되고 있는 것은 아닌가. 어떤 사업을 하는지, 재무제표 추이가 어떻게 되는지도 모르는데 남들이 좋다고 하니까 무턱대고 해당 종목을 매수해 주가가 오르기만을 기다리고 있는 것은 아닌가.

필립 피셔와 워렌 버핏이 가장 경계하는 것이 이 같은 투자방식이다. 이 같은 방식은 주식투자를 하는 것이 아니라 다른 투자자들에게 '내 돈을 가져가라'며 선심을 베푸는 것과 마찬가지다.

주식시장은 '적자생존의 법칙'이 가장 엄격하게 적용되는 투쟁의 장소이다. 승자는 높은 수익률을 달성하게 되지만 패자는 돈도 잃고 자신감도 잃고 생활의 활력도 상실하고 만다. 어떤 사람들은 큰돈을 잃고 목숨을 끊기도 한다.

주식시장에서 적자생존하기 위해서는 잘 알지도 못하는 기업에 분산투자해서는 안 된다. 자신이 기업내용과 경영현황을 잘 알고 있는 기업에 대해 투자 비중을 높여나가며 집중투자를 해야 한다. 집중투자가 정답이다.

워렌 버핏은 집중투자의 중요성을 다음과 같이 설명한다.

"함께 살고 있는 아내가 40명이라고 생각해 보라. 그들 중 어느 누구에 대해서도 제대로 알지 못할 것이다."

그럼 집중투자를 하기 위해서는 어떠한 조건이 필요할까. 기업을 잘 알아야 한다. 그러기 위해서는 기업공부를 해야 한다. 기업에 대한 확신이 있어야 주식시장이 조정국면이나 하락국면을 보이더라도 흔들리지 않고 참을 수 있다.

09 워렌 버핏이 알려주는 주식투자를 위한 기초상식

주식투자를 한 지 2년차인 오미연 씨(30)는 초보 투자자다. 그녀의 문제점은 세계 경제가 어떻게 돌아가고, 해외에서 발생하는 경제변수들이 한국 경제와 주식시장에 어떠한 영향을 미칠지를 전혀 공부하거나 연구하지 않는다는 것이다. 같이 투자를 하는 친구들이 이 회사가 좋다고 하면 매수하고, 저 회사 사정이 안 좋다고 하면 그냥 팔아버린다. 증권사 창구 직원이 건네주는 루머성 재료를 가지고 주식매매를 하고, 특정주식에 작전세력이 있다는 말만 들어도 바로 주식을 매수한다.

자신의 주관적인 판단과 객관적인 경기분석에 기초하지 않고 전적으로 남의 말과 루머에 의존하는 투자행태를 보인다. 오미연 씨의 주식투자 수익률은 언제나 마이너스다. 기초적인 경제지식도 없이 주식투자에 임했다가는 백전백패할 수밖에 없다. 경우에 따라서는 운이 좋아 몇 번 플러스 수익률을 올릴 수는 있겠지만 전체적으로 보면 언제나 마이너스 수익률을 기록할 뿐이다.

자신의 돈을 투자하는 데 아무런 수고와 노력 없이 수익률이 높아지기를 바라는 것은 어리석은 짓이다. 자신의 돈을 자신이 지켜야 하고 그러기 위해서는 기초적인 경제지식을 알고 있어야 한다. 환율과 금리, 유가, 물가 등의 경제변수가 주식시장에 어떠한 영향을 미칠 것인가? 기초적인 경제상식만 알고 있어도 주식투자로 낭패를 보는 일을 막을 수 있다.

워렌 버핏이 버크셔 해서웨이에 출근해 가장 먼저 하는 일은 〈월스트리트저널〉〈파이낸셜타임스〉〈뉴욕타임스〉 등 경제신문과 종합 일간지를 읽고 글로벌 금융시장 흐름과 국제정세를 살피는 일이다.

환율추이 및 채권시장 흐름, 파생상품 동향, 미국 연방준비제도이사회FRB의 기준금리 결정 등에 따라 주식시장과 채권시장, 환율시장이 영향을 받고 이는 이미 투자한 상품의 수익률에 영향을 미치기 때문이다. 워렌 버핏은 글로벌 경제의 흐름을 매일 매일 체크하면서 포트폴리오를 어떻게 구성할지 고민하는 것이다.

환율이 오르면 주가는 왜 오르나

환율과 주가와의 연관성을 천편일률적으로 설명하기에는 무리가 있지만 통상 환율이 오르면, 즉 원화가치가 하락하면 주가는 오른다.

예를 들어 달러당 원화가치가 1,000원에서 1,500원으로 50% 올랐다고 하자. 이를 '환율상승' 또는 '원화가치 하락'이라고 표현한다.

수출기업의 입장에서는 이전에는 1달러 제품을 팔면 1,000원을 벌었지만 환율이 달러당 1,500원으로 오르면 1달러 제품을 수출해 1,500원을 벌어들이게 된다. 아무런 수고도 없이 비용투입도 없이 그냥 앉아서 환율상승으로 이익을 얻게 되는 셈이다. 그만큼 해외시장에서 기업의 수출경쟁력이 높아지게 되며, 국가의 무역수지와 경상수지도 개선되는 효과가 있다.

특히 우리나라는 수출중심의 경제구조를 가지고 있다. 삼성전자, 현대자동차, SK텔레콤 등 대기업은 물론 중소기업들도 수출 중심의 경제구조를 가지고 있기 때문에 환율이 상승하면 수출을 많이 하게 되고 외화를 벌어들이게 된다. 기업의 실적이 개선되고 한국의 무역수지가 개선되면 투자자들은 수출기업의 주식에 투자를 하게 되고, 기업의 주가는 상승하게 된다. 결국 환율상승은 수출기업의 이익을 확대시켜 주가상승에 도움이 된다.

이와 반대로 환율이 하락하면, 즉 원화가치가 상승하면 주식시장에는 악재로 작용한다. 가령 1달러당 1,000원이었던 환율이 500원으로 50% 하락했다고 하자.

이를 '환율하락' 또는 '원화가치 상승'이라고 표현한다. 이전에는 수출기업이 1달러의 물건을 수출해 1,000원을 벌어들였지만 지금은

500원만 벌게 된다. 매출이 절반으로 뚝 떨어지는 셈이다. 당연히 기업들의 해외경쟁력이 떨어지고 수출이 감소하면서 국가의 무역수지에도 빨간불이 켜진다. 환율이 떨어질 때마다 대기업과 중소기업들의 한숨소리가 더욱 커지는 것은 바로 이 때문이다.

물론 개별 기업의 경영실적과 미래가치에 따라 차이는 있겠지만 일반적으로 환율이 떨어지면(원화가치가 상승하면) 주가에는 악재로, 반대로 환율이 오르면(원화가치가 떨어지면) 주가에는 호재로 작용하게 된다.

지난 2007년 이후 미국 경제의 둔화신호가 뚜렷이 나타나고 있다. 서브프라임 모기지(비우량 주택담보대출) 사태로 부동산 경기가 냉각되면서 경제 전체가 크게 위축되고 있다.

미국이 자국통화인 달러 가치가 연일 떨어지고 있는 것을 묵인하고 있는 것은 달러 가치 하락을 통해 미국 기업들의 경쟁력을 높여 보려는 의도가 숨어 있다. 자국통화의 가치하락은 기업들의 수출경쟁력과 해외시장에서의 가격경쟁력을 높여 기업이익 개선과 무역수지 향상에 도움을 주기 때문이다.

금리가 떨어지면 주가는 왜 오르나

정부는 금리정책을 통해 돈 흐름, 즉 시중유동성을 조절한다. 시중에 돈이 과다하게 풀려 있다고 판단되면 콜금리를 올려 자금을 흡수하고, 반대로 시중에 돈이 부족하다고 생각되면 콜금리를 내려 자금을 푼다.

가령 중앙은행인 한국은행이 콜금리를 내린다고 하자. 콜금리를 내리면 국민은행, 신한은행, 우리은행 등 시중은행들도 예금 금리를 내리거나 대출 금리를 내리게 돼 경제 전체적으로 시중 금리가 떨어지게 된다.

시중 금리가 떨어지면 투자자들은 은행에 맡겨 놓은 예금이나 적금을 빼내 다른 투자처로 옮기게 된다. 이전보다 낮은 이자를 주는데 굳이 은행에 돈을 넣어 둘 이유가 없는 것이다. 대신 주식시장에서 직접 주식투자를 하거나 펀드에 돈을 넣어 간접투자를 하게 된다. 은행에서 빠져나온 자금들이 주식시장으로 흘러들어가면서 주식매수 기반이 튼튼해지고 이에 따라 자연적으로 주가는 오르게 되는 것이다.

기업들도 금리가 떨어지면 경영여건이 개선되는 효과가 있다. 금리가 높을 때에는 은행에 높은 이자를 지불하고 돈을 빌려야 하지만 금리가 떨어지면 자금조달 비용이 크게 떨어진다.

미국의 중앙은행인 연방준비제도이사회가 금리정책을 결정하는 공개시장위원회FOMC 회의에서 금리를 동결할 때마다 뉴욕 주식시장이 강세를 보이고 다른 국가들의 증시도 동반 상승하는 것을 자주 경험했을 것이다. 금리동결은 곧 은행에 묶인 자금이 주식시장으로 다시 흘러들어 가는 것을 의미하기 때문이다.

반대로 중앙은행이 금리를 올려 시중 금리가 상승하게 된다면 이는 주식시장에 악재로 작용하게 된다. 금리가 오르면 기업들이 은행에서 돈을 빌리면서 지불해야 하는 이자비용이 늘어난다. 기업들은 시설투자를 하고, 종업원 임금을 주고, 연구개발을 강화해야 하는데 자체적으로 자금조달이 힘들 경우 거의 은행에서 돈을 빌린다.

또 개인투자자들은 금리가 올라가면 주식시장에서 빠져나와 고금리를 주는 은행 예금이나 적금으로 갈아탄다. 은행에 돈을 넣어 두면 안전하게 높은 이자를 챙길 수 있는데 굳이 원금손실 위험이 있는 주식투자에 나설 이유가 없기 때문이다. 중국 중앙은행인 인민은행이 과열 양상을 보이고 있는 주식시장을 진정시키기 위해 기회 있을 때마다 금리를 기습적으로 올리는 것은 이러한 연유에서다.

금리가 상승하면 시중의 돈이 중앙은행이나 시중은행으로 흡수돼 유동성이 줄어들기 때문에 경기를 냉각시키고 주식시장을 진정시키는 효과가 있다.

물가가 떨어지면 주가는 왜 오르나

물가에 큰 영향을 미치는 요인으로 원유를 꼽을 수 있다. 특히 석유의 대부분을 해외에서 수입하는 우리나라의 경우 원유가격 상승은 바로 물가상승으로 이어진다.

물가가 오르면 소비자들의 지갑이 얇아진다. 소비를 점점 줄이게 되면 기업들의 생산도 감소하게 되고 이는 경기둔화로 이어질 수 있다.

주가에도 악영향을 미치게 된다. 또 물가가 장기적으로 상승하게 되면, 즉 인플레이션 우려가 깊어지면 중앙은행은 금리를 올려 물가를 잡으려고 하기 때문에 금리인상이 불가피하다. 금리인상이 주식시장에 미치는 영향은 이미 앞에서 살펴보았다.

반면 물가가 떨어지면 소비자들의 구매여력이 높아지기 때문에 소비활동이 왕성해지고 기업들의 공장가동도 활기를 띠게 된다. 소비와 생산이 모두 살아나면서 기업들의 경영실적도 개선되고 경기호조도 예상할 수 있다. 당연히 주가에는 긍정적인 역할을 하게 된다.

결국 주식투자에서는 환율과 금리, 물가 등의 경제변수가 개별 기업의 주가에 어떠한 영향을 미치는지를 제대로 알고 있어야 손해를 안본다. 평소에 경제신문을 정독하면서 국내 경제뿐 아니라 세계 경제의 흐름을 진단하고 향후 방향을 분석하는 능력을 키워야 한다. 미국 오마하의 시골마을에서 워렌 버핏은 매일 이 같은 일을 반복하면서 투자대상의 투자방향을 결정한다.

10 워렌 버핏처럼 간접투자하기

2007년 말부터 시작된 글로벌 신용위기 및 경기침체로 펀드수익률이 50% 이상 크게 하락했다가 2009년 초 주식시장이 반등에 나서면서 수익률이 점차 회복되고 있는 상황이다.

주식시장이나 펀드시장을 떠났던 개인투자자들이 다시 주식시장으로 돌아오고 있고, 펀드가입에 대한 관심도 다시 높아지고 있다. 이에 따라 세계적인 투자자들에게서 수익성과 안전성을 검증받은 펀드에 대한 관심도 증폭되고 있다.

워렌 버핏은 가치투자의 귀재이고, 빌 그로스는 채권투자의 황제로 불린다. 주식의 워렌 버핏, 채권의 빌 그로스 등 투자 대상별로 세계 최고의 전문가가 운용하는 펀드에 투자하는 '삼성 투자대가大家와의 만남 파생펀드'에 대한 문의가 늘고 있다. 주식이나 펀드 투자에 문외한인 개인들이 세계 최고의 투자자들이 투자하는 상품과 동일한 수익률을 얻을 수 있도록 설계된 펀드에 가입하는 것이다.

2007년 11월부터 삼성투신이 운용하는 이 펀드는 주식과 채권, 부동산, 파생상품 등 각 분야에서 세계 최고 전문가가 운용하는 자산을 기초로 한 것이다. 그동안 펀드운용자의 투자기법을 추종하는 펀드나 섹터별 펀드는 간혹 출시된 적이 있지만 이처럼 한 펀드 내에서 통합해 운용된 펀드는 국내에서 처음이다.

세계적인 펀드매니저를 따라한다

이 상품은 주식의 경우 워렌 버핏이 운용하는 '버크셔 해서웨이 주식'에, 이머징마켓 주식은 마크 모비우스 박사의 '템플턴 이머징마켓 펀드'에, 실물상품은 조지 소로스와 함께 퀀텀펀드를 설립한 짐 로저스의 '로저스 Commodity 인덱스펀드'에 투자한다. 또 채권은 채권왕으로 불리는 빌 그로스의 '핌코 토털리튼 채권펀드'에, 부동산은 시티그룹의 댄 파인이 운용하는 'CPI 부동산증권펀드'에 자산을 분산 투자하고 있다.

특히 워렌 버핏의 '버크셔 해서웨이 B클래스 주식'은 지난 1965년부터 연 평균 수익률이 20%를 나타냈다. 버크셔 해서웨이는 코카콜라, 신용카드 회사인 아메리칸익스프레스, 신용평가회사인 무디스,

프록터 앤 갬블P&G 등의 주요 주주이다. 버크셔 해서웨이 B클래스 주식에 투자하기 때문에 워렌 버핏이 사들이는 종목에 간접투자하는 효과를 기대할 수 있고 수익률도 동일하게 되는 것이다.

'핌코 토털리튼 채권 H클래스 펀드'는 채권운용으로 세계적인 명성을 날리고 있는 빌 그로스가 운용하는 것으로 지난 10년간 연평균 8.3%의 수익을 달성했다.

이 세계적인 투자자들은 이미 펀드의 수익성과 안정성을 바탕으로 투자를 하기 때문에 장기적인 차원에서 긴 호흡으로 안정된 수익을 원하는 고객들에게 제격인 셈이다.

삼성투신운용의 내부 시뮬레이션 결과 2005년 11월부터 2007년 10월까지 약 2년간 이 펀드에 가입해 균등 분산투자를 했을 경우 41%가량의 수익을 올릴 수 있었다. 상품운용은 주식 비중이 40%, 실물commodity 20%, 채권 20%, 부동산 20% 등이며, 3개월마다 각 자산 간 투자 비중이 조정된다. 언제든지 환매를 할 수 있고 환매수수료는 환매대금의 1%로 일반 펀드에 비해 낮다.

추가형 구조로 설계돼 있어 가입과 환매가 언제든지 자유로운 것이 특징이다. 글로벌 프리미엄 자산에 투자하기 때문에 특정 지역에 투자할 때보다 위험을 분산시킬 수 있으며, 총보수도 연 1.56%에 불과해 해외투자 상품보다 훨씬 유리하다.

하지만 해외펀드에 투자하는 만큼 환율변동에 따른 환위험을 감수해야 하며, 해외 주식에 직접 투자하지 않기 때문에 개인은 주민세를 포함해 소득의 **15.4%**를 세금으로 내야 한다.

<글로벌 투자대가가 운영하는 펀드>

투자대상자산	주요특징
버크셔 해서웨이 B클래스 주식	· 주식투자 최고의 전문가인 워렌 버핏이 운용하고 있는 버크셔 해서웨이의 B클래스 주식으로 A클래스의 1/30의 권리를 가지며 높은 A클래스 주식가격으로 인해 투자하지 못하는 일반인을 위한 주식임. 주로 미국 중심의 선진국 가치주에 투자하고 있음.
다이아파슨 로저스 Commodity 인덱스 C클래스 펀드	· 투자 전문가로 유명한 조지 소로스와 퀀텀펀드를 설립한 짐 로저스가 운용하고 설정 이후 308%의 수익을 보이고 있는 RICI(Rogers International Commodity Index)에 연계된 세계 최고의 Commodity 인덱스 펀드임. · 동 인덱스 펀드는 금속 21%, 농산물 35%, 에너지 44% 등으로 분산 투자되어 있음.
템플턴 이머징마켓 A클래스 펀드	· 이머징마켓에서 30년간 경험을 갖고 있는 마크 모비우스 박사가 운용하고 있는 템플턴 이머징마켓 펀드는 1991년 2월 설정되어 2007년 6월 현재 약 15억 달러가 운용되고 있는 펀드로 2001년 설정된 클래스 A펀드의 경우 2007년 5월까지 218.39%의 누적수익률을 기록했음.
핌코 Total Return 채권 H클래스 펀드	· 채권왕으로 불리는 채권매니저 빌 그로스가 운용하고 있는 채권 펀드로 그는 종종 채권계의 워렌 버핏으로 불리고 있음. · 핌코 Total Return 채권 펀드는 과거 10년간 약 8.3%의 평균 수익을 기록하고 있음.
CPI글로벌 부동산 증권 A클래스 펀드	· 부동산 관련 주식 투자에 최고의 팀을 이끌 수 있는 씨티그룹의 댄 파인과 그의 팀이 운용하고 있는 부동산 증권 펀드로 규모는 약 2억 달러에 달하며 2005년 10월 이후 2007년 4월까지 약 32.2%의 연 환산 수익률을 기록함.

채권투자의 달인이 되라

워렌 버핏은 주식투자의 귀재로 알려져 있지만 실제로는 채권투자의 대가이기도 하다. 워렌 버핏이 운영하는 제너럴리 및 가이코 보험사는 고객들로부터 받은 보험료의 대부분을 채권에 투자해 수익을 올린다. 투자할 채권을 고르고 채권상품을 취사선택하는 것은 워렌 버핏의 몫이다.

워렌 버핏은 2009년 3월 스위스리 회사가 발행한 전환사채CB, Convertible Bond를 25억 달러(30억 스위스프랑)에 매입했다. 연 12%의 확정배당을 받기로 했는데 워렌 버핏이 스위스리의 CB에 투자하기로 결정한 것은 스위스리가 망하지 않는 한 매년 12%의 고배당을 얻을 수 있기 때문이다.

워렌 버핏이 운영하는 버크셔 해서웨이는 확보한 전환사채를 3년 뒤 주당 25프랑에 보통주로 전환할 수 있는 권리도 얻었는데 전액을 주식으로 전환할 경우 약 25%의 지분을 확보하게 된다.

경기침체기의 고금리 채권투자

경기침체기에는 채권투자에 눈을 돌릴 필요가 있다. 재테크에 나서는 보통 사람들에게는 주식투자가 더욱 일반적이겠지만 재테크에 강한 사람들은 남들이 간과하고 있는 채권투자에서 대박을 터뜨린다.

특히 경기가 좋지 않을 때에는 대기업들이 현금이나 자금을 확보하기 위해 높은 금리를 제공하면서 채권을 발행하는 경우가 많다. 대기업들이 은행이나 금융회사에서 돈을 빌리기가 힘들어지는 만큼 직접 회사채를 발행해 투자자들에게 자금을 조달하는 것이다.

경기가 좋을 때에는 회사채를 발행할 이유가 별로 없고 회사채를 발행하더라도 낮은 금리를 줘도 된다. 하지만 경기가 좋지 않을 때에는 고금리를 제공해야 투자자들이 회사채를 매입하기 때문에 다소 높은 금리를 줘야 한다. 채권투자한 회사가 망하지 않는 한 투자자들은 만기가 긴 장기 채권에 투자해 안정된 수익률을 올릴 수 있는 것이다.

2009년 3월과 4월 기아차와 코오롱의 신주인수권부사채 BW, Bond with Warrant가 상장됐다.

기아차와 코오롱의 신주인수권부사채가 발행된 후 분리 상장된 신주인수권 가격이 연일 가파른 상승세를 이어갔다. 기아차 신주인수권은 상장 이후 4거래일 동안 종가 기준으로 9.8%나 올랐다. 코오롱 신주인수권도 약 한 달 만에 무려 150%나 급등했다. 상장 첫날 3,360원이었으나 8,500원까지 신주인수권 가격이 올랐다.

기아차와 코오롱의 신주인수권은 신주인수권부사채가 발행된 이후 신주인수권만 분리 상장된 후 거래되고 있다.

뒤에서 자세하게 BW에 대해서 설명하겠지만 이처럼 채권에 대해 잘 알고 있고 이를 채권투자에 활용한다면 높은 수익률을 올릴 수 있다. 워렌 버핏이 주식과 함께 채권투자에 높은 관심을 보이고 있는 이유가 바로 여기에 있다.

채권 수익률과 가격은 반대로 움직인다

많은 사람들이 '채권' 하면 머리가 아프다는 반응을 보인다. 채권은 어렵다는 선입견을 가지고 있다. 하지만 채권에 대해 기본지식만 알고 있으면 쉽게 증권사나 은행을 찾아가 채권투자에 나설 수 있다. 주식투자와 별반 차이가 없을 정도로 채권투자도 쉽고 간단하다. 다만 자주 접하지 않아 생소하게 느껴질 뿐이다. 채권투자에 있어 기본은 수익률과 가격이 반대로 움직인다는 점이다.

채권 수익률이 오른다는 것은 채권투자를 통해 미래에 얻을 할인율이 높아진다는 얘기가 되고 이는 반대로 현재의 채권가격은 그만큼 떨어진다는 얘기가 된다.

이해를 돕기 위해 간단하게 예를 들어보자. A사가 매년 10%의 수익률을 보장하는 채권을 발행했고 철수가 1,000만 원에 이를 매입했다. 철수는 A사 채권을 가지고 있으면 1년 뒤에 1,100만 원을 얻게 된다. 하지만 몇 달이 지나지 않아 글로벌 경기침체가 A사를 덮쳤고 A사의 생산성과 수익성이 급격하게 떨어졌다. 시장에서는 A사가 자금부족에 시달려 적자를 기록할 것이라는 소문이 무성하게 나돌고 심지어 법정관리를 신청할 것이라는 얘기도 심심찮게 들린다. A사 채권을 가지고 있는 철수는 A사가 부도가 나지 않을까 안절부절 못한다. 회사가 부도나면 채권이 휴지조각이 될 수도 있기 때문이다. 채권시장에서는 A사 채권을 500만 원에 팔겠다는 주문도 나오고 있다. 겁이 난 철수도 1,000만 원을 주고 투자한 A사 채권을 500만 원에 영희에게 팔고 만다.

A사가 경기침체를 잘 견디어 내고 회사가 정상궤도에 올라선다면 영희는 500만 원을 투자한 A사 채권에 대해 1,100만 원의 미래가치를 얻게 된다. 영희는 미래가치가 1,100만 원인 A사 채권을 현재가치인 500만 원에 구입했기 때문에 120%의 할인율로 구입한 것이 된다. A사가 망하지 않고 정상 기업으로 남아 있게 된다면 영희의 채권투자 수익률은 120%가 된다. 반대로 10%의 할인율(수익률)로 A사 채권을 구입한 철수는 1,100만 원이 보장된 미래가치에서 120%가 할인된 500만 원에 A사 채권을 판 것이 된다.

이처럼 채권가격이 떨어지면 수익률(할인율)은 상승하게 되고 반대로 채권가격이 올라가면 수익률은 하락하게 된다.

채권투자에서 수익률과 할인율은 같은 의미이다. 수익률이 오른다는 것은 할인율이 그만큼 크다는 것이다. 고정된 미래가치에서 더 많이 할인Discount을 해서 채권을 파는 것이 되기 때문에 채권가격은 당연히 떨어지게 된다. 반대로 수익률이 내려간다는 얘기는 할인율이 내려간다는 것을 의미하며 이는 채권가격 상승으로 연결된다.

알고 보면 쉬운 채권투자

워렌 버핏은 2009년 2월 글로벌 신용경색이 심화되고 경기침체가 지속되는 가운데 미국의 오토바이 제조업체인 할리데이비슨이 발행한 회사채에 3억 달러를 투자했다.

할리데이비슨이 발행한 선순위 무보증 회사채 3억 달러어치를 사들인 것이다. 채권의 만기는 5년이며 표면금리는 연 15%다. 표면금리 15%는 일반적인 투자등급 회사채 수익률의 2배에 이른다.

할리데이비슨처럼 일시적으로 자금 확보에 어려움을 겪고 있는 회사들이 채권발행이 어려워지자 높은 금리를 제공하면서 채권을 발행하고 있는데 워렌 버핏은 할리데이비슨이 망하지 않는 한 매년 15%의 수익을 올리게 되는 셈이다. 연간 15%의 수익률을 보장하는 상품이라면 재테크 대상으로 안성맞춤이다. 주식투자는 주가가 떨어지면 원금 손실을 감수해야 하지만 채권투자는 회사가 망하지 않는 한 매년 확정된 고정금리 수익을 얻을 수 있기 때문에 훨씬 안전하다. 워렌 버핏은 경기침체의 와중에 2008년에는 건축자재 업체인 USG그룹의 전환사채 3억 달러를 사들이는 등 채권투자에 활발하게 나서고 있다. 워렌 버핏은 경기침체기, 경기불황기에 채권투자로 눈을 돌리는 것이다.

채권투자는 알고 보면 너무나 쉬운데 일반인들에게는 다소 생소하기 때문에 주식투자만큼 선뜻 다가가기가 쉽지 않은 것이 사실이다. 채권은 차용증서의 하나로 언제까지 얼마만큼의 돈을 빌려 주면 이자를 지불하겠다는 약속을 한 것이다. 기업이나 은행들이 발행하는 채권증서를 보면 얼마(액면가격)를 빌리고, 언제까지(상환만기), 연간 몇 %의 이자(표면금리)로 갚겠다는 내용이 들어 있다.

어떤 채권을 고를까

채권투자에 나서기 위해서는 채권의 종류와 내용을 숙지하는 것이 필요하다. 채권마다 투자 수익률, 안전성, 만기구조 등이 다르기 때문에 자신의 재정상태와 재테크 전략에 따라 알맞은 채권을 선택해야 한다.

국공채는 국가나 지방정부가 자금조달이나 정책집행을 위해 발행하는 채권이다. 국공채를 발행하는 주체별로 나누면 국채는 중앙정부가 발행하는 채권이고, 공채는 지방자치단체나 특별법에 따라 설립된 법인이 발행하는 채권을 말한다. 국채로는 국고채와 외국환평형기금채권(외평채)이 대표적이다.

또 공채 가운데 지방자치단체가 발행하는 채권은 지방채, 특별법에 따라 설립된 법인이 발행하는 채권은 특수채라고 한다. 지방채는 지방자치단체가 사업개발에 필요한 자금을 모으기 위해 발행하는 상수도공채, 지역개발공채, 도시철도공채 등을 일컫는다.

이들 국공채는 정부와 지방자치단체가 발행하는 채권인 만큼 원금을 보장해 주는 장점이 있지만 채권 수익률은 다소 낮다.

회사채는 일반 기업이 시설투자, 운영자금 마련 등을 위해 발행하는 채권이다. 삼성전자, 현대자동차 등 한국을 대표하는 기업들이 발행하는 회사채는 안전하지만 경영실적이 좋지 않거나 빚이 많은 기업들이 발행하는 회사채는 신용등급이 낮기 때문에 이자는 고사하고 원금마저 떼일 위험이 있다. 국고채에 비해서는 다소 안전성이 떨어지지만 채권 수익률은 높은 것이 일반적이다.

기업내용이 견실하고 신용등급이 좋은 우량 기업은 회사채를 발행할 때 낮은 금리로 자금조달이 가능하다. 하지만 기업내용이 부실하고 재무구조가 취약해 신용등급이 낮은 기업은 회사채를 발행할 때 높은 금리를 제공해야 투자자들이 관심을 갖게 된다. 신용등급이 좋은 회사채는 수익률이 다소 낮지만 안전하고, 반대로 신용등급이 좋지 않은 회사채는 수익률은 높지만 안전성이 떨어진다.

〈회사채 신용등급별 내용〉

등급	내용
AAA	원리금 지급 확실성이 최고 수준
AA	원리금 지급 확실성이 매우 높지만 AAA에 비해 다소 낮음
A	원리금 지급 확실성이 있지만 장래 환경 변화에 다소 영향받을 가능성
BBB	원리금 지급 확실성이 있지만 장래 환경 변화에 따라 저하될 가능성 내포

이상 투자 등급

등급	내용
BB	원리금 지급에 당면 문제 없으나 장래 안전성 면에서 투기적 요소 내포
B	원리금 지급 능력이 부족해 투기적임
CCC	원리금 채무 불이행이 발생할 위험요소가 내포
CC	원리금 채무 불이행이 발생할 가능성이 높음
C	원리금 채무 불이행이 발생할 가능성이 극히 높음
D	현재 채무 불이행 상태

이상 투기 등급

회사채 중 특히 금융회사들이 발행하는 채권을 금융채라고 하는데 시중은행이 발행하면 은행채, 산업은행이 발행하면 산금채, 기업은행이 발행하면 중금채라고 한다.

기업어음CP, Commercial Paper은 기업이 단기자금을 조달할 목적으로 발행하는 융통어음으로 신용도가 우량한 기업이 주로 발행한다. 기업이 CP를 발행하면 증권사와 종금사(종합금융회사)가 이를 할인Discount해 팔며 은행, 자산운용사, 보험사 등이 사들여 보유한다.

CP의 최장 만기는 1년 이내로 제한되는데 시중자금 사정에 따라 다르기는 하지만 통상 2주 이내의 초단기물과 3개월 만기물이 주로 발행된다.

양도성예금증서CD, Negotiable Certificate of Deposit는 은행의 정기예금에 양도성을 부여한 증서로 시중은행이 발행하고 일반개인과 법인, 금융기관이 매입한다. 3개월 및 6개월 만기가 주종을 이루며 만기 전 중도환매는 허용되지 않는다. 은행끼리만 자금조달수단으로 사용하도록 돼 있는 은행 간 CD가 따로 있다.

환매조건부채권RP, Repurchase Agreement은 일정기간 경과 후에 일정한 가격으로 동일채권을 다시 사들이거나 파는 조건으로 발행된 채권이다. 채권 보유자는 단기자금이 필요한 경우 RP거래를 통해 채권을 담보로 손쉽게 자금을 조달할 수 있다.

통화안정증권MBS, Monetary Stabilization Bond은 중앙은행인 한국은행이 시중 통화량을 조절하기 위해 금융기관이나 일반인을 대상으로 발행하는 채권이다.

한국은행은 기업들이 수출로 벌어들인 돈이나 외국인들의 한국시장 투자규모가 너무 많다고 판단될 경우에는 물가상승을 우려해 통화안정증권을 발행해 시중에 풀린 돈(유동성)을 흡수한다.

콜자금은 금융기관이 초단기로 일시적인 여유자금을 빌리거나 빌려주는 금융상품이다. 빌려주는 콜자금을 '콜론'이라고 하며 빌리는 자금을 '콜머니'라고 한다. 콜거래의 최장만기는 90일 이내로 제한되며 만기가 1일인 익일물거래가 전체 콜거래의 대부분을 차지한다.

일반적으로 채권만기가 길수록 채권 수익률이 높고 신용등급이 낮은 회사가 발행하는 채권의 수익률이 경기불황기에 신용등급은 다소 낮지만 경기불황에 잘 대처하는 능력을 가진 기업의 회사채에 투자해 대박을 터뜨리는 경우를 쉽게 볼 수 있는 것은 바로 이 때문이다.

채권은 또 상환기간에 따라 단기채, 중기채, 장기채로 분류할 수 있다. 단기채는 만기가 1년 이하인 채권이며 중기채는 1년을 초과한 5년 미만의 채권을 말한다. 개인들의 일반적인 투자대상인 회사채는 만기가 보통 3년인 중기채이다. 장기채는 만기가 5년 이상으로 국고채가 대표적이다.

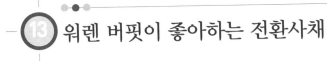

13 워렌 버핏이 좋아하는 전환사채

워렌 버핏이 선호하는 채권상품으로 전환사채CB와 신주인수권부사채BW가 있다. 워렌 버핏은 연간 10%의 금리를 보장하는 CB나 BW에 투자했다가 만기까지 채권을 보유하거나, 또는 주식이 상승하면 주식으로 바꿔 높은 수익률을 거두는 투자기법을 좋아한다. 그리고 워렌 버핏은 실제 CB와 BW 투자를 통해 높은 수익률을 올리고 있다.

2008년 경기불황기를 거쳐 2009년 초 경기반등의 조짐이 보이자 강남의 큰손들과 부자들이 주식투자보다는 CB와 BW 투자를 더욱 선호하며 CB와 BW에 투자한 데에는 그만한 이유가 있다. 다른 채권상품에 비해 높은 금리를 제공하는 데다 향후 경기가 좋아지고 주식시장이 반등에 나설 경우 CB와 BW를 주식으로 바꿔 높은 수익률을 올릴

수 있기 때문이다. 경기불황기에 특히 눈여겨봐야 할 금융상품이 CB
와 BW인 것이다.

CB는 채권과 주식의 결합

전환사채CB는 정해진 시간이 경과하면 채권을 발행회사의 주식으로
바꿀 수 있는 권리가 붙은 채권을 말한다. 채권 형태로 만기까지 그대
로 보유할 수도 있고, 주식으로 전환할 수도 있는 등 야누스의 얼굴을
가지고 있다고 할 수 있다. 채권형태로 만기까지 보유하고 있으면 정
해진 금리로 이자수익을 챙길 수 있으며, 반대로 주식으로 전환하게
되면 발행회사의 주주가 되어 배당을 받을 수도 있다.

CB는 발행할 때 회사채와 마찬가지로 만기와 표면이율이 제시된
다. 또 주식으로 전환하는 가격(전환가격)과 주식으로 전환이 가능한
시기(전환기간) 등이 같이 부여된다. 전환가격은 주식으로 전환할 때
1주를 얼마에 살 수 있는가를 나타내는 가격이다. 만일 전환 비율이
100%라면 전환사채 금액 전체를 주식으로 전환할 수 있다는 것을 의
미하며, 전환 비율이 50%라면 전환사채 금액의 절반만 주식으로 전
환하고 나머지는 채권형태로 가지고 있어야 한다는 것을 말한다.

결국 투자자 입장에서는 전환가격이 낮고 전환 비율이 높을수록 발
행기업의 주가가 상승할 경우 더 큰 수익을 얻을 수 있는 것이다. 예를
들어 1억 원을 A사의 전환사채에 투자한 경우 전환가격이 1만 원이고

전환 비율이 100%라면 전환 시 1만 주(1억 원/1만 원)를 받을 수 있다. 하지만 전환가격이 2만 원이고 전환 비율이 50%일 경우 받을 수 있는 주식은 2,500주(5,000만 원/ 2만 원)가 된다.

CB는 발행되자마자 주식으로 전환할 수 있는 것이 아니라 일정기간이 지나야 주식으로 전환이 가능하다. 이를 전환기간이라고 하는데 전환기간이 되기 전까지는 주식으로 바꿀 수 없다.

그럼 CB는 언제 주식으로 전환할 수 있는 것일까. 간단하게 요약하면 발행기업의 주가가 전환가격보다 높으면 주식으로 전환해 차익을 챙길 수 있다. 반대로 발행기업의 주가가 전환가격보다 낮으면 주식으로 전환해도 손해가 되기 때문에 주식으로 전환하지 않고 채권으로 보유하는 것이 유리하다.

예를 들어 B사가 전환가격이 1만 원이고 전환기간이 1년 이후인 CB를 발행했다고 하자. 현재 B사의 주가는 8,000원이다. 1년 이후 B사의 주가가 상승해 2만 원이 되었다면 투자자는 CB를 주식으로 전환해 1주당 1만 원(2만 원−1만 원)의 차익을 챙길 수 있다. 하지만 1년 이후 B사의 주가가 9,000원에 머문다면 투자자는 B사 주식으로 전환할 경우 오히려 1주당 1,000원(1만 원−9,000원)의 손실을 보게 된다.

B사의 주가가 전환가격보다도 낮기 때문에 전환하면 할수록 손해를 보게 되는 경우인데, 이때에는 주식으로 전환하지 않고 그대로 CB 형태로 유지하는 것이 유리하다.

CB의 표면금리는 보통 은행 정기예금 금리보다는 높고 회사채 금리보다는 낮은 것이 일반적이다. 일반 회사채의 표면금리가 8%라면 CB의 표면금리는 4% 수준이다. CB는 전환기간이 지나면 주식으로 전환할 수 있는 권리를 추가로 주기 때문에 금리는 회사채보다 낮은 것이 일반적이다.

경기불황이 깊어질 때에는 기업들이 외부에서 자금을 조달하기가 힘들기 때문에 CB를 발행해 자금을 조달하는 경우가 많다. 회사채보다 금리가 낮아 자금조달 비용을 줄일 수 있고 만약 투자자가 CB를 주식으로 전환하게 되면 CB는 더 이상 갚아야 할 부채가 아니라 자본금으로 편입되고 재무구조도 개선되는 효과가 있기 때문이다.

따라서 경기불황기에 미래 성장성이 높은 기업의 CB를 골라 장기투자에 나선다면 주식전환 시점에 큰 시세차익을 얻을 수 있다. 워렌 버핏이 CB투자를 즐기는 이유가 바로 여기에 있다.

하지만 기존 주주들은 CB가 주식으로 전환될 때에는 주식투자에 주의를 해야 한다. CB가 주식으로 전환된다는 것은 그만큼 주식시장에 발행회사의 주식수가 대거 늘어난다는 것을 의미하며 매도압박도 강하다는 것을 뜻한다. CB가 주식으로 전환되기 전까지는 견고한 상승세를 보였던 기업의 주가가 주식전환 이후 맥없이 하락세로 반전하는 경우를 자주 보게 되는데 이는 물량부담이 가중되기 때문에 나타나는 현상이다.

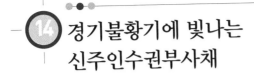

14 경기불황기에 빛나는
신주인수권부사채

신주인수권부사채BW는 나중에 미리 정해진 가격으로 일정 수량의 새로운 주식을 교환할 수 있다는 점에서 전환사채CB와 성격이 같다. 하지만 CB는 주식으로 교환이 되면 채권으로서의 권리는 완전히 사라지게 되지만, BW는 채권은 그대로 만기까지 유지된 채 돈을 더 내고 주식을 받는다는 점에서 차이가 있다.

기업은 BW를 발행할 때 만기와 표면이율을 결정해 투자자에게 제시한다. 또 주식을 사들일 수 있는 가격(행사가격), 주식으로 바꿀 수 있는 기간(행사기간), 사들일 수 있는 주식수(행사 주식수) 등을 결정한다.

CB의 경우 주식으로 바꾸게 되는 가격과 기간을 각각 전환가격, 전

환기간이라고 표현하고, BW의 경우에는 이를 각각 행사가격, 행사기
간이라고 말한다.

신주인수권(워런트)만 떼어내 거래 가능

BW를 보유하고 있는 투자자는 보통 사채와 마찬가지로 일정한 이
자를 받으면서 만기에 사채금액을 돌려받을 수도 있고, 동시에 신주인
수권을 가지고 주가가 행사가격보다 높은 경우 돈을 내고 주식을 행사
가격에 살 수 있다. 즉, 발행기업의 주가가 행사가격 이상으로 올라가
면 신주인수권을 행사해 새로운 주식을 건네받고 이를 다시 주식시장
에 내다팔아 매매차익을 얻을 수 있는 것이다. 만약 행사기간 동안 발
행기업의 주가가 행사가격을 밑돌 경우에는 신주인수권 행사를 포기
하면 된다.

주가가 아무리 떨어지더라도 BW를 보유하고만 있으면 만기에 정해
진 원리금을 얻을 수 있는 반면 추가로 손실을 부담해야 하는 위험은
전혀 없다. 경기불황기에 BW가 재테크 투자 상품으로 인기를 끄는
이유가 바로 여기에 있다.

워렌 버핏은 일시적으로 자금부족에 빠져 있지만 미래성장성이 높
은 기업들을 골라 이들 기업이 발행하는 CB와 BW에 투자하고, 경기
가 좋을 때 이를 주식으로 바꿔 막대한 수익을 올리는 투자기법을 즐
겨 사용한다.

BW에는 회사채와 신주인수권이 분리돼 신주인수권만 독립적으로 매매가 가능한 분리형과 신주인수권과 회사채가 따로 분리되지 않아 신주인수권이 독립적으로 거래되지 않는 비非분리형이 있다. 일반 개인투자자 입장에서는 신주인수권을 사고 팔 수 있는 분리형이 재테크 상품으로 제격이다.

지난 2009년 3월 경기불황기에 기아자동차는 4,000억 원 규모의 BW를 발행했다. 4,000억 원 모집에 8조 원 가까운 청약자금이 몰려들면서 여의도 증권가가 들썩거렸다. 개인투자자가 청약하는 1그룹은 2,800억 원 모집에 2조 780억 원이 몰려 7.4대 1의 경쟁률을 나타냈다. 또 외국인과 기관투자자가 청약하는 2그룹에는 1,200억 원 모집에 무려 5조 9,170억 원이 쇄도하며 경쟁률이 49대 1에 달했다.

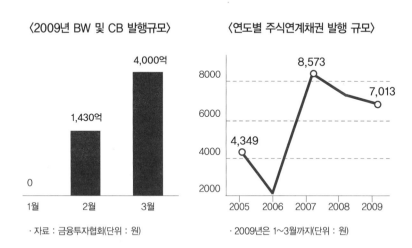

〈2009년 BW 및 CB 발행규모〉

· 자료 : 금융투자협회(단위 : 원)

〈연도별 주식연계채권 발행 규모〉

· 2009년은 1~3월까지(단위 : 원)

경기불황기에 대박나는 BW

　그럼 왜 기아자동차 BW가 이처럼 큰 인기를 끌었을까. 기아자동차의 신용등급(AA-)이 괜찮은 데다 BW 투자에 따른 채권 만기 수익률도 연 5.5%로 은행 정기예금 수준과 맞먹거나 높았기 때문이다. 또 BW의 신주인수권 가격이 6,880원으로 발행 당시 기아차 주가보다 낮아 바로 차액을 챙길 수 있었다.

　이처럼 경기불황기에 대기업 BW에 투자자들이 몰리는 것은 회사가 부도날 위험이 적고 채권을 통해 안정적인 수익을 올릴 수 있는 데다 신주인수권을 따로 떼어내 팔 경우 시세차익을 얻을 수 있기 때문이다.

　앞에서 예로 든 기아자동차 BW를 보자. 2009년 3월 초 발행된 기아자동차의 BW 행사가격은 6,880원이다. 하지만 4월 17일 기아자동차의 주가는 9,510원을 기록했다. 기아자동차 주가와 BW 행사가격의 차이는 2,630원(9,510원-6,880원)이 된다.

　A씨가 기아자동차 BW에 1,000만 원을 투자했다고 하면 A씨는 BW 1,000만 원에 배정되는 신주인수권 1,453개(1,000만 원/행사가격 6,880원)를 받게 된다. 기아자동차의 주가가 계속 상승한다면 신주인수권 가격도 덩달아 올라가게 되는데 일반적으로 신주인수권 가격은 주가에서 행사가격을 뺀 것에서 약간 낮은 수준에서 결정된다.

　4월 17일의 주가가 이어진다고 보면 신주인수권 가격은 2,600원 수준이 될 것이다. A씨는 신주인수권 한 개를 팔 때마다 2,600원의 시세차익을 챙길 수 있으며 보유하고 있는 신주인수권 1,453개를 모두 판다고 하면 377만 원(1,453개×2,600원)을 챙기게 된다.

A씨는 신주인수권을 매도한 이후 채권으로서의 성격만 남은 BW를 만기까지 가져갈 수도 있고 아니면 중간에 처분할 수도 있다.

BW 채권을 파는 경우 기아차 신용등급인 'AA-'급 3년 만기 채권 유통 수익률이 8% 수준인 점을 감안하면 1만 원짜리를 9,200원(1만 원×0.92)에 팔게 된다. 1만 원당 800원 손해를 보고 팔게 되기 때문에 1,000만 원이면 손실은 80만 원이 된다. 하지만 BW 채권을 파는 경우에도 채권 매도로 손실은 80만 원이 발생했지만 신주인수권 판매로 377만 원을 챙겼으니 결국 297만 원의 순익을 거두게 된다.

결국 기아차 BW에 1,000만 원을 투자해 BW와 신주인수권을 모두 판다고 하더라도 297만 원의 시세차익을 챙기게 되며 수익률은 거의 30%에 달하게 된다.

경기불황이 마무리되고 주식시장이 강세장으로 상승전환하게 될 경우 기아자동차의 신주인수권 가격은 더욱 상승하게 되며 이 경우 시세차익도 덩달아 커지게 된다.

기아차에 앞서 장내에서 거래가 되고 있는 코오롱 워런트(코오롱 3WR)는 2009년 3월 4일 3,000원에 시초가를 형성한 이후 주가가 올라 3월 18일에는 5,000원에 거래를 마쳤다. 거래 11일 만에 코오롱 워런트 가격이 66% 이상 급등한 것이다.

CB나 BW를 '주식연계채권'이라고도 한다. 평소에는 채권의 성격이 강하지만 일정 기간이 지나면 주식으로 교환이 가능하기 때문이다.

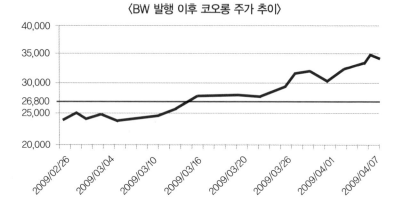

〈BW 발행 이후 코오롱 주가 추이〉

· 빨간선은 신주인수권 행사가격(26,800원)

경기불황기에는 주식연계채권이 재테크 상품으로 큰 인기를 끈다.

실제 경기가 호황을 누렸던 2006년의 경우 주식연계채권 발행규모는 2,000억 원에 불과했지만 2007년에는 8,573억 원에 달했고 2009년의 경우 1~3월까지에만 7,013억 원에 달했다.

경기불황기에는 기업들은 자금조달이 힘들어 높은 금리를 제공하며 채권을 발행한다. 또 주가가 많이 떨어진 상태이기 때문에 경기가 반등에 나선다면 주가도 상승해 언제든지 CB나 BW를 주식으로 바꿔 시세차익도 챙길 수 있다. 채권의 안전성과 주식투자의 수익성을 모두 꾀할 수 있는 상품이 바로 주식연계채권인 것이다.

또 일반 채권에 투자할 경우 발생하는 수익에 대해 세금을 내야 하지만 주식연계채권의 경우 채권이자 이외에 주식으로 생긴 소득에 대해서는 세금을 내지 않는다. 개인들이 투자하는 방법으로는 공모 청약을 하는 방법과 장내 채권시장에서 매수하는 방법이 있다. 증권사에서 일반 공모청약을 받기 때문에 신문 공고나 증권사 홈페이지 등을 통해 발행정보를 얻을 수 있다.

하지만 CB나 BW 같은 주식연계채권에 투자할 때에도 주의해야 할 점이 있다. 다른 회사채와 마찬가지로 만기 수익률과 발행회사의 신용등급, 신용도를 꼼꼼히 체크해야 한다. 발행회사가 부도를 내거나 망하면 원금도 회수하지 못할 위험이 있다. 또 발행기업의 주가가 CB 전환가격이나 BW 행사가격을 밑돈다면 채권을 주식으로 전환할 메리트가 없어지기 때문에 주가상승에 따른 차익도 기대할 수 없다.

〈전환사채(CB)와 신주인수권부사채(BW) 비교〉

구분	CB	BW
요구할 수 있는 주식	발행회사 신주	발행회사 신주
신규자금 유입	신규자금 유입 없이 자본금만 증가	신규자금 유입, 자본금 증가
권리행사 뒤 채권	회사채 권리 소멸	회사채 권리 유지
주식취득가격	전환가격	행사가격
취득가능 주식 수	$\dfrac{\text{사채 액면금액}}{\text{전환가격}}$	$\dfrac{\text{사채 액면금액}}{\text{행사가격}}$

Part 3

워렌 버핏의
두 번째 지갑
관리편

How's the money?

워렌 버핏도 반한 저축은행

워렌 버핏은 투자 수익률도 중요시하지만 투자에 따른 안전성을 더욱 귀하게 생각한다. 결국 수익성과 안전성을 함께 보장하는 금융상품이라면 최고의 재테크 수단이 될 것이다.

지금처럼 경기침체 기간이 길어지는 상황에서는 안정성과 수익성을 모두 갖춘 상품에 대한 수요가 더욱 절실해진다. 워렌 버핏은 현재의 글로벌 금융위기와 신용경색이 한동안 지속될 것으로 내다보고 있다. 주식시장의 변동성이 심화되고 주식시장이 상승 모멘텀을 찾기가 힘들어질 것이라는 설명이다. 워렌 버핏은 2009년 3월 미국 경제채널인 CNBC에 출연해 다음과 같이 미국 및 세계 경제를 분석했다.

"미국 경제가 절벽에서 떨어지고 있습니다. 미국 연방준비제도이사회가 2008년 9월(리먼브러더스 파산 당시) 금융시장에 개입하지 않았다면 경제상황은 더욱 악화됐을 겁니다. 경제상황이 내가 생각했던 최악의 시나리오에 매우 근접해 가고 있습니다. 미국 경제가 빠른 시일 내에 상승 반전할 것이라고 생각하지 않으며 턴어라운드가 나타나더라도 빠르게 진행되지는 않을 것입니다. 지금은 금융시스템을 안정시켜 예금자 동요를 차단하는 것이 무엇보다 중요합니다. 가령 은행이 파산하더라도 고객의 예금은 보호된다는 점을 정부가 확신시켜주어야 합니다. 그래야 은행들이 위기에서 벗어나 자립할 수 있을 것입니다."

워렌 버핏은 은행 예금자들의 불안감과 동요를 잠재울 수 있는 조치가 필요하다고 강조한다. 하지만 우리나라에서는 시중은행보다 높은 금리를 제공하면서도 원금은 보장해주는 금융회사가 있는데 그것이 바로 '저축은행'이다. 불황기에 강남 부자들이 주식시장에서 돈을 빼내 저축은행을 찾는 이유가 여기에 있다.

시중은행보다 금리는 높고 원금은 보장

일반 사람들은 은행 예금이라면 국민은행, 신한은행, 우리은행, 하나은행 등 시중은행을 가장 먼저 떠올리지만 재테크에 능숙한 강남 부자들은 시중은행보다 금리가 1~2% 높은 저축은행을 더 선호한다. 목돈을 1~2년간 장기간 굴릴 생각이라면 시중은행보다는 저축은행을 선택하는 것이 조금이라도 더 많은 이자를 챙길 수 있기 때문이다.

거리를 걷다 보면 'OO상호저축은행'이라는 간판을 자주 볼 수 있는데 줄여서 저축은행이라고 한다. 시중은행만큼 규모가 크지 않지만 은행처럼 예금도 받고 대출도 해준다. 시중은행들의 평균 예금 금리보다 이자가 높다.

2008년 고금리예금상품이 인기를 끌 때에는 저축은행들은 연 8%대의 예금상품을 선보이기도 했다. 비록 2009년 3월 현재 저축은행의 금리는 4~5%대로 떨어지기는 했지만 시중은행에 비해서는 여전히 1%포인트 이상 높은 편이다. 명목소득에서 물가상승률을 뺀 실질소득이 줄어들고 있는 상황에서 연 5%의 금리를 받는 상품에 투자하는 것도 성공적인 '눈높이 투자'라고 볼 수 있다.

이처럼 경기불황이 심화되고 주식시장이 급락하는 현실에서 5% 수익률은 워렌 버핏의 수익률 기준에서 본다면 그리 실망스러운 수준이 아니다.

저축은행의 가장 큰 장점은 금리가 높은 데다 시중은행처럼 예금자보호법에 따라 1인당 5,000만 원 한도 내에서 원리금이 보장된다는 점이다. 여우처럼 약삭빠르게 돈을 굴리는 강남 부자들은 1인당 4,000~5,000만 원, 4인 가족 전체로는 1억 6,000만 원~2억 원가량을 저축은행 계좌에 넣어 둔다. 가족 명의를 달리하면 개별적으로 예금자보호가 되기 때문이다.

또 목돈이 이보다 더 많을 경우에는 다른 저축은행에도 거래계좌를 터 가족들 전체 명의로 목돈을 또 맡긴다. 강남 부자들은 저축은행 예금만기가 돌아오더라도 급전이 필요한 경우가 아니라면 예금가입을 다시 연장하고 꾸준히 높은 금리를 챙긴다. 또 경쟁관계에 있는 다른 저축은행이 더 높은 금리를 제공하며 신규 지점을 열 경우 뒤도 돌아보지 않고 다른 저축은행으로 계좌를 옮겨버린다.

안전한 88클럽

일반 사람들은 저축은행이라고 하면 1997년 IMF 외환위기 때의 상호신용금고(저축은행의 옛 이름)를 떠올린다. 당시 금융기관 부실이 확대되면서 많은 저축은행이 경영부실을 견디다 못해 사라졌다. 그래서 저축은행과 잘못 거래했다가는 원금도 못 챙긴다는 선입관을 가지고 있다. 물론 경영부실이 심한 저축은행은 피해야 한다. 비록 정부가 5,000만 원 한도 내에서 원리금을 보장하기 때문에 5,000만 원 이내에서는 원리금을 떼일 위험이 없지만 저축은행이 망하면 돈을 찾는 데 시간이 소요되는 것은 피할 수 없다.

급전을 융통하는 데에도 어려움이 따르게 된다. 건설사와 조선사에 대한 구조조정이 본격화되고 있는 가운데 이들 구조조정 기업에 사업자금을 대출해 준 저축은행들의 부실이 하나둘씩 드러나고 있다. 저축은행들도 경기불황기의 파고에 신음을 하고 있는 것이다.

하지만 견실한 저축은행을 골라 예금거래를 지속한다면 수익성과 안전성을 모두 꾀할 수 있다. 특히 '88클럽'으로 불리는 저축은행은 믿고 거래해도 된다. 88클럽은 고정이하 여신이 8% 미만이고 국제결제은행BIS 기준 자기자본 비율이 8%를 넘어설 정도로 재무구조가 양호한 저축은행을 말한다. 저축은행에 가입하는 것이 영 내키지 않는다면 88클럽 저축은행을 선택하면 된다.

저축은행들의 건전성 관련 지표는 해당 저축은행 홈페이지 경영공시나 저축은행중앙회 홈페이지(www.fsb.or.kr)에서 알아볼 수 있다. 수익성과 함께 안전성을 무엇보다 중시하는 워렌 버핏의 투자 철학을 감안한다면 저축은행은 재테크 파트너로 항상 가까이 해야 할 친구인 셈이다.

02 환율 공부를 시작하라

워렌 버핏이 경영하는 버크셔 해서웨이 투자회사는 코카콜라, P&G, 아메리칸익스프레스 카드, 웰스파고 은행 등 글로벌 기업에 투자한다. 흥미로운 사실은 워렌 버핏은 2001년까지만 하더라도 주로 미국 기업의 주식과 회사채에 투자했다는 것이다. 코카콜라, P&G, 아메리칸 익스프레스 카드, 웰스파고 은행 등과 같이 워렌 버핏이 초기에 집중적으로 투자한 기업들도 모두 미국 회사들이다.

하지만 2002년 들어 세계화, 글로벌화가 본격화되면서 워렌 버핏도 투자 스타일에 변화를 주기 시작한다. 이전까지만 하더라도 미국 기업의 주식과 채권에 투자했지만 이때부터 중국, 한국, 유럽 등과 같이 투자범위를 전 세계로 넓혀 나간다.

워렌 버핏은 2002년부터 환율 공부 시작

2003년에는 중국의 거대 정유사인 페트로차이나Petro China 지분 1.3%를 매입했고, 2006년에는 한국의 포스코 주식 349만 주(지분 4%)를 사들였다. 워렌 버핏은 해외 기업에 투자하면서 환율에도 관심을 가지게 되었다.

이전까지만 하더라도 워렌 버핏은 미국 기업에 투자를 했기 때문에 투자 수익률이 환율에 그리 영향을 받지 않았지만, 글로벌 기업에 투자하면 당연히 환율문제가 부각되기 때문이다. 그래서 2002년부터 본격적으로 환율에 대해 공부하고 외환시장에도 투자를 하게 된다. 해외 기업에 대한 투자 수익률이 아무리 좋아도 달러 가치가 급락할 경우에는 오히려 손실을 볼 수 있다. 주식투자에서는 이익을 내지만 환율변동으로 환차손을 입을 수 있다는 얘기다.

환율은 주식 투자자뿐만 아니라 가정주부, 유학준비를 하는 학생, 외화예금 가입을 고려하는 직장인을 포함해 모든 국민들의 가계살림에 큰 영향을 미친다. '환율 원리'를 제대로 이해하지 못하고서는 어디 가서 재테크 한다고 명함도 못 내민다. 워렌 버핏은 왜 2002년부터 환율 공부를 열심히 하고 있는 것일까? 이번 기회에 환율을 일목요연하게 정리해 보자.

환율은 개별 국가들이 사용하는 화폐(돈)의 교환 비율이다. 한국 원화와 미국 달러화를 교환할 때 적용되는 환율이 '원/달러 환율'이고 한국 원화와 일본 엔화를 바꿀 때 적용되는 환율이 '원/엔 환율'이다.

개별 국가의 화폐가치는 고정되어 있는 것이 아니라 시시각각 변한다. 원화보다는 달러화에 대한 수요가 많으면 달러 가치는 올라가게 되고, 반대로 달러화를 팔려는 투자자들이 많으면 달러 가치는 떨어지게 된다.

우리는 1997년 IMF 외환위기의 뼈아픈 경험을 기억하고 있다. 외환위기가 터지기 이전인 1997년 8월만 하더라도 원/달러 환율은 달러당 900원선이었지만 외환위기가 본격화된 12월에는 원/달러 환율이 2,000원까지 치솟았다. 한국 경제가 무너지는 것에 깜짝 놀란 해외 투자자들이 원화를 내다팔고 안전자산으로 여겨졌던 달러를 사들였기 때문에 원화가치는 폭락하고 반대로 달러 가치는 급등했던 것이다. 다시 말해 환율은 특정 국가의 경제상황을 간접적으로 표현한다고도 볼 수 있다.

원화 값은 미국 달러 등 외국통화와 비교한 우리 화폐의 가치다. 달러당 원화 값이 1,000원이라면 원화 1,000원과 미국 1달러가 같은 가치를 갖는다는 것을 의미한다. 만약 달러당 원화 값이 1,000원에서 900원으로 변하면 이전에는 1달러를 구하기 위해 1,000원을 지불해야 했는데 이제는 900원만 지불하면 된다. 그만큼 원화가치가 올라간 셈이다. 이를 두고 '원화 값이 상승했다'고 표현한다.

반대의 경우를 생각해 보자. 달러당 1,000원 하던 환율이 1,500원으로 변하게 되면 이전에는 1달러를 구하기 위해 1,000원을 지불하면 됐지만 이제는 1,500원을 줘야 한다. 500원을 추가로 더 지불해야 하는 것이다. 원화가치가 그만큼 떨어진 것이 되는데 이를 두고 '원화

값이 하락했다'고 표현한다.

'원화 값' 대신 '환율'이라는 단어를 넣어 표현하기도 한다. 환율은 900원, 1,000원, 1,500원 등과 같이 숫자 자체를 언급하는 말이다. 가령 원화 값이 1,000원에서 900원으로 떨어지면 '환율이 하락했다'고 한다. 반대로 원화 값이 1,000원에서 1,500원으로 올라가면 '환율이 상승했다'고 말한다.

결국 '원화 값이 상승했다'는 것은 '환율이 하락했다'는 것과 같은 말이며, '원화 값이 하락했다'는 것은 '환율이 상승했다'와 같은 표현이다.

〈달러당 원화 값 상승과 하락〉

원화값	변화	용어
1,000원 ⟶	900원	원화값 상승(환율하락)
1,000원 ⟶	1,500원	원화값 하락(환율상승)

환율상승기에는 수출기업에 주목하라

환율상승기에는 수출 비중이 높은 기업을 눈여겨봐야 한다. 환율이 상승하면 수출로 더 많은 원화를 벌어들일 수 있기 때문이다. 가령 전자제품을 생산하는 A사는 제품의 대부분을 미국 시장에 수출한다고 하자. 원/달러 환율이 1,000원에서 1,500원으로 상승할 경우(원화 값 하락) A사는 이전에는 1달러의 전자제품을 수출할 때마다 1,000원의 매출을 기록했지만 원/달러 환율이 1,500원으로 상승하면 1달러의 제품을 수출할 때마다 1,500원의 매출을 기록하게 된다. 1,000만 달러의 제품을 미국에 수출할 경우 이전에는 100억 원의 매출이 발생했지만 환율상승으로 매출은 150억 원으로 50%나 증가하게 된다. 환율상승기에 수출기업 주가가 상승곡선을 그리는 것은 이 때문이다.

반면 환율상승기에는 원자재 수입 비중이 높은 기업은 투자대상으로 피하는 것이 좋다. 원가부담이 가중되기 때문이다. 가령 B사가 원자재의 대부분을 미국에서 수입한다고 하면 이전에는 1달러의 원자재를 수입하는 데 1,000원만 지불하면 됐지만 환율이 상승하면 1,500원을 지불해야 한다.

B사가 미국으로부터 1,000만 달러의 원자재를 들여와야 한다면 이전에는 100억 원의 비용이 필요했지만 환율이 상승하면 150억 원의 비용을 감수해야 한다. 비용부담이 50%나 늘어난 셈이다. 환율상승기에 원자재 수입 비중이 높은 기업의 주가가 답보상태를 보이거나 떨어지는 것은 이 같은 이유에서다.

환율상승기 재테크 방법

지난 2008년 본격화된 글로벌 경기침체와 신용경색으로 원/달러 환율은 급등했다. 달리 말해 원화 값은 급락했다. 2009년 1월 1,250원이었던 원/달러 환율은 3월 초 1,600원대까지 가파르게 뛰어올랐다. 미국 달러가 안전자산이라는 생각이 확산되면서 해외 투자자들이

너도나도 원화자산을 내다팔고 달러를 회수했기 때문이다. 글로벌 신용경색이 갑작스럽게 찾아오면서 해외 투자자들이 순간적으로 달러 자산을 매입했던 것이다.

하지만 투자자들이 갑작스런 세계 경제 충격에서 벗어나 이성을 찾는다면 달러 가치가 가파르게 오른 것에 대해 의심을 품게 될 것이다. 달러 가치가 과도하게 올랐다는 인식을 하게 될 것이라는 얘기다. 이 부분에 대해서는 다음 장에서 자세하게 설명하기로 한다.

그렇다면 환율상승기에 할 수 있는 재테크 방법은 어떤 것이 있을까? 환율상승기의 기본적인 대응방법을 잘 익혀 두면 원/달러 환율 변동에 따른 피해를 줄일 수 있다.

환율상승기에는 달러를 빨리 마련해야 한다. 시간이 지날수록 달러를 구하는 데 필요한 원화가 더 많이 소요되기 때문이다. 특히 아내와 자녀를 해외에 보낸 기러기 아빠나 유학생 자녀를 둔 부모라면 환율이 조금이라도 더 오르기 전에 해외송금을 미리 해두는 것이 유리하다.

가령 1만 달러를 해외에서 공부하고 있는 자녀에게 송금해야 할 경우 원/달러 환율이 1,000원이면 한국 돈으로 1,000만 원이 필요하지만 원/달러 환율이 1,500원으로 뛰어오른다면 1,500만 원이 필요하게 된다. 따라서 원/달러 환율이 상승국면에 있다고 판단되면 몇 달에 나누어 송금하는 금액을 하루라도 빨리 한꺼번에 보내는 것이 좋다.

환율상승기에는 외화예금 통장을 마련하는 것도 지혜로운 재테크 방법이다. 2009년 초 원/달러 환율이 1,600원대까지 상승하는 등 환율상승이 지속되자 일반 고객들은 외화예금 상품에 대거 가입했다.

외화예금도 은행의 정기예금처럼 외화보통예금과 외화정기예금으로 나뉜다. 외화보통예금은 이자율은 낮지만 입출금이 자유로운 장점이 있으며, 외화정기예금은 일정기간을 정해 저축하는 대신 이자율이 상대적으로 높은 것이 장점이다.

외화예금의 원리는 간단하다. 한국 돈인 원화에 비해 통화가치가 오를 것으로 예상되는 해외통화를 사두었다가 실제 통화가치가 오르면 팔아 시세차익을 얻는 것이다. 은행예금인 만큼 일정 수준의 예금금리도 기대할 수 있다.

목돈이 없어 매월 일정 금액을 적립하는 형식으로 외화예금에 가입하기를 원한다면 자유적립식 외화예금을 선택하는 것이 좋다. 외화예금 금리는 미국 달러화 기준으로 3.8~5.5% 수준이다.

은행의 외화예금과 함께 외국계 생명보험사들의 외화보험도 눈여겨볼 만하다. 장기적으로 해외 연수, 자녀 유학, 해외여행, 해외 이주 등을 고려하고 있는 사람들에게 적합한 금융상품이다. 외화보험은 외화로 보험료를 내고, 외화로 보험금을 받는 상품으로 금리는 연 4.0~5.0%대이다. 10년 이상 보험을 유지할 경우에는 원금과 환차익에 대해 비과세혜택이 있다.

하지만 외화예금과 외화보험은 당초 생각한 대로 환율이 움직이지 않는다면 환차손을 감수해야 한다는 점을 명심해야 한다. 환율상승을 예상하고 달러 외화예금에 가입했는데 반대로 환율이 하락한다면 손실이 불가피하다.

또 환율상승기에는 해외여행 시 신용카드 대신 현금을 사용하는 것이 유리하다. 신용카드를 사용하면 매입시점이 아닌 가맹점의 청구시점의 환율이 적용되기 때문에 나중에 더 많은 돈을 지불해야 하기 때문이다.

환율상승기 재테크 방법

1. 수출비중이 높은 종목을 사라.
2. 원자재 수입 비중이 높은 종목은 피하라.
3. 해외송금은 빨리 한꺼번에 하라.
4. 해외여행 시 신용카드 대신 현금을 사용하라.
5. 외화예금이나 외화보험에 가입하라.

앞으로 환율하락에 베팅하라

　　앞에서는 일상생활뿐 아니라 주식투자를 하는 데 있어 환율에 대한 기초지식을 익히고 원리를 이해하는 것이 얼마나 중요한지 알아보았다. 또한 원/달러 환율상승, 즉 원화 값이 떨어질 때의 투자전략과 재테크 방법에 대해서도 살펴보았다.

　　하지만 워렌 버핏은 2009년 하반기뿐 아니라 앞으로도 미국 및 글로벌 경기침체가 상당기간 이어질 것으로 예상하면서 달러 가치 하락을 경고하고 있다. 이는 달리 표현하면 원/달러 환율이 하락하는 것이요, 원화 값은 상승하는 것을 의미한다. 워렌 버핏은 2003년부터 환율하락(달러 가치 하락)에 대비한 투자전략을 수립하고 있으며 이를 실제 주식 및 채권운용에 적용하고 있다.

워렌 버핏은 매년 사상 최고를 기록하고 있는 미국의 쌍둥이적자(재정적자 + 무역적자)와 과다한 달러발행이 달러약세로 이어질 것이라고 경고하고 있다.

워렌 버핏이 주주들에게 보낸 2006년 편지를 유심히 살펴보면 워렌 버핏이 경영하는 버크셔 해서웨이 투자회사는 달러에서 벗어나 유럽연합EU의 유로, 일본의 엔화, 중국의 위안화, 한국의 원화 등 세계 13개 화폐에 투자를 하고 있는 것을 확인할 수 있다.

달러 가치 하락을 예상한 사전포석인 셈이다. 워렌 버핏이 미국 기업과 주식에 주로 투자했던 기존 방식에서 벗어나 해외 글로벌 기업에 대한 주식과 채권투자를 확대하고 있는 것은 달러 가치 하락을 예상하고 있기 때문이다.

워렌 버핏은 2005년 주주들에게 보낸 편지에서 다음과 같이 말한다.

"지금까지 단기적 차익을 위해 기업의 주식을 사들인 적은 없다. 한국 철강회사인 포스코에 대한 투자 역시 철강 산업이 7~8년 사이클을 갖는다는 점과 향후 달러 가치가 떨어질 것이라는 점을 감안한 것이다."

워렌 버핏은 분명히 원/달러 환율이 하락(원화가치 상승)하는 쪽에 베팅을 한 상태이며 그 결과를 지금 기다리고 있는 것이다.

워렌 버핏이 환율하락을 예상하는 이유

환율하락, 즉 달러 가치가 떨어질 것으로 예상하는 것은 미국의 쌍둥이적자가 매년 눈덩이처럼 불어나고 있는 데다 미국은 해외 국가들에게 진 빚을 갚기 위해 중앙은행인 연방준비제도이사회가 마구 달러를 찍어내고 있기 때문이다.

미국의 재정지출(예산지출)은 밑 빠진 독에 물 붓는 식으로 증가일로에 있다. 미국의 재정수지는 2002년부터 적자로 전환됐으며 매년 그 규모는 확대되고 있다. 워렌 버핏이 2002년부터 해외 기업의 주식과 채권에 투자를 시작한 것은 어쩌면 미국의 재정적자가 본격화되고 이에 따라 달러 가치가 하락할 것으로 예상했기 때문일 것이다.

클린턴 행정부만 하더라도 1990년대 초 국내총생산GDP 대비 4%에 달하는 재정적자를 해소하기 위해 예산소비를 줄이는 등 허리띠를 바짝 졸라맸다. 긴축적인 재정정책을 시행한 것이다. 또 1990년대 미국 경제가 10년간 장기호황을 누리면서 조세수입도 크게 증가했다.

이 결과 미국은 1998년 회계연도부터 4년 연속 흑자 기조를 이어갈 수 있었다. 하지만 조지 W. 부시 행정부의 조세감면정책, 테러와의 전쟁, 의료복지비용 증가, 금융기관 공적자금 투입 등이 복합적으로 작용해 미국의 연방 재정수지는 2002년부터 다시 적자로 돌아섰다. 이후 2008년까지 7년 연속 적자를 지속하고 있다. 오바마 행정부 역시 금융회사를 국유화하고 제너럴모터스GM 등 제조 기업에 공적자금을 투입하기 위해 재정지출을 늘리고 있어 미국의 재정적자는 상당기간 지속될 것이다.

달러 가치 하락에 영향을 미치는 또 다른 요인은 대규모 경상수지

(상품수지+서비스수지) 적자규모이다.

국내총생산 대비 경상수지 적자는 1995년부터 1997년까지 2% 범위 내에서 움직였지만 1998년부터는 적자규모가 급격히 증가했다. 2003년에는 사상 처음으로 5,000억 달러를 돌파한 데 이어 2004년에는 6,681억 달러로 GDP 대비 5.7%로 확대됐다. 2008년에는 8,000억 달러로 매년 증가일로에 있다. 미국의 재정적자와 경상수지 적자가 매년 확대되고 있다는 것은 미국 정부가 달러를 찍어내 적자를 메워야 한다는 것을 의미하며 이는 결국 달러 가치 하락으로 이어진다. 워렌 버핏이 달러 가치 하락에 대비한 투자전략을 수립하는 것은 이 같은 이유에서다.

세계적인 투자자인 짐 로저스Jim Rogers는 2008년 11월 필자와의 인터뷰에서 다음과 같이 역설했다.

"지금 달러를 가지고 있다면 서둘러 처분해야 한다. 나는 이미 달러 자산을 매도하고 있다. 1987년 미국은 세계 최대의 채권국이었지만 지금은 13조 달러의 채무를 안고 있는 세계 최대의 채무국으로 전락하고 말았다. 더욱 암울한 현실은 15개월마다 1조 달러씩 채무가 늘어난다는 사실이다. 미국의 부채는 통제 불가능한 수준이다. 미국 연방준비제도이사회가 명목화폐인 달러 발행을 늘려 통화팽창 정책을 구사하고 있는 것은 장기적으로 미국 경제에 치명타가 될 것이다. 나에게는 2명의 늦둥이 자녀가 있는데 미국 은행계좌가 아닌 스위스은행 계좌에 자녀들의 통장을 만들어 놓았다. 지금부터는 달러 하락을 예상해 농산물과 같은 상품시장, 천연자원과 같은 원자재에 대한 투자를 늘려야 한다."

환율하락기 투자유망 종목

환율하락기에 주가가 상승탄력을 받는 업종과 기업이 있다. 대표적인 것이 대한항공, 아시아나 등과 같은 항공 기업이다. 항공의 경우 구매자금 및 외화조달 이자비용의 70%가량이 미국 달러로 결제되기 때문에 환율이 하락하면(원화가치 상승) 항공기업의 현금흐름 부담이 크게 줄어든다. 2009년 3월 초 원/달러 환율이 1,600원을 고점으로 하락 반전했을 때 대한항공 등 항공주의 주가가 상승 전환한 것은 이 같은 이유에서다.

또 달러부채가 많은 기업도 환율하락으로 수혜를 보게 된다. 대한항공이 환율하락기에 주가가 상승탄력을 받는 것과 같은 이치이다. 간단하게 알아보도록 하자.

가령 A사가 달러부채 1,000만 달러를 가지고 있다고 하자. 원/달러 환율이 달러당 1,500원이면 달러부채를 갚기 위해서는 150억 원이 필요하다. 하지만 환율이 떨어져 달러당 1,000원이 된다면, 다시 말해 원화가치가 상승한다면 달러부채를 갚기 위해 필요한 돈은 100억 원이 된다. 환율하락으로 50억 원의 비용을 아낄 수 있는 것이다.

다시 말해 외화부채가 외화자산을 초과해 외화순자산(외화자산-외화부채)이 마이너스(−)를 나타내고 있는 기업은 환율하락으로 수혜를 볼 수 있는데 대표적인 업종이 항공, 정유, 상사, 해운 등이다.

〈외화순자산 마이너스(−) 상위 기업〉

종목명	외화순자산(억 원)
대한항공	− 13,329
하이닉스반도체	− 18,327
기아자동차	− 9,310
LG디스플레이	− 9,543
두산인프라코어	− 8,901
SK에너지	− 7,325
LG상사	− 8,846
한국가스공사	− 3,975
LG전자	− 3,503
한진해운	− 3,102
현대제철	− 3,099
삼성물산	− 2,853
대우조선해양	− 2,191
SK네트웍스	− 2,145

· 코스피 200 기업. 2008년 3~4분기보고서 기준
· 외화 순자산은 외화자산과 외화부채의 차이임. 외화 자산은 외화단기 대여금, 외화매출채권, 외화미수금
· 외화부채는 외화매입채무, 외화단기차입금, 외화비지급금, 기타 외화 정기 부채
· 자료 : 대신증권 리서치 센터

　환율이 떨어지면 원재료를 해외에서 수입하는 식료품 기업들의 주가도 상승탄력을 받게 된다. CJ제일제당 주가가 원/달러 환율과 반대로 움직이는 것은 이 때문이다. CJ제일제당 주가는 2008년 내내 원/달러 환율이 상승하면서 계단식 하락을 지속했다. 하지만 2009년 3월 초 원/달러 환율이 1,600에서 하향곡선을 그리면서 CJ제일제당 주가는

반대로 상승곡선을 그리고 있다.

환율하락기에는 하나투어 등과 같은 여행주 주가도 상승탄력을 받는다. 환율이 하락하면, 즉 원화가치가 상승하면 한국 국민들이 해외에 나가는 비용이 절감돼 해외여행이 증가하기 때문이다. 예를 들어 동남아 관광 상품 가격이 1,000달러라고 할 경우 원/달러 환율이 1,500원이면 150만 원이 필요했지만 환율이 1,000원으로 하락하면 100만 원이 필요하게 된다. 비용이 절반으로 떨어지기 때문에 한국 국민들의 해외여행이 늘어나게 되는 것이다.

하나투어 주가 역시 2009년 3월 초 원/달러 환율이 1,600원 고점을 찍은 이후 상승추세에 있다. 여행 관련주로는 하나투어를 비롯해 모두투어, 세중나모여행, 롯데관광개발 등이 있다.

환율하락기 재테크 요령

자녀를 해외로 유학 보낸 기러기아빠들은 유학경비를 최대한 늦게 보내는 것이 유리하다. 환율 하락기에는 유학경비로 송금해야 할 달러를 원화로 사는 가격이 시간이 흐를수록 떨어지기 때문이다. 환율전문가들은 2008년 과다하게 오른 원/달러 환율이 1,300원대까지 떨어지며 정상수준을 찾아갈 것으로 예상하고 있다. 환율이 1,600원에서 1,300원까지 떨어질 경우 기러기아빠들은 달러당 300원을 절약할 수 있게 된다. 매달 3,000달러를 송금하는 경우라면 90만 원을 아낄 수 있다.

해외여행을 할 때에는 현금 대신 신용카드로 결제하는 것이 유리하다. 해외에서 신용카드를 사용하면 국내에서 원화로 정산해서 결제하는 동안 시간이 걸리기 때문이다. 해외에서 사용한 신용카드는 사용시점이 아닌 결제시점의 환율이 적용돼 환율이 하락하는 경우 환차익을 얻을 수 있다.

또 이미 은행의 외화예금이나 적금에 가입한 사람이라면 환율하락이 대세로 굳어진다고 판단될 때에는 외화예금 및 적금계좌 해약을 고려해야 한다. 외화예금 가입으로 이자수익을 챙길 수 있지만 환율하락에 따른 환차손이 이자수익을 웃돌 때에는 오히려 손실을 입기 때문이다.

환율하락기(원화가치 상승) 재테크 요령

1. 달러예금이나 적금은 환차손을 입을 수 있는 만큼 주의하라.
2. 해외여행 및 출장 때에는 현금 대신 신용카드를 사용하라.
3. 유학경비는 가능한 늦게 보내라.
4. 여행업종, 외화부채가 많은 종목이 수혜주다.

04 원화가치 상승 시 재테크 방법

원화가치가 거침없이 오르고 있다. 미국의 무역적자와 예산적자, 즉 쌍둥이적자가 해결될 기미를 보이지 않고 있고, 미국 경제가 둔화되면서 달러약세는 대세로 굳어지고 있다.

옛날만 하더라도 환율은 일반인들의 관심사항이 아니었다. 수출기업이나 외환딜러들이 환율 움직임에 일희일비하는 것이 고작이었다. 하지만 지금은 상황이 크게 변했다.

자녀들은 해외에서 공부하고 있고, 대학생들은 해외 유학을 준비하고 있고, 해외여행을 계획하는 사람들도 많다. 펀드홍수 시대에 해외 펀드에 가입하는 사람들도 크게 늘어나고 있다. 환율 움직임을 '남의 집 불구경하듯' 했던 시대는 지나갔다.

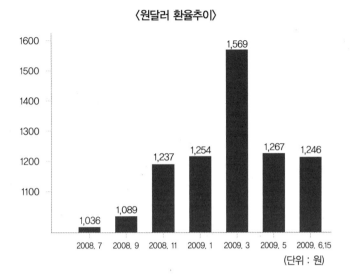

〈원달러 환율추이〉

(단위 : 원)

해외송금은 늦추어라

환율 재테크, 즉 환테크換Tech는 우리 생활의 일부가 된 지 오래다. 그럼 원화가치 상승(환율 하락)이 대세로 굳어진 지금의 환테크 전략은 어떻게 해야 할까. 먼저 자녀를 해외에 유학 보낸 부모들은 달러의 해외송금 시기를 늦추는 것이 좋다. 예를 들어 미국의 아들에게 1만 달러를 송금한다고 할 경우 2009년 3월에는 환율이 달러 당 1,570원이었지만 6월에는 1,240원까지 하락했다. 송금시기를 3월이 아니라 5월로 연기함에 따라 1달러 당 130원, 1만 달러의 경우 130만 원을 절약할 수 있는 셈이다.

이와 반대로 수중에 달러를 많이 가지고 있다면 당장 은행으로 달려가 달러를 가치가 높아지고 있는 원화로 바꾸어야 한다.

또 원화가치가 상승할 때 해외여행을 할 경우에는 현금보다 신용카드를 사용하는 것이 유리하다. 신용카드로 해외에서 결제한 뒤 국내은행이 청구대금을 확정하는 데는 보통 3~4일이 걸린다.

이 기간에 원화 값이 오르면 현찰 구매할 때보다 돈을 아낄 수 있다. 게다가 신용카드 결제는 현찰매도 환율이 아니라 이보다 낮은 전신환TT 매도율이 적용돼 추가로 이익을 얻을 수 있다.

해외펀드 가입하면 손해

해외펀드에 가입한 사람들은 원화가치 상승으로 해외펀드에서 벌어들인 수익을 갉아먹을 수 있다는 점을 명심해야 한다. 환율변동에 따른 손실(환차손)을 감수해야 하는 만큼 위험을 줄이기 위해 환헤징을 검토할 필요가 있다.

해외펀드는 원화가치 상승의 직격탄을 맞을 수 있다. 해외펀드에 투자해 5%의 수익을 거두었다고 하더라도 원화가치가 5% 이상 오른다면 손실이 불가피하다. 달러기준으로 높은 수익을 올렸다고 하더라도 이를 국내에 들여오기 위해서는 원화 값을 적용해야 하기 때문이다.

선물환 계약을 체결해 환헤징을 해두면 원화가격이 상승한다고 하더라도 손실을 줄일 수 있다. 해외펀드에 가입하기 전에 환헤징 여부를 꼼꼼히 따져보아야 한다.

일반적으로 원화가치 상승(환율 하락)은 수출 비중이 높은 기업에게

216

불리하기 때문에 수출기업의 주가에는 악영향을 미친다. 또 수입 물가는 떨어지기 때문에 물가안정에는 도움이 된다.

원화가치가 크게 상승하면 정부는 달러를 매입해 원화가치 상승에 제동을 걸려고 한다. 지나친 원화가치 상승은 수출 중심의 한국 경제에 치명타로 작용할 수 있기 때문이다.

보통 외환시장 안정용 국고채(환시채)를 발행하는데 채권발행으로 금리가 상승압박을 받게 된다. 이처럼 시중금리가 오를 때에는 예금은 최대한 늦게, 주택담보대출을 포함한 대출은 최대한 빨리 하는 것이 유리하다.

원화가치 오르면 '기러기아빠'는 웃는다

기러기아빠 채철규 씨(51)는 전자회사의 부장으로 요즘 연신 싱글벙글이다. 미국 통화인 달러에 비해 한국 통화인 원화가치가 크게 올라 미국에 보내는 유학비용 부담이 크게 줄었기 때문이다.

아내와 두 자녀는 미국 뉴욕 플러싱에서 생활하고 있는데 매달 보내야 하는 생활비와 교육비 부담이 크게 줄어들어 원화가치 상승의 덕을 톡톡히 보고 있다.

아이들이 미국으로 유학길을 떠난 2009년 3월 원/달러 환율은 1달러당 1,500원을 넘었지만 이후 계속 떨어져 6월에는 1,200원대를 나타내고 있다. 월 평균 4,000달러를 미국으로 보내고 있는 점을 감안하면 2009년 3월에는 한국 돈으로 600만 원가량을 미국으로 송금해야 했지만 6월에는 원화가치가 오른 탓에 500만 원만 미국으로 보내면 된다. 매월 부담해야 하는 유학비용이 100만 원이나 크게 줄었다.

또 채 씨는 앞으로 달러약세가 계속되고 원화가치 상승이 이어질 것으로 예상해 미국으로 보내는 송금시기를 되도록이면 늦추는 재테크 전략을 짜 놓고 있다.

채 씨처럼 달러와 원화의 가치변화를 이용해 비용을 줄이거나 돈을 버는 것을 '환換테크'라고 한다. 부동산 투자를 위해 이러 저리 집을 옮기고, 주식투자를 위해 증권강좌를 듣는 것도 좋지만 환율추이를 제대로 예측해 돈을 굴리는 환테크도 유용한 재테크 방법이다.

하지만 원화가치 상승은 제품을 해외에 많이 수출하는 국내 수출기업에게는 불리하다. 원화가치가 상승하면 우리나라 기업들의 가격경쟁력이 떨어진다고 우려하는 목소리가 터져나오는 것은 이 때문이다. 원화가치 상승으로 잘 나가던 수출기업의 주가가 떨어지기도 한다.

원/달러 환율(1달러당 원화가치)이 달러당 1,000원에서 500원으로 떨어졌다고 하자. 이전에는 1,000원을 달러로 환전하면 1달러를 받았지만 원화가치가 2배 오른 만큼 이제는 1,000원을 은행에서 환전하면 2달러를 받게 된다. 원화가치가 미국 달러보다 2배나 비싸진 셈이다. 즉 환율하락(달러당 1,000원에서 500원으로 하락)은 곧 원화가치 상승과 같은 말이다.

반대로 환율이 달러당 1,000원에서 2,000원으로 오른다면(환율상승), 원화가치는 절반으로 떨어지게 된다. 옛날에는 1,000원을 환전하면 1달러를 받을 수 있었지만 지금은 2,000원을 내야 1달러로 환전이 가능하기 때문이다.

원화가치 상승은 수출기업에 불리

그럼 원화가치 상승(환율하락)이 왜 수출기업에게는 불리할까. 앞에서의 예처럼 원/달러 환율이 1,000원에서 500원으로 내렸다고 하자. A사와 같은 수출기업은 이전에는 미국 시장에 1달러의 상품을 팔면 1,000원을 벌어들였는데 원화가치가 상승한 지금은 500원만 받게된다. A사는 상품 한 개를 생산하고 판매하는 데 800원의 비용이 든다. 이전 같으면 상품 한 개를 팔아 200원(1,000원-800원)을 남겼는데 지금은 원화가치 상승으로 한 개를 팔면 300원의 손실(500원-800원)을 입게 된다. 결국 제품을 팔아 이익도, 손해도 안 보는 수준인 손익분기점(여기서는 800원)을 지키기 위해서는 해외 수출제품의 가격을 1달러보다 훨씬 높은 1.4달러까지 끌어올려야 한다. 자연히 외국기업과의 가격 경쟁력에서 뒤질 수밖에 없다.

원화가치가 상승하면 기러기아빠들이 기쁨에 겨워 환호성을 지르는 반면 수출 비중이 높은 기업의 주식에 투자한 사람들이 초조해 하며 안절부절 못하는 이유가 여기에 있다.

인플레이션시대, 금 투자에 주목하라

워렌 버핏은 글로벌 경제의 현황과 돈의 흐름을 제대로 파악한 뒤 '길목 지키기' 투자에 나설 것을 강조한다. 남들이 하는 대로 따라가는 투자가 아니라 앞으로의 경제전망에 대해 자신만의 객관적인 견해를 갖고 먼저 투자에 나서야 한다는 것이다. 이 책에서 자주 언급하는 것처럼 달러약세 현상으로 실물자산, 특히 금에 대한 관심이 높아질 것으로 보인다. 인플레이션시대에 길목 지키기 투자대상으로 안성맞춤인 상품이 금金인 것이다.

금 가격이 계속 오르는 이유

미국을 포함한 전 세계 국가들이 경기침체에서 벗어나기 위해 재정 지출을 늘리고 있으며 이를 위해 자국 화폐를 대규모로 발행하고 있다. 한국도 예외가 아니다.

은행들이 보유하고 있는 부실채권을 매입하기 위해 은행에 공적자금을 투입하고 있으며 실업률을 줄이고 일자리를 창출하기 위해 추가 경정예산을 다시 짜고 있다. 미국, 중국, 일본, 유럽연합 등 전 세계가 화폐 발행을 대거 늘리고 있다.

시중에 돈(유동성)이 급증하면 물가가 뛰게 된다. 인플레이션 압력이 가중되는 것이다. 한국의 경우도 소비자물가CPI가 가파르게 상승하면서 직장인들의 임금 상승률이 물가 상승률을 따라가지 못하고 있다. 명목 소득은 오르더라도 실질소득은 오히려 줄어드는 현상이 나타나고 있다.

전 세계적으로 인플레이션 압력이 거세지면 투자자들은 화폐보다는 금과 같은 실물자산에 투자하게 된다. 또 신용경색이 깊어지고 경기침체가 지속되면 안전자산의 대명사인 금으로 투자수요가 몰리게 된다.

인플레이션 시기에는 화폐가치는 점점 떨어지지만 금을 가지고 있으면 오히려 가치가 올라간다. 2008년 10월 말 1온스당 국제 금 가격은 727달러를 기록했지만 4개월이 지난 2009년 2월 말에는 973달러를 나타냈다. 몇 년 전만 하더라도 돌잔치 선물로 금반지를 준비하려면 5만 원이면 충분했지만 2009년 3월 현재 금 시세로는 20만 원에 육박한다.

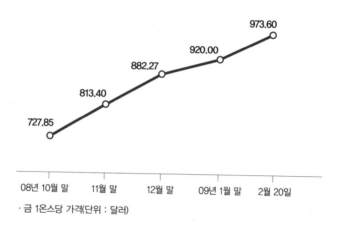

〈국제 금 가격 추이〉

973.60

920.00

882.27

813.40

727.85

08년 10월 말   11월 말   12월 말   09년 1월 말   2월 20일

· 금 1온스당 가격(단위 : 달러)

금통장, 금펀드, 금 투자 -3김(金)시대

그럼 인플레이션시대에 대비해 장기적인 안목으로 금 투자에 나설 수 있는 방법에는 어떤 것이 있을까. 결론부터 말하자면 금 관련 예금에 가입하는 방법, 금 관련 펀드에 투자하는 방법, 금을 직접 사는 방법 등이 있다.

금통장을 활용하는 방법은 은행에서 금통장을 만든 뒤 현금을 내고 시세에 해당하는 양만큼의 금을 통장에 적립하는 것이다. 은행창구를 통해 쉽게 금 투자를 할 수 있는 장점이 있다. 매월 일정금액의 푼돈을 모아 은행 계좌에 넣으면 은행은 국제 금 시세에 맞춰 금을 사들이고 이를 고객 통장에 넣는다. 이를 '골드뱅킹 Gold Banking' 이라고 한다.

적립식 펀드에 돈을 넣는 것처럼 정기적으로 은행에 돈을 넣으면 은행은 금을 사들여 고객 통장에 '금 몇 그램ℊ' 형식으로 금을 쌓아준다.

매월 일정금액을 정해진 날짜에 불입하는 적립식으로 돈을 넣을 수도 있고, 푼돈이 생길 때마다 돈을 넣을 수 있는 수시입출금 방식도 있다. 금 매매가 힘들고 절차도 까다로운 만큼 개인들은 은행창구를 통해 금 매매를 손쉽게 할 수 있다. 서울 종로 등과 같은 귀금속단지에 가서 실물 금을 사야 하는 불편도 없다.

현재 금예금 상품은 신한은행, 기업은행, 국민은행 등에서 가입할 수 있다. 은행들은 금예금에 대해 다양한 부가서비스를 제공하고 있다. 목표가격을 설정해 놓으면 자동적으로 금을 매수하거나 매도할 수 있는 서비스(예약매매 서비스), 지정가격 이상이면 일정량씩 매도하고, 지정가격 이하이면 일정량씩 매입하는 서비스(반복매매 서비스), 목표 수익률이나 위험 수익률을 미리 설정해 놓으면 문자메시지(SMS)를 통해 알려 주는 서비스(SMS서비스), 환율을 우대하는 혜택 등을 제공한다.

금통장은 금 가격이 올랐을 때 매매차익에 대해 세금이 전혀 없다. 만일 실물로 금을 인출하고자 한다면 수수료와 부가가치세를 내면 된다.

하지만 금예금 상품에 가입할 때에는 환율변동에 조심해야 한다. 원달러 선물환약정을 이용해 헤징(위험회피)을 할 수 있지만 투자자가 당초 생각한 방향대로 환율이 움직이지 않으면 손실을 볼 수도 있다. 즉, 선물환 만기시점에 원/달러 환율이 상승하게 되면 손해를 볼 수도 있는데 이 경우 은행은 책임을 지지 않는다.

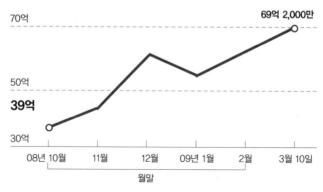

〈금통장으로 몰려드는 뭉칫돈〉

70억

69억 2,000만

50억

39억

30억

08년 10월   11월   12월   09년 1월   2월   3월 10일

월말

· 기업은행 골드뱅킹 잔액 기준(단위 : 원)

　　신한은행 상품개발부의 장선호 차장은 "한 달에 **1~2만** 원만 있으면 금에 투자할 수 있고 수수료가 **1.2%**로 실물거래 때보다 저렴하기 때문에 푼돈을 굴리는 데는 안성맞춤"이라며 "금값이 떨어지면 손실을 입을 수도 있지만 금값은 장기적으로 오르는 추세이기 때문에 장기 투자자라면 꼭 관심을 가져야 한다"고 설명한다.

　　앞으로 달러약세 현상이 이어질 것으로 예상되고, 원유 등 국제 원자재 가격도 상승반전 기미를 보이고 있는 만큼 금 투자에 대한 관심은 더욱 높아질 것으로 전망된다.

금펀드, 금 가격 올라도 수익률은 떨어질 수 있다

　　금 투자에 나서는 방법으로 '금펀드'에 가입하는 것도 고려할 수 있다. 국제 금 시세에 수익률이 연동되도록 개발된 금펀드는 금 가격이 오르면 펀드 수익률도 오르고, 금 가격이 내리면 펀드 수익률도 내리는 구조로 만들어져 있다. 대표적인 금펀드로는 'KB골드파생상품' '미래에셋맵스인덱스로골드재간접' 'SH골드파생상품1' '기은SG골드마이닝주식' 등이 있다.

하지만 금펀드에도 주의해야 할 점이 있다. 금펀드라고 해서 모두 금 시세 자체에 투자하는 것이 아니라 금광 관련 주식에 투자하는 상품도 있다. 그렇기 때문에 금 시세는 꾸준히 오르더라도 광산업체는 경영부실로 주가가 하락할 수 있다. 금 시세가 상승하더라도 경우에 따라서는 손실을 기록하는 금펀드가 발생하는 것은 이 때문이다. 골드뱅킹과 마찬가지로 금펀드 역시 실적배당 상품이라는 점을 명심해야 한다.

또 다른 금 투자 방법으로 은행에서 실물을 구입할 수도 있다. 골드바의 종류는 100g, 500g, 1kg 등 3가지가 있으며 실물을 구입할 때에는 10%의 부가세를 내야 한다.

가령 신한은행의 경우 금 현물가격(2009년 3월 5일 기준)은 1g당 48,319원이기 때문에 골드바의 최소단위인 100g을 구입하려면 약 484만 원, 1kg을 구입하려면 4,840만 원이 필요하다. 수중에 목돈을 가지고 있는 사람이라면 실물을 구입하는 것이 좋지만 주머니 사정이 여의치 않은 사람들에게는 골드바 실물을 직접 사는 것은 경제적으로 큰 부담이 된다. 또 골드바는 실물이기 때문에 보관하기가 힘들고 은행에서 매매할 때에는 2~3%의 수수료를 내야 한다.

06 원금 보장되는 주가연계예금에 주목하라

"투자의 첫 번째 원칙은 돈을 잃지 않는 것이며, 두 번째 원칙은 첫 번째 원칙을 잊지 않는 것이다."

워렌 버핏의 명언이다. 워렌 버핏은 주식투자를 하거나, 재테크를 하거나 가장 우선시 하는 것이 투자원금의 안전성이다. 안전성이 선행된 이후에 수익률을 따져야 하는 것이다. 안전성도 좋고, 수익률도 좋으면 금상첨화이겠지만 이러한 경우는 좀처럼 찾아보기 힘들다. 안전성이 높으면 수익성이 떨어지고 반대로 수익성이 높으면 안전성이 떨어지게 된다. 수익성과 안전성을 조화롭게 양립시키는 것이 무엇보다 중요하며, 수익성과 안전성 중에서는 안전성이 더욱 중요하다는 것이 워렌 버핏의 판단이다. 우리는 주위에서 수익률만 쫓아 무리하게 투자에 나섰다가 패가망신하거나 신세를 망치는 사람들을 자주 목격하게 된다.

경기가 바닥을 치고 반등조짐을 보일 때에는 주가연계예금ELD에 주목할 필요가 있다. 워렌 버핏이 가장 우선시 하는 투자원금의 안전성도 높은 데다 경기회복으로 주가가 오르면 수익률도 챙길 수 있기 때문이다.

2009년 1분기 들어 주가가 가파른 상승곡선을 나타냈다. 글로벌 경기침체를 극복하기 위해 세계 각국이 유동성을 확대했고 국내에서도 다양한 경기부양 정책이 쏟아지면서 주식시장이 활기를 띠었다.

대기성 자금성격이 강한 머니마켓펀드MMF에 몰렸던 시중자금이 다시 주식시장으로 몰렸으며 외국인들의 주식 순매수 규모도 강도를 더한 시기였다. 일각에서는 주식시장이 바닥을 찍고 상승국면에 접어든 것이 아니라 유동성 장세에 따른 일시적인 반등 양상을 나타내고 있을 뿐이라며 조심스러운 반응을 보이기도 했지만 주식시장은 계단식 상승을 이어갔었다.

주식시장이 반등하는 시기에는 금융상품 재테크에도 변화가 필요하다. 은행들이 예대마진(대출 금리에서 예금 금리를 뺀 것) 확보를 위해 대출 금리와 함께 예금 금리도 잇따라 내리고 있는 상황에서 은행예금 상품을 고수하는 것은 바람직하지 않다. 일부 예금상품 금리는 물가상승률도 따라가지 못하고 있어 실질 수익률은 마이너스를 보이고 있기 때문이다.

원금보장 안 되는 ELS와 ELF

주가상승을 겨냥한 안성맞춤 상품으로 주가연계증권ELS, Equity Linked Securities, 주가연계펀드ELF, 주가연계예금 ELD 등이 있다. 모두 파생상품에 투자한다는 공통점이 있다. 파생상품은 주식 개별종목이 아니라 주가지수나 선물Futures, 옵션Option 등 투자예측만 제대로 하면 높은 수익률을 올릴 수 있는 상품이다.

증권사에서 판매하고 운영하는 주가연계증권ELS은 상품의 수익률이 대체로 개별종목의 주가나 주가지수에 연결돼 움직이고, 정해진 시점의 상품가격이 일정 기준을 만족시키면 약속된 수익을 받을 수 있다.

가령 A증권사가 판매하는 '현대자동차 ELS'가 있다고 하자. 현대자동차 주가가 5% 이상 오르면 원금의 20%를 수익으로 고객들에게 돌려주지만 현대자동차 주가가 10% 이상 떨어지면 주가가 떨어진 만큼 손실을 감수해야 한다는 식으로 상품구조를 만든 것이다.

자산의 95%가량을 안전성이 높은 채권 등에 투자하고 나머지 5% 가량을 주식, 선물이나 옵션 등 투기성이 높은 파생상품에 투자한다. 특히 조기상환 방식의 ELS는 일찌감치 목표 수익률을 달성해 수익을 챙기지 못하면 주가가 떨어진 만기에 가서는 원금이 손실되는 위험을 감수해야 한다.

ELS는 주로 2~3개 종목의 주가나 주가지수에 연결돼 움직이며 2~3년의 만기를 가지고 있다. 만기 이전이라도 6개월마다 주가가 약정한 목표수준을 달성하면 조기에 원금과 수익금을 돌려준다. 하지만 예금자보호상품이 아닌 만큼 손실에 대해서는 투자자 자신이 책임을 져야 한다.

　주가연계펀드ELF는 ELS에 투자하는 펀드다. ELS와 거의 동일한 상품구조를 가지고 있기 때문에 ELS와 수익률이 거의 같다고 보면 된다. ELS는 증권사가 운영하지만 ELF는 자산운용사가 발행하고 운용한다. 실적배당 상품인 만큼 역시 예금자보호대상이 아니다.

원금이 보장되는 ELD

　ELS, ELF와 달리 원금손실 위험이 적고, 설령 원금손실이 난다고 하더라도 5,000만 원 한도 내에서 원금이 보장되는 상품이 주가연계 예금ELD이다.

　고객이 은행 예금에 가입하면 은행이 원금의 95%가량은 안정성이 보장된 예금이나 채권형태로 운영하고 나머지 5%가량을 주가지수나 금선물, 달러선물, 원자재 선물 등 고위험 고수익의 파생상품에 투자하는 것이다. 95%의 자산을 2~3년에 걸쳐 안정된 채권에 투자해 원금을 보장할 수 있게 설계되기 때문에 비록 5%의 파생상품 투자에서 손실이 난다고 하더라도 충분히 손실을 만회할 수 있다.

　ELD는 평균 4%의 이자를 보장하기 때문에 시중은행에 예금을 드는 것과 별반 차이가 없으면서도 파생상품 투자 수익률이 좋을 때에는 10% 이상의 수익을 기대할 수도 있다.

고위험 고수익의 파생상품 투자가 꺼림칙한 보수적인 투자자, 원금 안정성이 중요한 투자자들에게는 ELS, ELF보다는 ELD가 제격이다. ELD는 시중은행들이 특정 기간을 정해 한시적으로 판매하는 경우가 많은 만큼 판매시기와 상품종류를 꼼꼼히 챙겨 봐야 한다. 고객이 목표로 하는 수익률과 위험도에 따라 다양하게 상품을 선택할 수 있다.

ELD의 녹아웃(Knock Out) 제도에 주의하라

조그만 커피가게를 운영하는 김아람 씨(45)는 3,000만 원의 목돈을 은행예금에 넣기 위해 은행창구를 찾았다. 4~5%의 이자를 지급하는 일반 정기예금에 가입할 생각이었지만 창구 직원이 지수연동예금ELD을 자꾸 권하고 원금도 보장되는 장점이 있어 가입을 결정했다.

주식투자는 도박이고 잘못했다가는 패가망신한다는 생각으로 증권사 객장에는 얼씬도 하지 않았지만 수익률이 주가지수에 연동되고, 원금까지 보장된다는 ELD 상품이 매력적으로 다가왔기 때문이다.

하지만 ELD 상품에는 주가지수가 너무 오를 때에는 수익률이 제한되는 '녹아웃' 제도가 적용된다는 사실을 나중에 알고서야 후회막급이다. ELD 상품의 좋은 점만 부각시키는 창구 직원의 설명만 철석같이 믿었지 자기가 가입하는 ELD 상품에 대해 자세하게 알아보지 않은 탓이다.

ELD 상품과 녹아웃 제도에 대해 다시 한 번 알아보자. ELD는 주가지수에 따라 이율이 결정되는 은행예금으로 주가가 크게 오르면 이자를 많이 받고, 조금 오르면 이자를 적게 받는다. 대표적인 주가지수인 코스피 200지수의 상승률이 5% 이상이면 연 10%의 이율을 제공하고, 5% 미만이더라도 만기 해지할 때에는 원금을 보장한다는 식이다.

ELD는 은행 정기예금의 낮은 금리에 만족하지 못하고 원금보장과 수익성을 함께 추구하는 투자자들에게 큰 인기를 끌고 있다. 하지만 주가지수가 너무 올라도 수익률이 제한되는 녹아웃 제도가 있다는 점에 주의해야 한다.

일반적으로 ELD 상품에 투자된 돈은 정기예금과 주가지수연동예금에 절반씩 나뉘어 운영된다. 정기예금 금리가 6%이고, 지수연동예금 수익률이 10%라면 평균금리는 8%이지만 지수연동예금 수익률이 2%라면 평균수익률은 4%에 그친다. 은행이 상품운영을 잘못할 경우에는 수익률이 정기예금 금리보다도 낮아질 수도 있다.

이와 함께 투자자들이 은행 ELD를 고를 때 유의해야 할 점은 녹아웃 제도가 적용된다는 것이다. 녹아웃 제도는 주가지수가 만기 전에 한 번이라도 사전에 제시한 목표지수를 넘어서면 향후 주가지수가 더 오르더라도 이에 상관없이 사전에 제시한 수익률만 보장하는 제도다.

주가지수 변동에 상관없이 투자자 원금손실이 발생하지 않는 대신 일정비율 이상의 많은 수익은 보장하지 않는 옵션이 걸려 있는 경우도 있다. 코스피 200지수가 15%를 넘으면 연 10%의 이자를 보장하지만 주가지수가 장중 30%를 한 번이라도 넘어서면 지수변동에 상관없이 이율은 연 4.5%로 고정된다는 식이다.

대부분의 금융상품은 주가지수가 급등하면 수익도 덩달아 상승하지만 ELD 상품 중에는 주가가 오르면 오를수록 수익이 낮아지는 녹아웃 제도가 있다는 점에 유의해야 한다. 따라서 ELD 상품에 가입할 때에는 창구 직원에게 녹아웃 제도 여부를 물어보고 상품약관을 꼼꼼하게 읽어봐야 한다.

〈ELD, ELS, ELF 비교〉

종류	투자대상	특징	원금보장 여부	운영
ELD	정기예금 파생상품	정기금리 이상 수익 기대	보장 ○	은행
ELS	채권 · 주식 파생상품	목표달성 시 원금과 수익 조기 상환	보장 ×	증권사
ELF	ELS	ELS와 동일	보장 ×	자산운용사

07 보통예금보다 금리가 높은 CMA

경기침체기에 빛나는 증권사 투자 상품이 바로 종합자산관리계좌 CMA이다. 경기가 어려워질수록 더욱 빛을 발하는 투자 상품이 CMA인 것이다.

재테크에 무관심한 일반 직장인들은 은행 월급통장에 돈을 넣어 둔다. 매달 들어오는 월급은 은행의 월급통장으로 자동으로 들어간다. 하지만 월급통장에 부여되는 이자는 거의 없다고 보면 된다. 정기예금이나 적금이 아니라 수시입출금이 가능하기 때문에 월급통장 금리는 무시해도 될 정도로 미미하다. 경기침체기에 재테크에 일가견이 있는 직장인이나 가정주부들이 월급통장에 돈을 쌓아 두지 않고 증권사 CMA 상품에 돈을 넣어 두는 것은 금리가 높기 때문이다.

CMA는 수시입출금이 가능하면서도 은행 월급통장에 비해 상대적으로 높은 금리를 준다는 장점이 있다. 은행의 보통예금처럼 수시입출금이 가능하지만 보통예금보다 금리는 훨씬 높은 것이 CMA의 장점이다. 경기침체가 장기간 지속되는 지금과 같은 상황에서 하루를 맡겨도 수익을 보장해주는 CMA는 단기자금 운용에 안성맞춤인 상품이라고 볼 수 있다.

CMA는 기본적으로 채권과 기업어음CP, 머니마켓펀드MMF 등에 투자해서 얻은 수익을 고객들에게 돌려준다. 증권사 CMA 계좌에 가입하면 증권사 자체 판단에 따라 안전성이 높은 채권에 투자해 수익을 내는 구조이다.

2008년과 2009년 초 경기불황이 지속되면서 CMA의 장점이 부각됐다. 2009년 3월 말 기준 CMA 계좌수는 838만 개, 계좌잔액은 37조 1,262억 원에 달했다. CMA는 보통예금보다 금리가 높은 장점에 더해 사용하기도 편리하다. 계좌이체, 공과금 납부 등 지급결제 서비스가 가능하며 신용카드나 체크카드로도 이용할 수 있다.

여러 은행과의 제휴를 통해 언제 어디서든지 출금이 가능하며, 수수료도 면제된다. 일부 증권사의 경우 은행, 카드회사와 제휴해 현금카드, 체크카드(직불카드) 기능을 보태 CMA계좌에서 물품대금이 바로 빠져나가도록 하고 있다.

종금형 CMA는 예금자보호 대상

CMA에는 RP형과 MMF형, MMW형, 종금형 등 4가지가 있다. RP형 CMA는 국공채 및 A등급 이상 우량 채권에 투자한다. 증권사는 보유하고 있는 국공채와 우량 채권을 담보로 환매조건부채권RP을 발행해 고객에게 판매하게 된다.

MMF형 CMA는 말 그대로 고객이 맡긴 돈을 단기운용 상품인 머니마켓펀드MMF에 투자하는 상품이다. 또 MMW형 CMA는 신용등급이 높은 한국증권금융(주)이 발행한 콜론 등에 투자하는 상품이다.

앞에서 언급한 RP형, MMF형, MMW형 CMA는 모두 투자실적에 따라 수익률이 결정되는 공통점을 가지고 있다. 원금이 보장되지 않는 것이다. 안정적인 채권에 투자하기 때문에 원금을 까먹을 위험은 거의 없지만 채권투자 실적이 신통치 않을 때에는 수익률이 저조할 수 있다. CMA가 은행의 보통예금보다 여러 면에서 뛰어나지만 은행예금과 달리 원금이 보장되지 않는 단점이 있다. 예금자보호 대상이 아닌 것이다.

반면 종금사인 동양종합금융증권에서 판매하는 종금형 CMA는 채권, 기업어음(CP) 등 다양한 단기상품에 투자해 얻어진 실적을 투자자들에게 돌려준다. 무엇보다 종금형 CMA는 보통예금과 마찬가지로 1인당 5,000만 원 한도 내에서 예금자보호를 해주는 것이 가장 큰 장점이다.

CMA 상품에 가입할 때에는 투자의 안전성을 꼭 체크해야 한다. CMA가 단기채권에 투자하는 공통점은 가지고 있지만 일부 상품의 경우 신용도가 떨어지는 회사채 등에 투자할 수도 있기 때문이다. 투자 자금의 안전성을 중시하는 고객이라면 수익률은 다소 떨어지더라도 안전성이 높은 국공채 편입비율이 높은 상품을 선택하는 것이 좋다.

또 같은 RP형 상품이더라도 증권사마다 금리가 서로 다르기 때문에 금리수준을 꼼꼼히 따져봐야 한다. 증권사 영업 전략에 따라 역마진을 감수하면서까지 높은 수익을 보장하는 경우가 많은데 자신이 가입한 CMA 금리가 어느 수준에서 결정된 것인지 확인해야 한다.

08 내 집 마련의 밑천, 주택청약통장

불경기일수록 세밀하게 주택마련 계획을 세워야 한다. 나중에 큰돈을 모아 내 집을 사겠다고 다짐을 해보지만 집값은 이미 오를 대로 오른 상태라서 실망감만 쌓여간다.

내 집 마련은 모든 사람들의 꿈이다. 사회생활을 막 시작하는 초년 병들은 작은 평수의 집이라도 먼저 구해 놓아야지 마음이 편하고, 작은 평수에 사는 사람들은 아이들이 커감에 따라 좀 더 넓은 평수로 옮기기를 희망한다. 돈이라도 많으면 기존 아파트를 덜컥 사버릴 수도 있겠지만 자금사정도 여의치 않다.

신규 아파트 분양을 원하는 사람들은 주택청약통장에 가입하는 것이 좋다. 내 집 마련의 가장 일반적인 방법은 청약통장에 가입해 신규

아파트를 분양 받는 것이라고 할 수 있다.

하지만 청약통장의 종류와 활용방법을 모르는 사람들이 의외로 많다. 내 집을 마련하고 싶은 꿈은 크지만 정작 이를 준비하는 마음가짐은 낙제점이라고 볼 수 있다.

내 집 마련의 최고 재테크 금융상품인 청약통장에 대해 알아보자. 아파트를 분양 받을 수 있는 청약통장에는 청약저축과 청약부금, 청약예금 등 3종류가 있다. 청약통장 종류에 따라 분양 받을 수 있는 아파트가 다르고 통장별로 저축금액을 불입하는 방식에도 차이가 있다.

따라서 청약통장에 가입하기 전에 자신의 경제적 상황을 우선 고려하고, 향후 어떤 종류의 집을 장만하기를 원하는지도 면밀히 검토해 자신에게 맞는 청약통장을 선택해야 한다.

인기 짱 청약저축

청약저축은 3개의 청약통장 중 가장 인기 있는 상품이고 활용가치도 높다. 국민주택(민간건설 중형국민주택 포함)을 분양, 임대받기 위해 가입한다. 특히 임대기간 만료 후 분양전환 하는 공공임대아파트를 분양 받기 위해서는 청약저축에 가입하는 것이 필수적이다.

여기서 말하는 국민주택이란, 주택건설업체가 국민주택기금의 지원을 받아 건설하는 전용면적 60m² 이하의 아파트와 국가, 지방자치단체, 대한주택공사, 지방공사가 사업주체가 되어 공급하는 전용면적

$85m^2$ 이하의 주택을 뜻한다.

또 민간건설 중형 국민주택이란 국가, 지방자치단체, 대한주택공사, 지방공사 이외의 사업주체가 국민주택기금의 지원을 받아 건설하는 $60m^2$ 초과 $85m^2$ 이하의 주택을 말한다.

이에 반해 민영주택은 국민주택기금의 지원 없이 현대, 삼성 등 민간 건설업체가 짓는 주택으로 면적 제한은 없다. 즉, 국민주택은 흔히 주공아파트를 말하며, 민영주택은 현대 아이파크, 삼성 레미안 등 민간회사가 지은 아파트를 말한다. 또 민간건설 중형 국민주택은 임대 후 분양 전환하는 아파트를 일컫는다고 보면 된다.

청약저축은 무주택 세대주만 가입할 수 있으며 월 납입액은 2~10만 원 범위에서 5,000원 단위로 저축할 수 있다. 하지만 같은 1순위자라도 납부금액과 납부횟수가 많은 사람에게 우선순위가 부여되기 때문에 당첨확률을 높이기 위해서는 10만 원씩 납부하는 것이 유리하다. 특히 납입금액의 40%까지 연말 소득공제가 가능해 절세효과가 있는 것이 장점이다.

계약기간은 별도로 있는 것이 아니라 국민주택 입주자로 선정될 때까지이다. 이때 청약순위는 가입 후 2년이 지나고 매월 약정 납입하는 날에 연체 없이 24회 이상 납입하면 1순위, 6개월이 지나고 6회 이상 납입하면 2순위 청약권리가 주어진다. 가입은 국민은행, 우리은행, 농협에서 가능하다.

청약부금

청약부금은 전용면적 85m² 이하 민영주택과 민간건설 중형 국민주택(60~85m²)을 청약할 목적으로 가입하는 상품으로 적금 형식으로 매월 일정금액을 예치하면 된다. 다만 다음에 설명하는 청약예금과 달리 전용면적 85m² 이하에만 청약할 수 있다. 한꺼번에 목돈을 넣어야 하는 청약예금과 달리 매월 5~50만 원 사이에서 자유롭게 불입할 수 있다. 만 20세 이상 개인이면 누구나 제한 없이 어느 은행에서나 가입할 수 있으며, 청약저축과 마찬가지로 2년간 일정금액을 납입하면 1순위 자격이 주어진다.

납입방법으로는 가입 시 일정 금액을 매달 납입하는 정액적립식이 있고, 매달 5~50만 원 사이에서 자유롭게 입금하는 자유적립식이 있다. 2000년 11월 이전에 가입한 사람들은 소득공제 혜택이 있지만 현재는 소득공제 혜택이 없어진 상태다.

청약예금

청약예금은 거주지역별, 희망하는 주택의 면적별로 정해진 금액을 일시불로 먼저 예치하고 일정기간이 지나면 민영아파트를 분양 받을 수 있는 정기예금식 청약통장이다.

만 20세 이상 개인이면 누구나 가입이 가능하며 일정금액을 예치한 후 2년이 지나면 1순위 청약자격이 주어진다. 가입할 때는 1년 계약으로 하고 당첨될 때까지 자동으로 다시 예치된다. 모든 시중은행에서 가입이 가능하며, 2년마다 한 번씩 청약 가능한 평형을 바꿀 수 있다.

다만 지역별로 예치금액에 차이가 있다는 점에 주의해야 한다. 서울·부산의 경우 $85m^2$ 이하이면 300만 원, $102m^2$ 이하이면 600만 원, $135m^2$ 이하이면 1,000만 원, $135m^2$를 초과하면 1,500만 원을 예치해야 한다. 지역별 예치금액에 따른 청약가능 면적은 다음과 같다.

〈지역별 예치금액에 따른 청약 가능 면적〉

지역 공급 받을 수 있는 주택의 전용면적	서울·부산	기타광역시	특별시 및 광역시를 제외한 시·군지역
$85m^2$ 이하	300만 원	250만 원	200만 원
$102m^2$ 이하	600만 원	400만 원	300만 원
$102m^2$ 초과 $135m^2$ 이하	1,000만 원	700만 원	400만 원
$135m^2$ 초과	1,500만 원	1,000만 원	500만 원

09 내 집 마련의 첫걸음, 만능 청약통장

서민들에게 있어 내 집 마련은 평생의 소망이자 꿈이다. 이전까지만 하더라도 주택청약에 참여하기 위해서는 청약저축이나 청약부금, 청약예금에 가입해야 했지만 2009년 5월부터는 이 같은 청약통장을 하나로 묶은 금융상품이 등장해 서민들의 마음을 설레게 하고 있다.

2009년 5월 6일부터 판매를 시작한 '주택청약종합저축'이 내 집 마련을 위한 재테크 상품으로 큰 인기를 끌고 있다. 기존의 청약저축·청약예금·청약부금을 대체할 수 있는 종합통장이라는 인식이 확산되면서 은행창구는 주택청약종합저축에 가입하려는 고객들로 북새통을 이루고 있다. 다양하게 활용할 수 있기 때문에 '만능 청약통장'이라고도 불린다.

시판 하루 만에 226만 명이 가입한 것만 봐도 이 상품에 대한 관심이 어느 정도인지를 미뤄 짐작할 수 있다. 국토해양부가 기업은행 및 농협, 신한은행, 우리은행, 하나은행 등 국민주택기금을 취급하는 5개 은행에 주택청약종합저축 가입자를 집계한 결과 수도권에서 152만 명, 지방에서 74만 명이 가입했다. 이는 청약예금과 부금·예금 등 기존 청약통장 가입자수 604만 계좌의 45%에 달하는 수준이다.

이처럼 주택청약종합저축이 가입자들로부터 큰 인기를 끄는 이유와 제대로 활용할 수 있는 방법, 가입 시 주의사항 등에 대해 알아보자.

미성년자도 가입 가능

주택구입을 위한 청약통장은 지금까지 청약저축과 청약예금, 청약부금으로 구분되어 청약자가 한 개의 상품만을 선택해야 했다. 하지만 주택청약종합저축은 공공주택 청약이 가능한 청약저축 기능에 민영주택을 청약할 수 있는 청약예금과 부금 기능을 혼합한 '만능통장'이다.

무주택세대주 여부 및 연령에 관계없이 누구든지 1인 1계좌를 만들 수 있다. 가입 후 2년(24회 적립)이 지난 후에는 국민주택 1순위 자격을 얻게 되고 적립금액이 지역별로 정해진 예치금을 채우면 민영주택 1순위 자격을 받게 된다.

가령 서울이나 부산에서 전용면적 85m² 이하 주택청약을 원한다면 적립금액이 300만 원이 돼야 하고 전용면적 85~102m²는 600만 원,

102~135m²는 1,000만 원, 135m² 초과는 1,500만 원의 적립액이 필요하다. 미성년자는 가입 후 2년이 지나 1순위가 되더라도 성인이 될 때까지는 청약할 수 없기 때문에 주의가 필요하다.

매월 납입금액은 2~50만 원으로 5,000원 단위로 자유롭게 불입할 수 있다. 또 납입횟수 산정은 청약저축과 동일하게 연체나 선납을 인정해 준다. 만능 청약통장은 주택 면적에 관계없이 민영이나 공공주택에 모두 청약할 수 있는 것이 가장 큰 장점으로 우리, 농협, 기업, 신한, 하나 등 5개 은행에서만 신청을 받는다.

본인이 직접 계좌를 개설한다면 인터넷 뱅킹으로 신규 통장을 신청하면 된다. 온라인으로도 납입 및 해지가 가능하며 종이통장을 갖기를 원한다면 은행 영업점을 방문하면 된다.

고금리가 매력인 '만능 청약통장'

만능 청약통장으로 불리는 주택청약종합저축은 기존 청약저축과 마찬가지로 가입일로부터 1년 미만일 때에는 2.5%, 1년 이상 2년 미만은 3.5%, 2년 이상이면 4.5%의 금리가 적용된다.

장기주택마련저축의 경우 대부분의 은행들이 5년 이상 경과 후 4.0%의 이율을 적용하고 있는 것과 비교하면 금리 측면에서도 이점을 갖고 있다. 납입방식은 매달 불입하는 적립식과 한꺼번에 미리 내고 기다리는 예치식 모두 가능하다.

하지만 예치방식으로 돈을 아무리 많이 넣어 두었다 하더라도 자신보다 먼저 가입한 사람보다 청약순위를 앞설 수는 없다. 그렇기 때문에 가능하면 빨리 가입하는 것이 주택청약에 유리하다.

주택청약종합저축은 저축 가입자가 사망한 경우 상속인 명의로만 변경이 허용된다는 점에 주의해야 한다. 현재 청약저축이 상속인 및 배우자, 세대주 등으로 명의변경이 가능한 것과는 차이가 있다.

주택청약종합저축은 기존 청약상품에 가입하지 않은 사람이나 기존 가입자 중 1순위 자격요건이 안 되는 사람들에게는 유리하다. 특히 청약가점이 낮은 사회 초년생이나 신혼부부, 기존 통장 가입 후 1년이 경과하지 않은 사람이라면 주택청약종합저축으로 갈아타는 방안을 고려해 볼 수 있다.

하지만 기존 청약통장에 가입해 있는 사람이라면 주택청약종합저축에 가입할 수 없다. 기존 청약통장을 해지해야만 신규 가입이 가능하며 기존 주택통장의 가입기간이나 금액 등은 인정되지 않는다. 따라서 기존 청약통장을 오랫동안 유지한 사람이라면 주택청약종합저축으로 갈아타기보다는 기존 통장을 유지하는 것이 유리하다.

현재 민영주택의 '청약가점제' 및 공공주택의 '순차제' 등에서 알 수 있듯이 입주자 선정방식은 모두 가입 기간이 길수록 유리하게 되어 있기 때문에 기존 장기 가입자의 갈아타기는 득보다 실이 더 많다. 오랫동안 가입했던 통장을 해지하고 새로 가입하게 되면 청약순위도 밀리게 된다.

가능한 빨리 가입하라

주택청약종합저축이 내 집 마련을 꿈꾸는 무주택자들의 새로운 재테크 투자 상품으로 자리 잡으면서 당첨률을 높일 수 있는 방법에 관심이 쏠리고 있다. 또 기존 청약통장과 주택청약종합저축과의 차이점도 부각되고 있다.

다른 청약통장과 마찬가지로 주택청약종합저축의 당첨확률을 높이기 위해서는 가능한 한 빨리 가입하는 것이 유리하다. 청약통장에 아무리 많은 돈을 넣어 두더라도 청약순위가 우선이기 때문이다. 또 자동이체를 적극 이용하는 것이 필요하다. 국민주택에 청약할 경우에는 가입 후 2년이 경과하고 매월 24회 이상 월납입금을 납입해야 1순위가 된다.

바쁘게 사회생활을 하다 보면 불입날짜를 깜박 잊을 수도 있는 만큼 월급통장에서 매월 정해진 날짜에 돈이 빠져나가도록 설정해 두는 것이 좋다.

이와 함께 목돈을 입금할 때에는 회차를 나누어 미리 납부하는 것이 유리하다. 민간주택 청약 시에는 납입횟수가 중요하지 않지만 국민주택 당첨기준에는 납입횟수도 고려하게 된다. 최대 선납횟수는 24회까지 가능하다.

지금 당장 자금사정이 좋지 않다면 미리 주택청약종합저축을 만들어 놓는 것도 좋다. 매월 고정수입이 없다고 해서 주택청약종합저축에 아예 가입하지 않는 것보다는 미리 통장을 만들어 두면 가입 후 2년이 지나면 1순위 청약자격이 주어진다. 즉 최저가입 금액인 2만 원으로

통장을 만들어 놓고 실제로 청약시점에 나머지 금액을 불입하면 1순위로 인정받을 수 있다.

기존 통장은 그대로 유지하면서 가족 수대로 주택청약종합저축에 가입하면 그만큼 당첨률이 높아진다. 무엇보다 미성년자도 가입자격이 있기 때문에 자녀들의 장기주택 마련을 위해 자녀들 명의로 가입을 해놓는 것이 유리하다.

주택청약종합저축이 판매되더라도 기존 청약저축과 예금 및 부금 상품은 효력이 그대로 유지된다. 따라서 기존 통장 가입기간이 길고 계획해 둔 분양 단지가 있다면 기존 통장을 그대로 활용해 청약하는 것이 좋다.

〈주택청약통장 비교〉

구분		청약종합저축	청약저축	청약예금	청약부금
통장 가입 방법	대상지역	전국		시·군 지역(103개)	
	가입대상	연령, 자격제한 없음	무주택세대주	20세 이상 개인(유주택자도 가능)	
	저축방식	매월 일정액 적립식 및 예치식 병행	매월 일정액 불입	일시불 예치	매월 일정액 불입
	저축금액	월 2~50만 원	2~10만 원	200~1,500만 원 (규모 지역별 차등)	월 5~50만 원
	이율적용	기간별 금리적용 ·1개월 미만 : 무이자 ·1년 미만 : 연2.5% ·1년 이상~2년 미만 : 연 3.5% ·2년 이상 : 연 4.5%		가입 당시 약정이율	
	취급기간	국민주택기금 수탁은행 (우리, 농협, 기업, 신한, 하나)		전국 16개 은행	
	회계	주택기금계정	주택기금계정	은행계정	은행계정
청약 방법	대상주택	모든 주택	전용면적 85㎡ 이하 공공기관건설 주택 등	모든 민영주택 85㎡ 초과 공공주택도 가능	전용면적 민영주택
		민간건설중형국민주택 (60~85㎡)			
	1순위	가입 후 2년 경과 (매월 약정일에 24회 이상 납입)	가입 후 2년 경과, 24회 이상 납입	가입 후 2년 경과 (지역별 예치금 예치)	가입 후 2년 경과 (매월 약정일 납입하여 지역별 예치금액 도달)
		민영주택 청약을 위해서는 지역별 예치금 예치			
	주택규모 선택	최초 청약시점에 결정	통장 가입 시 결정		

10 실직, 퇴직에 대비할 수 있는 퇴직연금

경기침체로 일자리 구하기가 더욱 힘들어지고 있고 감원 등 구조조정이 일반 직장인들의 일자리를 위협하고 있다. 일하고 싶어도 일자리를 찾지 못해 취직을 포기한 구직 단념자가 9년 만에 최고를 기록하는 등 공식 실업률에 잡히지 않고 숨어 있는 실업자가 크게 늘어나고 있다.

통계청의 2009년 3월 고용동향을 보면, 3월 구직 단념자는 17만 1,000명으로 1년 전 10만 명에 비해 70.5%나 급증했다. 구직 단념자가 17만 명을 웃돈 것은 지난 2000년 3월 19만 1,000명 이후 9년 만에 처음이다.

구직 단념자 이외에도 취업 어려움 등을 이유로 비경제활동인구에 머무는 사람의 비중도 크게 늘어났다.

2009년 3월 비경제활동인구(총 1,587만 명) 중에서 육아나 가사업무, 노령 및 심신장애가 차지하는 비율은 각각 10.1%, 35.7%, 12.5%로 이 같은 수치는 10년 전과 비교해 구성 비율이 그다지 높아지지 않았다.

육아의 경우 10년 전인 1999년 7월(13.5%)보다 오히려 감소한 후 10%대를 유지하며 안정된 상태다. 가사 역시 지난 10년간 34~37% 사이를 움직이고 있으며, 노령과 심신장애 비중 역시 2003년께 15%대로 오른 이후 점차 감소세를 보이며 10년 전의 12%대와 비슷하게 유지되고 있다.

반면 비경제활동인구 가운데 취업이나 진학준비, 군 입대 대기 상태에 있는 비율은 10년 전 7%대에서 현재 15%대를 기록해 증가율이 2배에 달한다. 이는 결국 취업 어려움 때문에 비경제활동인구에 머무는 사람이 크게 증가하고 있는 것을 여실히 보여준다.

불경기에 구조조정의 희생양이 되어 일자리를 잃게 되면 다시 직업을 구하기는 하늘의 별따기다. 일반적으로 50대 후반에 사회생활에서 은퇴하게 되면 나머지 인생 20년은 직업 없이 여생을 보내야 하는 것이 현실이 되었다. 과연 어떻게 남은 인생 20년을 큰 경제적 어려움 없이 보낼 수 있을까. 퇴직연금에 관심을 기울여야 하는 이유가 바로 여기에 있다.

통상 55세에 퇴직하면 일시불로 정해진 금액의 퇴직금을 받게 되는 기존 퇴직금 제도와 달리 퇴직연금 제도는 회사가 매년 쌓아 주는 퇴직금을 자신이 금융상품에 투자해 수익률을 올릴 수 있다.

마치 자신의 투자성향에 맞는 펀드에 가입해 투자 수익률을 올릴 수 있는 것처럼 퇴직금도 운용할 수 있는 것이다. 물론 퇴직금 투자운용은 은행이나 증권사, 보험사 등 금융기관이 맡는다.

노후생활의 안전판, 퇴직연금

지난 2005년 12월 퇴직연금 제도가 도입된 이후 직장인들과 회사가 합의를 해 퇴직연금 제도를 도입하는 경우가 크게 늘고 있다. 그럼 왜 퇴직연금이 노후생활을 보장하는 노後테크 수단으로 각광을 받고 있는 것일까?

소득이 있는 국민 모두가 의무적으로 가입하는 국민연금에 대한 불신이 팽배해 있기 때문이다. 국민연금 적자가 눈덩이처럼 불어나면서 과연 내가 퇴직한 이후 국민연금만으로 노후생활을 제대로 꾸려나갈 수 있을까 하는 불안감이 퇴직연금에 눈을 돌리게 하는 이유이다.

퇴직연금은 국민연금과 개인연금의 중간단계로 안정적인 노후생활을 보장하는 수단이 된다.

직장인들의 가장 큰 고민거리는 근무기간이 점점 줄어들어 사회생활에서 은퇴해 있는 기간이 길어진다는 점이다. 남성의 경우 55세 은퇴 이후 20년가량, 여성의 경우 25년가량을 일정한 직업이나 소득 없이 노후생활 자금을 마련해야 하기 때문에 퇴직연금에 대한 관심이 높아질 수밖에 없다.

우리나라의 경우 2000년에 이미 65세 인구가 전체 인구의 7.2%를 초과함으로써 고령화 사회에 들어섰다. 고령화 사회란 평균수명이 길어져 전체 평균 연령이 높아지는 사회로 전체 인구 중 65세 이상 고령자의 수가 7%에 달한 사회를 말하며 14%를 초과할 경우 고령 사회, 20% 이상은 초고령 사회라고 한다.

2018년에는 65세 인구가 전체의 14.3%에 달할 것으로 예상되는데 이는 세계에서 가장 빠른 속도로 고령화 사회에서 고령 사회로 변하는 것이다.

근로자의 평균 근속기간이 줄어들고 조기퇴직, 명예퇴직이 일반화되어 있고 퇴직금 중간정산이 대세로 굳어지면서 퇴직금을 어떻게 운영하는가가 노후 재테크의 가장 큰 숙제가 된 지 오래다.

퇴직연금이 좋은 이유

퇴직연금 제도는 기업이 사내에 적립하던 퇴직금을 대체해 금융기관에 매년 퇴직금 해당금액을 적립해 금융상품에 투자하고 직장인이 은퇴할 때 연금 또는 일시금으로 지급받게 된다. 그럼 퇴직연금은 왜 좋은 것일까.

1. 퇴직금을 떼일 위험이 적다

기존 퇴직금제도는 금융기관에 퇴직금을 맡기지 않고 회계장부상으로만 적립되어 회사가 도산하는 경우 퇴직금을 받지 못할 위험이 있다. 반면 퇴직연금은 은행, 보험, 증권 등 믿을 수 있는 금융기관에 퇴직금을 맡겨 금융상품에 투자하기 때문에 퇴직금을 떼일 염려가 거의 없다. 직장인 개인이 투자 상품을 선택할 수 있는 확정기여형(DC) 퇴직연금의 경우 전액 사외 적립되기 때문에 퇴직금을 떼일 우려가 없다. 개인이 아닌 회사가 투자 상품을 결정하는 확정급여형DB 퇴직연금은 확정기여형 퇴직연금처럼 100% 전액 사외 적립되지는 않지만 퇴직금의 60% 이상을 금융기관에 적립하도록 하고 있어 회사가 망해도 최소한 60%의 퇴직금은 보장된다.

2. 세금혜택을 누릴 수 있다

퇴직연금에 대한 세금부과는 퇴직금 불입단계, 운용단계에서는 비과세로 했다가 퇴직연금을 수령할 때 과세하게 된다. 이자소득, 투자 배당금 등 퇴직금 운용으로 수익이 발생할 경우 과세를 하지 않다가 퇴직급여를 받을 때 세금을 부과하기 때문에 절세효과가 크다. 즉 운용단계의 투자수익에 세금을 부과하지 않기 때문에 시간이 길수록 가입 직장인이 은퇴 이후 받게 되는 퇴직금 규모가 늘어나게 된다. 일반 금융상품에 비해 이자소득세만큼 매년 투자원금이 증대되는 것이다.

특히 확정기여형(DC)의 경우 회사가 퇴직금을 적립시켜주는 것과 함께 직장인 자신이 별도로 추가납입금을 넣을 수 있으며, 근로자의 추가부담금은 개인연금저축과 합산해 연간 300만 원 한도 내에서 소득공제를 받을 수 있다.

통상 퇴직급여를 받을 때에는 근로기간 때보다 소득수준과 세율이 낮아지기 때문에 과세하더라도 세금을 절약할 수 있다.

3. 안정적인 노후생활자금이 보장된다

우리나라의 평균 근무기간은 5.9년이다. 직장인들이 자주 직장을 옮기고 있는 데다 명예퇴직, 퇴직금 중간정산 등으로 퇴직금을 한꺼번에 받아 소액 생활자금으로 소진하는 경우가 많다. 퇴직금을 안정적인 노후자금으로 활용하는 기회가 거의 없는 것이다.

하지만 퇴직연금 제도는 직장이동에 따른 부작용을 최소화하기 위해 직장을 옮기더라도 퇴직금을 은퇴할 때까지 관리하고 운용할 수 있는 개인퇴직계좌(IRA)라는 장치를 마련해 놓고 있다. 다시 말해 직장을 옮기더라도 회사에서 받은 퇴직금을 바로 사용하지 않고 자신의 퇴직금계좌에 다시 넣어 운용할 수 있다. 개인퇴직계좌에 퇴직금을 넣어 두면 퇴직 소득세를 내지 않아도 되며, 퇴직금 운용 시에 발생하는 수익에도 세금을 물지 않아도 된다. 단지 55세 이후 실제 퇴직연금을 받게 될 때에는 연금소득세를 내야 한다.

4. 퇴직연금으로 재테크를 할 수 있다

과거에는 은행예금이나 적금, 부동산 투자가 주된 재테크 수단이었지만 지금은 저축에서 금융상품 투자의 시대로 변했다.

또 국내 금융시장에서 벗어나 중국이나 브릭스 등 신흥시장, 원유와 같은 원자재에까지 투자를 한다. 보다 공격적으로 투자자금을 운용하는 투자자들은 수익률도 높지만 위험부담도 큰 선물, 옵션 등과 같은 파생상품에 관심을 보인다. 퇴직연금 제도는 퇴직연금 적립금을 자산운용사의 도움을 받아 은퇴할 때까지 장기 분산투자함으로써 자산관리 환경변화에 능동적으로 대처할 수 있는 수단이 된다.

또 퇴직연금 제도에서는 직장인에게 퇴직연금 제도에 대한 교육을 실시하는 것이 의무화되어 있다. 특히 직장인이 직접 금융상품을 선택하는 확정기여형(DC)의 경우 근로자가 직접 개별적으로 투자 상품을 고르기 때문에 금융 및 투자교육이 필수적이다.

직장인 투자교육은 회사가 반드시 지켜야 할 의무사항으로 연 1회 이상 실시해야 하며, 통상 회사가 전문 자산운용사에 위탁해 근로자들을 교육시키게 된다.

11 퇴직연금, 입맛대로 고르는 재미

우리나라 회사들이 기존 퇴직금 제도를 대체해 매월 회사가 퇴직금을 쌓아 회사나 직장인들이 직접 투자 상품을 선택할 수 있도록 하는 퇴직연금 제도로 속속 전환하고 있다.

직장인들은 쌓여진 퇴직금을 은행, 증권사, 자산운용사, 보험 등에 투자해 수익률을 올리게 된다. 근속기간 중 투자를 잘하게 되면 은퇴 이후 이전보다 많은 퇴직금을 챙기게 될 것이며, 투자에 실패할 경우에는 기존 퇴직금보다 훨씬 적은 퇴직금을 받을 수도 있다.

지난 2005년 퇴직연금 제도가 도입된 이후 퇴직연금에 가입하는 직장인들이 크게 늘고 있지만 투자성향은 아직 보수적이다. 퇴직금 총 적립규모의 74%는 은행예금과 적금, 안전성이 높은 국공채 등 원금

256

보장형 금융상품에 투자되고 있다.

주식형 펀드나 채권형 펀드 등 투자실적에 따라 수익률에 차이가 나는 실적배당형 상품비율은 16%에 그치고 있다. 하지만 이전과 비교하면 실적배당형 투자 상품 비율이 점점 상승하고 있는 추세이다.

퇴직연금에는 확정급여형DB과 확정기여형DC, 개인퇴직계좌IRA 등이 있다. 퇴직금 운용을 회사가 책임지면 DB형, 개인이 책임지면 DC형이다.

회사는 기존 퇴직금 제도를 유지하면서 DB형과 DC형을 함께 선택할 수 있다. 또는 퇴직연금 제도를 도입하면서 직원들의 선호도에 따라 어떤 직원에게는 DB형을, 어떤 직원들에게는 DC형을 선택하도록 한다.

직원 입장에서는 자신의 투자성향과 퇴직금 관리전략에 따라 DB형으로 할 것인지, DC형으로 할 것이지 선택할 수 있는 것이다. 안정된 노후생활을 보장하는 퇴직금 투자수단을 자신이 결정하게 되는 만큼 퇴직연금에 대한 기초지식과 상품원리에 대해 잘 알고 있어야 한다.

그럼 퇴직연금 중 DB형과 DC형은 어떤 차이가 있으며, 어떤 투자자들에게 적합한 것일까.

안전성이 높은 DB형

확정급여형DB, Defined Benefit은 사용자인 회사가 책임과 권한을 갖고 퇴직금을 운용하는 제도이다. 회사가 퇴직 적립금을 운용할 금융회사를 선정한다. 금융회사의 투자 수익률에 따라 은퇴 시 직장인들에게 퇴직금을 돌려주지만 만약 퇴직적립금 운용실적이 나쁠 때에는 회사가 추가로 자금을 부담하기 때문에 직장인 입장에서는 투자손실에 대한 우려를 줄일 수 있다.

원금보장에 치중하며 퇴직금을 운용하기 때문에 퇴직 시 받을 퇴직급여가 사전에 확정되는 특징이 있다. 근무기간과 평균 임금에 따라 퇴직급여가 결정되기 때문에 기존 퇴직금 제도와 큰 차이가 없다고 보면 된다.

직장인 입장에서는 회사의 책임 아래 현행 퇴직금과 같은 급여를 받을 수 있어 적립금 운용과 관련된 별도의 수고와 노력이 필요 없다.

DB형의 경우 회사는 퇴직 적립금의 60%를 떼어내 의무적으로 사외에 적립시켜야 한다. 회사가 부도나거나 도산하더라도 퇴직금의 60%는 가입자인 직장인에게 돌려줘 최소한의 안전판을 마련해 주기 위해서다.

그럼 DB형은 어떤 직장인들에게 유리할까. DB형은 급여를 떼일 염려가 없는 대기업에 다니는 직장인이나 매년 임금이 인상되는 연공서열제를 도입하고 있는 회사의 직원들에게 유리하다.

대기업의 경우 급여를 떼일 우려가 거의 없는 데다 금융회사가 퇴직금을 잘만 굴리면 '퇴직금 + 알파'를 기대할 수 있고, 금융회사의 투자실적이 나쁘더라도 퇴직금 손실분에 대해서는 회사가 책임을 지기 때문에 퇴직금 운용이 안정적이다.

직장인 입장에서는 안정적으로 퇴직금을 지급받을 수 있고 회사 입장에서는 투자 수익률이 높을 경우 퇴직금 비용부담을 줄일 수 있어 인기를 끌고 있다.

하지만 DB형은 퇴직금이 직장인 개인의 계좌에서 관리되는 것이 아니라 회사계좌 전체에서 운용되기 때문에 만약 회사를 옮길 때에는 계좌를 그대로 가져갈 수 없는 단점이 있다.

직접투자를 할 수 있는 DC형

확정기여형DC, Defined Contribution은 회사가 은퇴 시까지 매년 퇴직금을 쌓아주면 직장인 개인이 책임과 권한을 갖고 직접 퇴직금을 운용하는 제도이다. 회사는 직장인 임금총액의 12분의 1 이상을 근로자 개인별로 적립시켜준다.

통상 회사는 퇴직금을 관리할 금융회사를 3~4개가량 선택하는데 이때 직장인들은 자신이 선호하는 금융회사를 골라 금융회사의 금융상품에 투자하면 된다. 은행예금에 넣을 것인지, 주식형 펀드에 투자할 것인지, 해외펀드에 투자할 것인지 등 모두 개인이 선택할 수 있고 투자에 대해서도 본인이 책임을 져야 한다.

투자에 자신이 있는 직장인이라면 회사가 퇴직금을 적립시킬 때 별도로 자신의 돈을 추가로 불입할 수 있다. 투자규모를 키울 수 있는 것이다.

따라서 적립금 운용실적이 좋을 때에는 많은 급여를 지급받을 수 있지만 운용실적이 나쁠 때에는 그 손실에 대해서는 직장인 본인이 책임을 져야 한다.

결국 DC형은 직장인 본인이 예금이나 펀드에 돈을 투자해 투자이익과 투자손실에 대한 책임을 모두 떠안는다고 보면 된다. 다만 매년 발생하는 퇴직금 100%를 회사계정이 아니라 사외에 별도로 관리하기 때문에 회사가 부도나거나 도산하더라도 퇴직금을 떼일 염려가 전혀 없다. DB형의 경우 60%만 사외에 적립시키는 것과는 대조적이다.

또 직장인 개인이 퇴직금 개인계좌에 추가로 돈을 불입할 수 있기 때문에 다양한 세제혜택을 받을 수 있는 것이 장점이다. 추가로 불입하는 돈에 대해서는 개인연금과 합산해 연간 300만 원 한도 이내에서 소득공제 혜택이 있다.

DC형은 퇴직금이 회사계좌가 아니라 개인계좌에서 관리되기 때문에 직장인이 회사를 자주 옮기더라도 퇴직금을 일시에 찾을 필요없이 이전 계좌를 그대로 유지할 수 있는 장점이 있다.

그럼 DC형 퇴직연금은 어떤 직장인에게 유리할까. 연봉제를 채택하는 기업의 직원들에게 좋다. 연봉제의 경우 연공서열에 따른 높은 퇴직금 적립비율이 적용되지 않기 때문이다. 또 회사를 자주 옮겨 근속기간이 짧거나 퇴직금 지급여력이 다소 낮은 중소기업 직장인들에게 유리하다.

DC형의 경우 중도인출 및 담보대출을 활용할 수 있다. 무주택자가

집을 구입하거나, 본인이나 부양가족이 6개월 이상 병원요양이 필요
하거나, 천재지변 등의 3가지 경우에는 퇴직급여를 재직 중에 인출하
거나 이를 담보로 대출받을 수 있다. 이때 중도인출의 경우 적립금의
전부를, 담보대출의 경우에는 절반까지 활용할 수 있다.

퇴직급여는 연금형식으로 나누어서 받을 수도 있고, 한꺼번에 일시
금으로 받을 수도 있다. 연금으로 받으려면 55세가 되어야 하고 퇴직
연금에 10년 이상 가입해야 하며 연금으로 최소 5년 이상 받아야 한
다. 반면 일시금은 퇴직하거나 이직할 때 언제든지 돌려받을 수 있다.

세금혜택이 있는 개인퇴직계좌

개인퇴직계좌IRA, Individual Retirement Account는 DB형이나 DC형으로 일
시에 퇴직금을 받은 사람이 이를 다시 적립하고 운영하기 위해 퇴직연
금사업자에게 설정한 저축계정이다. 근로자가 퇴직하거나 다른 직장
으로 옮길 때 받은 퇴직금을 본인 명의의 퇴직계좌에 적립했다가 은퇴
이후 노후자금으로 활용하는 것이다. 퇴직급여 제도로부터 받은 일시
금을 모두 합해 근로자의 은퇴 시점까지 적립을 유도하는 것으로 보면
된다.

개인퇴직계좌에 일시금을 적립하는 경우 연금을 받을 때까지 과세
가 연기되는 것이 특징이다.

개인퇴직계좌의 적립금 운용은 가입자가 직접 할 수 있으며, 매 반

기 1회 이상 운용방법을 변경할 수 있으며, 계약 내용과 적립금 운용
방법은 DC형 퇴직연금과 동일하다.

개인퇴직계좌 가입기간에 대한 요건은 필요 없지만 연금이든 일시
금이든 모두 55세 이후에 지급받을 수 있으며, DC형 퇴직연금과 마
찬가지로 일정한 사유가 있는 경우에는 자기계좌로부터 중도인출이
가능하다.

은행대출, 제대로 활용하는 방법

신용대출은 은행, 상호금융 순으로

살다보면 수중에 돈이 없어 금융회사에서 신용으로 대출을 받아야 할 때가 많다. 주택이나 은행예금 담보 없이 급하게 신용대출을 받아야 한다면 어떤 금융회사를 이용하는 것이 좋을까.

금융권 가운데 신용대출 금리가 가장 낮은 곳은 시중은행이다. 신용대출을 받을 경우에는 시중은행 이자율이 가장 저렴해 고객들은 이자비용을 줄일 수 있다. 국내 시중은행의 신용대출 평균금리는 다른 금융권에 비해 가장 낮은 수준이다. 농협, 수협과 같은 상호금융사의 신용대출 평균 금리는 시중은행에 비해 2.0%포인트가량 높다. 또 신용카드사의 신용대출 금리는 연 16%, 캐피털사(할부금융) 등 여신전문

금융회사의 이자는 18% 수준이다.

저축은행의 경우 300만 원 이하 소액 신용대출을 제외한 일반 신용대출 상품의 평균 금리는 상호금융사와 카드사의 중간에 위치하고 있다. 국민은행 관계자는 "담보가 없이 신용만으로 대출받기를 원하는 사람들은 주거래은행을 찾는 것이 가장 유리하다"면서 "은행이 관리하는 개인 신용등급에 따라 이자비율 차이가 있기 때문에 신용등급이 좋은 고객에 대해서는 신용대출 이자를 낮게 책정하고 있다"고 설명한다.

은행에서 신용대출을 받기를 원하는 직장인들은 회사 재직증명서와 원천징수 소득영수증을 제출하면 된다. 또 주거래은행 고객으로 실적이 좋으면 더 낮은 이자조건을 받을 수 있다.

귀찮아도 소득증명서를 제출하라

국민은행의 경우 최우량 신용등급 고객은 신용대출 이자율이 7.0%이며 신용등급이 가장 낮은 고객에게는 16.0%의 이자를 부담하게 한다. 다른 시중은행도 이와 유사한 기준을 마련해 놓고 있다.

시중은행들은 자체적으로 고객의 신용상태를 파악하고 있을 뿐만 아니라 금융회사 간 공동 전산망을 통해 고객과 다른 금융기관과의 거래실적도 조회할 수 있기 때문에 신용관리에 주의해야 한다. 다른 은행과의 거래에서 연체기록이 있거나 과다한 대출이 있을 경우에는 신용등급이 뚝 떨어지게 된다.

또 시중은행에서 유리한 이자조건으로 신용대출을 받기 위해서는 반드시 재직증명서와 원천징수소득증명서를 갖고 가는 것이 좋다. 일부 고객들은 잘 몰라서, 또는 회사에서 증명서를 떼는 것이 귀찮다는 이유로 맨손으로 은행을 찾는 경우도 있다. 은행들은 이들 서류를 통해 고객들의 상환능력을 파악하고 이에 근거해 금리를 결정한다.

500~1,500만 원가량의 급전이 필요하다면, 그리고 담보가 없다면 시중은행을 이용하는 것이 가장 유리하다.

급전이 필요하면 예금담보대출, 마이너스통장, 카드 현금서비스 순으로

갑자기 500만 원가량 급전이 필요하다면 어느 금융상품을 선택해야 할까? 은행창구를 찾아가야 할까? 아니면 신용카드의 현금서비스를 받아야 할까? 정답은 자신이 거래하는 은행을 찾아가 정기예금이나 적금을 담보로 대출을 받는 것이 가장 좋다. 금리가 가장 싸게 먹히기 때문이다.

일반인들은 신용카드 사용이 편리하기 때문에 아무런 생각 없이 카드 현금서비스를 받는 경우가 많은데 현금서비스는 은행의 예금담보대출이나 마이너스통장보다 수수료가 높다.

은행에 예금이나 적금이 가입돼 있을 경우 이를 담보로 대출을 받는다면 금리는 예금금리에 1.5%포인트를 더하게 된다. 예금이 담보로 잡혀 있기 때문에 신용등급에 상관없이 똑같이 1.5%포인트가량을 더해 대출 금리를 정한다. 은행 입장에서는 고객이 대출금을 갚지 못할 때에는 언제든지 예금이 담보로 잡혀 있어 회수가 100% 보장되기 때문에 대출 금리를 높게 매길 이유가 없다.

만약 담보로 제공할 예금과 적금이 없다면 마이너스 대출이 유리하다. 국민은행의 경우 고객의 신용등급을 1~13등급으로 분류하고 있는데 1~8등급까지는 우량고객으로 평가한다. 신용도가 크게 나쁘지 않는 한 마이너스 대출 금리는 7.0~12.0% 정도이다.

은행창구를 방문해 마이너스 대출약정을 맺으면 누구나 이용할 수 있고 원리금을 언제든지 갚을 수 있어 편리하다. 본인의 소득과 신용등급에 따라 다소 금리 차이는 있지만 일반적인 대출 금리보다 0.5%포인트 높다고 생각하면 된다.

그럼 신용카드의 현금서비스를 이용하면 얼마만큼의 수수료를 내야할까? 현금서비스도 고객의 신용도에 따라 이용한도와 수수료에 차이가 있지만 보통 수수료는 9.9~27.3% 정도이다. 은행의 마이너스 대출보다 이자부담이 큰 편이다.

신용카드의 할부 수수료율도 연 10~23%로 은행의 예금담보대출이나 마이너스통장 금리보다 높아 이용하기는 부담스럽다. 신용카드 회사들 간 과당경쟁으로 3개월 이상 무이자 할부혜택을 주는 곳도 많지만 정부가 신용카드 부가서비스 혜택을 줄이는 방향으로 정책을 추진하고 있어 무이자 할부혜택도 점점 줄어들고 있다. 옛날처럼 무이자할부를 과신해서는 큰 코 다치게 되었다.

마이너스 대출이 카드 현금서비스보다 저렴하다

카드회사들이 가장 두려워하는 것도 은행의 마이너스통장 대출이다. 카드사 입장에서는 고객이 신용카드로 할부결제를 하거나 현금서비스를 이용해야 수수료를 챙길 수 있는데 은행 마이너스통장 대출 금리가 더 저렴하기 때문이다.

재테크를 잘 모르는 고객은 여전히 현금서비스를 이용하지만 재테크에 정통한 고객들은 은행으로 발길을 돌리기 때문에 마이너스통장이 눈엣가시와 같은 존재다.

가령 소비자가 신용카드로 300만 원짜리 가구를 10개월 할부로 산다면 가장 싼 수수료를 적용한다고 하더라도 할부 수수료로 30만 원가량을 내야 한다. 하지만 은행 마이너스 대출을 받으면 21만 원 정도만 내면 되기 때문에 이자부담을 크게 줄일 수 있다. 은행에서 예금담보대출을 받으면 이자부담은 더욱 줄어든다.

또 신용카드 할부나 현금서비스를 이용하다 연체될 경우에는 연 25~30%에 달하는 높은 연체 이자율을 감수해야 한다.

결론적으로 소액 급전이 필요한 사람은 은행의 예금·적금담보대출, 마이너스통장, 신용카드의 현금서비스 순으로 대출전략을 마련하는 것이 이상적이다.

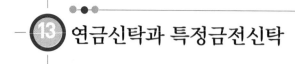
⑬ 연금신탁과 특정금전신탁

금융상품에 투자해 높은 수익률을 올리는 것이 재테크의 기본이지만, 절세효과가 뛰어난 금융상품에 투자해 세금을 아끼는 것도 훌륭한 재테크 방법이다.

은행권의 절세 금융상품으로 단연 으뜸으로 꼽히는 것이 장기주택마련저축(장마저축)과 연금신탁이다. 여기서는 연금신탁이란 무엇이고 얼마만큼 세금을 절약할 수 있는지 알아보자.

납입금액의 100% 소득공제

은행에서 판매하는 연금신탁은 매달 일정 금액을 10년 이상 투자해

55세부터 연금을 받는 상품이다. 젊을 때 돈을 저축해 노년에 연금을 받아 안정된 노후생활을 하도록 한다.

은행은 연금신탁 상품을 팔아 돈을 모으고 이를 자산운용사가 운용하도록 한다. 연금신탁은 은행의 실적배당 상품으로 채권에 투자하는 채권형과 10% 이내에서 주식에 투자하는 안정형으로 나뉜다. 실적배당 상품이라고는 하지만 원금을 보장하도록 운영하기 때문에 원금을 떼일 위험은 거의 없으며, 설령 손실이 난다고 하더라도 은행이 원금을 보장한다.

채권형은 주식에 투자하지 않고 안전도가 높은 국고채, 대출 등에 100% 운용하며, 안정형은 신탁금액의 10%까지 주식에 투자할 수 있다.

연금신탁은 만 18세 이상이면 누구나 가입할 수 있고 신탁금액은 1만 원 이상 분기당 300만 원 이내에서 자유롭게 납입이 가능하다. 신탁상품 중에서도 안전을 우선시하는 투자자라면 채권형에, 다소 공격적인 투자성향을 가진 투자자라면 안정형에 가입하는 것이 좋다.

연금신탁의 가장 큰 장점은 소득공제가 탁월하다는 점이다. 장기주택마련저축처럼 300만 원까지 소득공제를 받을 수 있다는 점은 동일하다. 하지만 장기주택마련저축은 납입금액의 40%만 소득공제를 받을 수 있는데 반해 연금신탁은 납입금액의 100% 전액 공제된다는 특징이 있다.

이를테면 매달 25만 원을 절약해 은행의 연금신탁에 불입할 경우 1년이면 300만 원을 납입하게 된다. 연말정산 때 300만 원 한도 내에서 소득공제를 받을 수 있게 된다. 연봉이 4,000만 원이라면 소득세율 17%가 적용돼 51만 원(300만 원×17%)의 세금을 돌려받을 수 있다.

과세표준이 되는 연봉이 1,000만 원 이하라면 소득세율은 8%, 1,000~4,000만 원은 17%, 4,000~8,000만 원은 26%, 8,000만 원 이상은 35%로 정해져 있다. 따라서 연봉이 5,000만 원인 사람이 연금신탁에 가입해 300만 원의 소득공제를 받을 때에는 78만 원(300만 원×26%)의 절세효과를 얻을 수 있다.

소득이 많을수록 연말정산 때 돌려받는 세금환급 금액도 커진다는 것을 알 수 있다. 하지만 유의해야 할 점도 있다.

10년 이상 불입의무

연금신탁은 10년 이상 돈을 납입해야 하며 55세가 되는 해부터 최소 5년간은 연금형태로만 돈을 지급 받아야 한다. 일시불로 연금을 받을 수 없으며, 연금을 받을 때에는 5.5%의 세금을 내야 한다. 또 중도 해지할 경우에는 납입원금과 이자에 대해 22%의 소득세를 물어야 하며, 특히 5년 이내 해지 시에는 추가로 2.2%의 해지가산세를 부담해야 한다. 10년 뒤를 바라보는 장기투자 상품이라는 점을 명심해야 한다.

연금신탁은 다른 연금 상품으로 이전이 가능하다. 채권형 연금신탁에 돈을 납입하다가 주식시장이 활황을 보일 경우에는 안정형 연금신탁으로 이동할 수 있다. 또 연금신탁보다 공격적으로 자산을 운용하는 연금펀드로 전환할 수도 있다.

자산구성을 분산하는 차원에서 납입금액을 다양화할 수 있다. 즉 매달 25만 원을 연금신탁에 불입하는 투자자일 경우 주식시장이 강세를 보일 것으로 예상한다면 25만 원 중 15만 원을 떼어내 주식형 연금펀드에 넣을 수 있다.

금융시장 상황과 자신의 취향에 따라 얼마든지 갈아타기가 가능하다.

초단기로 돈 굴린다면 특정금전신탁이 제격

경기침체가 지속되고 주식시장이 조정국면을 이어갈 때에는 단기로 돈을 굴릴 수밖에 없다. 단기상품이지만 다른 금융상품보다 이자율이 높은 것으로 특정금전신탁MMT이 있다.

증권사의 종합자산관리계좌CMA에 맞서 은행들이 내놓고 있는 것이 MMT이다. MMT는 단 하루만 맡겨도 연 2% 안팎의 이자를 준다. 월급통장과 같은 은행의 보통예금 금리가 0.1~0.2%인 것과 비교하면 하늘과 땅 차이다.

MMT는 고객이 은행에 맡긴 돈을 금융회사의 발행어음이나 초단기 자금(콜자금) 대출 등에 투자하는 단기 자금운용 상품으로 하루만 맡겨도 연 2% 안팎의 이자를 주는 것이 특징이다. 주식시장 변동성과 불안정성이 높아지면서 위험을 느낀 투자자들이 안정된 고금리를 제공하는 MMT로 향하는 경향이 강하다.

MMT는 안정성과 고금리 혜택을 동시에 누릴 수 있다. 대표적인 실적배당형 단기 금융상품인 머니마켓펀드MMF의 경우 환매신청 다음날 돈을 찾을 수 있지만 MMT는 환매당일 바로 돈을 찾을 수 있다.

또 MMF는 기업어음CP, 회사채 등과 같이 투자 위험이 상대적으로 높은 채권에 투자하기 때문에 투자손실에 대한 부담이 크다. 하지만 MMT는 상대적으로 안전한 은행 발행어음, 콜론Call Loan 등에 투자하기 때문에 은행별로 매월 초에 고시된 금리가 한 달 동안 거의 변동이 없다. 또 MMT는 예금 금액별로 금리가 차등 적용되는 수시입출금예금MMDA과 비교하면 금리가 1%포인트가량 높다.

결국 MMT는 금리수준은 MMF와 비슷하지만 MMF에 비해 환매가 자유롭다. 또 MMDA와 같이 수시입출금이 자유롭지만 MMDA보다는 이자가 1%포인트가량 높다. 요약하면 MMT는 수시로 입출금이 자유롭고, 초단기로 운영해 높은 금리를 받을 수 있는 장점이 있다.

다만 MMT에 가입하려면 목돈이 필요하다. 일부 은행들이 가입금액을 낮추고 있기는 하지만 보통 1,000만 원 이상의 최저가입 금액이 필요하다. 최저가입 금액으로 1억 원 이상을 요구하는 곳도 많은데 최근 들어서는 가입한도가 1,000만 원까지 낮아졌다.

따라서 매월 10만 원, 20만 원을 적립하는 형식으로 MMT에 가입한 것과 같은 효과를 얻으려면 증권사의 종합자산관리계좌CMA를 이용하는 것이 좋다.

14 워렌 버핏이 세금을 아끼는 법

워렌 버핏은 청소년 시절 신문배달사업은 물론 골프기계 대여사업, 동전기계 사업 등을 병행하며 재테크에 높은 관심을 보였다. 그가 청소년기를 거치면서 아르바이트로 한 사업이 20개에 달한다. 워렌 버핏은 1년 동안 사업을 통해 벌어들인 돈은 반드시 세무서에 신고하고 돌려받을 수 있는 세금은 돌려받았다. 그는 사업을 하면서 정직하게 세금을 냈지만 최대한 절세할 수 있는 방법도 찾아냈다.

월급 생활자인 직장인들이나 자영업자들도 워렌 버핏처럼 절세를 통해 돈을 절약할 수 있는 방법이 있는데 그것이 바로 연말정산이다.

전자회사에 다니는 김병호 씨(40)는 10년 동안 직장생활을 하면서 한 번도 연말정산 세금환급을 신청한 일이 없다. 총무국에서 연말정산

신청서를 받아 몇 가지 서류만 첨부해 제출하면 되는데 귀찮다는 이유로, 푼돈일 것이라는 선입관 때문에 연말정산에 신경을 쓰지 않았다.

퇴근 후 호프집에서 친구들과 이야기를 나누다가 친구들이 매년 1월 지난해 연말정산 세금환급으로 30~40만 원가량, 어떤 친구는 100만 원에 가까운 세금을 돌려받았다는 이야기를 듣고 자신의 어리석음을 깨달았다. 조금만 발품을 팔고 신경을 쓰면 '13월의 보너스'로 불리는 연말정산을 통해 수십만 원의 돈을 챙길 수 있기 때문이다.

김 씨는 10년 동안 알뜰히 연말정산만 제대로 챙겼어도 200~300만 원의 돈을 환급받을 수 있었다는 사실에 쓴웃음을 지어야만 했다.

꿩 먹고 알 먹는 소득공제 상품들

자신의 미래를 대비해 저축을 하면서 소득공제까지 받을 수 있는 금융상품에 가입하는 것이 연말정산에 대비하는 가장 좋은 방법이다. 절세형 금융상품의 대표적인 것이 장기주택마련저축과 장기주택마련펀드, 연금저축, 보장성보험, 장기주택저당차입금 이자상환액 등이다. 이들 상품에 대해 알아보자.

장기주택마련저축은 만 18세 이상 직장인이면서 무주택자이거나 전용면적 85m^2 이하 1주택을 소유한 세대주면 가입할 수 있다. 분기마다 300만 원 한도 내에서 돈을 납입할 수 있으며, 중도에 해지하지 않고 7년 이상 유지하면 이자소득에 대해 세금이 붙지 않는다. 특히 매년 납입금액의 40%, 최대 300만 원 한도 내에서 소득공제를 받을 수 있다. 은행에서 연 5.0%대의 금리를 제공하기 때문에 이자수익도 얻고 연말이면 소득공제 혜택도 챙길 수 있는 일석이조의 금융상품이다.

예를 들어 연봉이 4,000만 원인 A씨가 매월 65만 5,000원씩 1년 동안 750만 원을 납입했다면 납입액의 40%인 300만 원에 대해 소득공제를 받을 수 있다. A씨의 경우 17%가량의 세율이 적용되기 때문에 51만 원가량을 연말정산 때 돌려받게 된다.

장기주택마련펀드도 가입요건과 소득공제 혜택은 장기주택마련저축과 똑같다. 하지만 저축이 아니라 펀드인 만큼 주식형, 채권형, 혼합형으로 투자를 할 수 있는 것이 차이점이다.

연금저축도 빼놓을 수 없는 소득공제 상품이다. 은행의 연금저축신탁, 보험사의 연금저축보험, 자산운용사의 연금저축펀드 등이 이에 속한다. 장기주택저축(펀드)처럼 연간 최대 300만 원까지 소득공제 혜택이 있으며, 납입금액의 100%까지 공제가 된다. 다만 연금저축 상품은 10년 이상 장기투자한 뒤 55세부터 연금을 받을 수 있으며, 연금을 수령할 때에는 5.5%의 세금을 내야 한다.

보험 상품 중에서는 암보험, 자동차보험 등 보장성 보험이 연간 100만 원 한도 내에서 소득공제를 받는다. 근로자 본인은 물론이고 배우자, 자녀 등 부양가족 명의로 가입한 보험도 소득공제 대상이 된다.

또 내 집을 장만할 때 은행이나 보험사 등에서 주택담보대출을 받았다면 대출이자 상환액에 대해서도 최고 1,000만 원까지 소득공제를 받을 수 있다.

단 3가지 조건이 필요한데 대출기간이 15년 이상일 것, 주택 크기는 전용면적 85m² 이하일 것, 주택소유권 이전등기로부터 3개월 이내에 대출이 발생할 것 등이다. 예를 들어 연봉 4,000만 원인 사람이 장기주택담보대출을 받아 연간 600만 원가량을 대출이자로 낸다고 할 경우 100만 원가량을 환급받게 된다.

이외에 20세 이상 무주택 세대주가 가입하는 '주택청약저축'도 연간 납입액의 40%를 소득공제 받을 수 있다. 신용카드의 경우 연간 급여의 20%를 초과 사용한 금액의 20%가 소득공제 대상이 된다.

꼭 알아야 할 연말정산 내용

자녀 수에 따라 소득공제 폭이 넓어진다. 자녀 2명까지는 50만 원이고 3명 이상이면 한 명이 늘어날 때마다 100만 원씩 늘어난다. 즉, 자녀 3명이면 150만 원, 4명이면 250만 원을 공제받을 수 있다.

의료비 공제의 경우 미용과 성형수술은 물론 한의원의 보약까지 공제대상에 포함되며 중년 여성의 질 성형, 유방확대, 지방흡입 수술과 남성들의 성기확대 수술비용도 공제를 받을 수 있다.

교육비 공제대상도 빠트려서는 안 된다. 취학 전 아동이 월단위 주 1회 이상 교습을 받고 지출한 학원비(체육도장, 수영장 등 체육시설

포함) 및 초·중·고 교육비는 1인당 200만 원(초·중·고생)~700만 원(대학생) 한도로 공제를 받을 수 있다.

또 비과세소득을 제외한 총 급여가 2,500만 원 이하인 사람은 본인 결혼비용 및 실제로 부양 중인 부모, 자녀 등의 장례비나 혼인비 등은 실제 들어간 비용과 관계없이 각 사유당 연 100만 원의 소득공제 혜택이 있다.

또 맞벌이 부부의 경우 부양가족공제를 받는 사람이 특별공제, 예를 들면 의료비공제, 교육비공제, 신용카드공제 등을 받는다면 동일인이 받는 게 좋다. 이를테면 남편이 자녀 부양가족공제를 받으면 자녀의료비, 자녀교육비, 자녀의 신용카드 사용금액 등도 남편이 소득공제를 받는다. 통상 소득이 많은 사람이 공제를 받는 게 유리하다.

신입사원, 장마저축 빨리 가입하고
은행 주거래 고객 되라

올해 사회생활을 시작한 박대동 씨(25)는 내 집 마련이 꿈이다. 서울에서 10년 이상 직장생활을 해도 전세 처지를 못 면한다는 사정을 너무나 잘 아는지라 일단 내 집을 마련하는 것이 인생 최고의 목표다.

주식과 부동산 시장을 넘나들며 돈을 이리 굴리고 저리 굴리는 재테크도 중요하지만, 박 씨는 소득공제와 세제혜택이 높은 금융상품을 잘 고르는 것이 더 알차게 돈을 모으는 방법이라고 생각한다. 재테크 못지않게 중요한 것이 '세稅테크'라고 굳게 믿고 있다.

장마저축, 연간 300만 원 한도 내에서 소득공제

박 씨처럼 사회생활을 시작하는 초년병들은 최고의 절세 상품인 '장기주택마련저축장마저축'과 '장기주택마련펀드장마펀드' 가입을 통해 재산증식을 노려보는 것이 바람직하다.

국민은행 관계자는 "현재 집이 없는 무주택자들로부터 장마저축이 큰 인기를 끌고 있다. 예금에 대해 소득공제도 받을 수 있고 이자소득에 대한 세제혜택도 있어 사회생활을 시작하는 초년병들에게는 최고의 금융상품으로 꼽힌다"고 설명한다.

이들 상품은 이름에서도 알 수 있듯이 서민의 내 집 마련을 위한 장기 적금 상품이다. 가입요건은 만 18세 이상으로 일단 세대주여야 하고 집이 없거나 한 채 있더라도 그 집의 전용면적이 25.7평($85m^2$)을 초과하면 안 되고, 기준시가가 3억 원을 넘으면 안 된다. 대부분 사회생활을 갓 시작하는 사람들에게 유리한데 조건이 맞으면 지체하지 말고 은행창구로 달려가 하루라도 빨리 가입하는 것이 좋다.

투자자금의 안전성을 중시하는 사람이라면 고정금리를 지불하는 장마저축이 제격이고, 원금손실을 감수하고서라도 높은 수익을 선호하는 사람이라면 장마펀드가 안성맞춤이다. 장마저축은 확정금리를 제공하는 상품인데 반해 장마펀드는 자산운용사가 주식이나 채권에 투자해 실적을 배당하는 상품인 만큼 잘못 하다가는 원금손실이 발생할수 있다.

은행, 증권, 보험 어디서든 통장이나 계좌 개설이 가능하다. 장마저축과 장마펀드가 어떤 혜택을 제공하기에 이처럼 높은 인기를 끄는 것일까.

우선 소득공제 혜택이 크다. 매년 연말정산 때마다 연간 저축(불입) 금액의 40% 범위 내에서 최고 300만 원까지 소득공제 혜택을 받을 수 있으며, 장마저축의 경우 금리도 비교적 높아 평균 금리가 4.7%를 넘는다. 최대 소득공제 한도가 300만 원인 만큼 세금을 매기는 과세표준이 4,000만 원 이상인 직장인이라면 최소한 300만 원의 17%에 해당하는 51만 원에 해당하는 세금을 절약할 수 있게 된다.

7년 이상 가입하면 세제혜택

시중은행의 경우 장마저축 평균금리는 4.75%다. 보통 시중은행보다 예금금리가 높은 저축은행에서도 가입이 가능한데 일부 저축은행에서는 연 6.0% 이상의 장마저축 금리를 제공한다.

또 중간에 통장을 깨트리지 않고 7년 이상 가입하면 세제혜택을 받을 수 있다. 장마저축의 경우 이자소득에 대한 비과세혜택이 있고, 장마펀드의 경우 채권투자에 따른 이자소득, 주식투자에 따른 배당소득이 발생해도 비과세 된다.

이처럼 혜택이 많은 만큼 주의해야 할 부분도 있다. 통장 가입 후 1년 이내에 해지할 경우 납입액의 8%와 60만 원 중에서 적은 금액을 추징당하게 된다. 또 1년 이상 5년 이내에 통장을 깨트리게 되면 그 동안 받았던 소득공제 혜택과 함께 납입액 4%와 30만 원 중 적은 금액을 물어야 한다. 5년 이상 7년 이내 기간에 해지하면 소득공제 혜택은 그대로 받을 수 있지만 비과세 혜택은 받을 수 없다.

따라서 독하게 마음먹고 7년 동안 저축한다는 생각으로 꾸준히 돈을 적립하면 소득공제와 비과세 혜택을 모두 누릴 수 있다는 얘기가 된다.

분기별로 최소 1만 원에서 최고 300만 원까지 불입할 수 있는 점을 감안해 자신의 월급과 재정상황을 고려해 적당한 금액을 수시로 입금하면 된다. 중간에 급전이 필요할 경우가 생긴다면 담보대출을 받을 수도 있다. 약간의 대출이자를 무는 것이 통장을 아예 해약하는 것보다 유리하다.

빨리 은행의 주거래 고객이 되라

대기업 통신회사에 다니는 배인호 씨는 월급통장은 A은행, 예금통장은 B은행, 주식형 펀드는 C은행에서 각각 거래하고 있다.

이자가 조금 많은 은행을 찾아 예금통장을 만들었고, 다른 펀드보다 수익률이 조금 높은 주식형 펀드를 판매하는 은행을 찾다 보니 거래하는 은행이 여기저기 흩어지게 되었다.

은행 업무를 한곳에서 끝낼 수도 없어 시간비용이 많이 들고 무엇보다 은행이 제공하는 다양한 부가서비스도 제대로 이용하지 못하는 단점이 있다. 배 씨는 비록 예금 잔액이 많고 주식형 펀드에 꼬박꼬박 투자자금을 납입하는 우수고객으로 분류되지만 단골은행의 주거래 고객이 아니기 때문에 다양한 서비스 혜택을 받지 못하고 있다.

은행상품 재테크의 기본은 단골은행을 만들어 주거래 고객이 되는 것이다. 은행들은 충성도가 높은 주거래 고객에 대해서는 수수료를 면제하거나 예금금리를 올리거나 대출 금리를 내려주는 등 고객들을 VIP 대접한다.

주거래 고객에게 쏟아지는 혜택

은행들은 평생고객이 될 가능성이 높은 주거래 고객에 대해서는 수수료 감면이나 우대금리 적용은 물론이고 종합건강검진비용 할인, 은행 계열사 이용 시 우대혜택, 장례용품 지원 등의 다양한 서비스를 제공한다. 이 은행, 저 은행 기웃거리지 말고 한 개의 은행을 정해 '선택과 집중' 거래를 한다면 주거래 고객으로 등록될 수 있다.

일반적으로 은행 주거래 고객이 되면 다른 일반인들보다 주택담보대출 금리가 0.5%포인트가량 싼 금리를 적용받는데 만약 1억 원의 돈을 주택담보대출로 빌린다고 하면 연간 대출이자를 50만 원가량 절약할 수 있다. 반대로 정기예금에 가입할 때에는 0.5%포인트의 우대금리를 적용시켜주기 때문에 일반인들보다 높은 금리를 받게 된다.

예금과 대출 금리뿐 아니라 부대서비스도 다양하다. 예를 들어 국민은행의 주거래 고객 중 가장 높은 등급인 'MVP스타'와 '로얄스타' 등급이 되면 한양대병원, 삼성제일병원 등 8개 병원의 종합건강검진비용 할인, 아시아나 항공권 우대, 한화콘도 객실요금 할인, 서울 프라자호텔 객실요금 할인, 면세품 물품구매 할인, 여행상품 및 해외항공권 할인, 렌트카 할인, 꽃배달 할인 등의 서비스를 제공한다. 특히 MVP스타 등급의 주거래 고객에 대해서는 무료로 세무 및 법률상담을 하거나 본인이나 배우자, 직계존속의 장례용품까지 지원한다.

또 신한은행의 주거래 고객 중 가장 높은 등급인 '프리미어' 고객이 되면 금융송금 수수료 면제는 물론 계열사인 굿모닝신한증권, 신한생명, 신한카드, 제주은행 등을 이용할 때 우대서비스를 제공한다.

일부 은행의 경우 우수고객에게 재테크 세무상담 서비스를 해주거나 주택청약부금과 예금, 비과세예금 상품 가입 시 0.2%포인트의 금리를 우대해준다.

고객은 단순히 거래은행을 한곳으로 모으고 집중적으로 거래를 하는 것에 그치지만 은행 입장에서는 주거래 고객이 평생손님으로 남을 가능성이 높기 때문에 그에 상응하는 대우를 해주는 것이다.

빨리 주거래 고객 되는 방법

먼저 은행을 한곳으로 모아야 한다. 앞에서 예로 든 배 씨의 경우처럼 은행거래가 여러 곳으로 분산되면 우수고객 등록에 필요한 포인트가 쌓이지 않기 때문에 주거래 고객이 되기 힘들다.

은행들은 예금, 적금을 비롯해 대출, 보험 상품 가입, 펀드 가입, 전자금융 이용실적, 자동이체 등록건수, 신용카드 이용실적 등을 점수로 환산해 이에 상응하는 포인트를 쌓아 주고 주거래 고객을 선정한다.

신한은행의 경우 3개월 거치식예금 평균잔액이 500만 원이면 30점, 500만 원의 가계대출은 50점, 적립식보험 10만 원 가입하면 30점 등과 같은 방법으로 포인트를 쌓아 주며 포인트가 350점 이상에 달하면 주거래 고객 등급을 부여한다.

국민은행의 경우 최고 등급인 'MVP스타' 가 되려면 포인트 점수가 1만 점 이상이고 예금이 3,000만 원 이상이어야 한다. 최근 3개월간 급여를 연속 이체하면 250점이 주어지며 공과금 등을 자동납부하면 50점이 제공된다.

은행거래를 한곳으로 모으기 위해서는 일정액 이상의 예금 잔액을 그대로 유지하거나 자동이체를 활용하거나 급여이체통장을 잘 이용해야 한다. 또 국민은행, 신한은행, 하나은행, 우리은행, 기업은행 등 시중은행들은 카드사업부를 가지고 있거나 별도의 카드회사를 소유하고 있기 때문에 신용카드를 사용할 경우에도 주거래 고객이 되는 데 필요한 포인트를 쌓아준다.

국민은행 등 일부 은행들은 직업, 이메일 주소, 결혼기념일, 연소득, 승용차 종류, 취미, 주거형태, 종교, 직장번호, 휴대전화 등 개인정보를 제공할 때에도 각 항목 당 5점씩 모두 50점의 포인트를 쌓아준다.

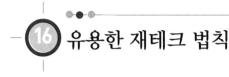

16 유용한 재테크 법칙

72의 법칙

'언제쯤 원금을 2~3배로 늘릴 수 있을까?' '언제쯤 돈 걱정 없이 여유롭게 살 수 있을까?'

모든 사람들이 부자를 꿈꾼다. 은행예금이나 펀드에 돈을 투자해 조금이라도 종자돈을 불려보려고 애를 쓰지만 투자의 결과를 제대로 아는 사람들은 그리 많지 않다.

자신이 투자한 금액이 미래 특정시점에 얼마만큼의 가치를 지니게 되는지 제대로 알고 관리해야 좋은 재테크가 된다. 72법칙을 알면 나의 투자금액과 수익률을 결정하는 데 큰 도움이 된다.

복리의 마술, 72법칙

은행에 예금을 할 경우 이자가 붙는다. 이자에는 단리單利와 복리複利 등 2종류가 있다. 단리는 원금에 대해서만 이자가 붙는 것이며, 복리는 원금과 이자, 즉 원리금에 다시 이자가 붙는 것이다. 예를 들어 1,000만 원을 연 5%의 이자를 주는 금융상품에 투자했다면 단리의 경우 매년 5만 원의 이자가 붙어 10년 뒤에는 이자수익이 500만 원이 된다.

하지만 복리의 경우 매년 원금과 이자, 즉 원리금에 다시 이자가 붙기 때문에 10년 뒤에는 이자수익이 628만 8,946원이 된다. 복리로 투자했을 경우 단리보다 25% 이상의 이자수익을 더 낼 수 있는 셈이다.

72법칙은 자신의 투자자산이 2배로 불어나는 데 얼마나 시간이 걸리는가를 계산하는 간단한 공식이다. 복리를 구하는 복잡한 공식이나 전자계산기를 사용하지 않고도 간단하게 돈을 2배로 굴리는 데 필요한 기간을 알 수 있다. 흔히 '복리의 마술'이라고도 불린다.

가령, 2,000만 원을 은행 정기예금에 투자해 연 6%의 복리이자를 받는다면 언제쯤 원리금이 원금의 2배인 4,000만 원이 될까. 72를 수익률인 6%로 나누면 12(72/6)가 나온다. 12년이 되면 투자수익이 원금의 2배가 된다는 것이다.

그럼 3,000만 원을 주식형 펀드에 투자해 연 10%의 복리이자를 받는 수익을 낸다면 투자원금은 언제쯤 2배가 될까. 72를 10으로 나누면 7.2가 되는데 결국 7.2년이 되면 투자 원리금은 6,000만 원이 되

286

는 것이다.

 따라서 수익률만 알고 있으면 장기적으로 자신의 투자금액을 2배로 늘리는 데 필요한 기간을 쉽게 파악할 수 있다.

 반대로 투자기간을 정한 뒤 자산을 2배로 불리는 데에는 얼마만큼의 수익률이 필요할까. 가령 1,500만 원의 자금을 투자해 10년 뒤 원리금을 3,000만 원으로 늘리고 싶다면 7.2%의 수익률을 보장하는 금융상품에 가입해야 한다. 72를 10년으로 나누면 7.2가 나오는데 이것이 자산을 2배로 늘리는 데 필요한 수익률이다.

 즉 72를 금리로 나누면 필요한 기간이 나오고, 72를 기간으로 나누면 필요한 수익률이 나온다.

 여기서 중요한 것은 72법칙이 단리가 아니라 복리가 적용되는 계산법이라는 점이다. 만약 매년 20%의 수익을 달성한다면 자신의 돈이 2배가 되는 기간은 5년이 걸릴 것으로 생각하기 쉽다. 20%×5= 100%이기 때문이다. 하지만 이것은 단리로 간단히 계산했을 때의 수치다.

 이를 복리가 적용되는 72법칙으로 계산하면 72를 20으로 나눈 3.6년이 걸린다. 단리와 비교했을 때 1.4년가량 먼저 원금을 2배로 늘릴 수 있다는 얘기다.

 72법칙을 제대로 이용하면 돈을 굴리는 데 필요한 수익률과 기간을 장기적으로 잘 관리할 수 있다. 하루 이틀 미루지 말고 하루라도 빨리 은행예금에 가입하든지, 적립식 펀드에 가입하든지 서둘러 재테크에 나서야 한다는 것을 72법칙은 보여주고 있다.

참고로 자신의 투자원금을 2배가 아닌 3배로 늘리고 싶을 때 필요한 수익률과 기간을 알아보려면 72를 114로 대체하면 된다. 가령 3,000만 원을 주식형 펀드에 가입해 10년 동안 3배인 9,000만 원으로 늘리고 싶다면 114를 10년으로 나눈 11.4, 즉 11.4%의 수익률이 되는 펀드여야 한다는 것을 뜻한다.

'100-나이' 의 원칙

나이에 따라 금융상품 투자 비중을 달리 적용하는 것이 필요하다. 투자의 수익성과 안정성을 어떤 비율로 나누면 좋을까. 주식형 펀드에 과다하게 치중하면 원금훼손의 우려가 있고, 채권형 펀드에 돈을 몰아넣으면 수익성이 떨어진다.

앞에서 72법칙을 살펴보면서 투자의 필요성을 깨달았고 투자 시기는 빠르면 빠를수록 좋다는 사실을 확인했다면 다음 과제는 투자 비중을 어떻게 나누고, 어떤 상품을 선택하는가가 중요하다.

시중은행 PB 전문가들은 '100-나이' 의 원칙에 따라 투자자산(포트폴리오)을 분산할 것을 조언한다. 투자자산 비중을 결정할 때 100에서 자신의 나이를 뺀 만큼은 공격적인 자산에 투자하고, 나머지는 원금보존이 되는 안전형 상품에 투자하라는 것이다.

가령 자신의 나이가 30세라면 70%는 주식형 펀드나 원자재, 선물,

옵션 등 공격적인 투자자산에 돈을 넣고, 나머지 30%는 채권형 펀드, 예금 등과 같은 안전형 자산에 투자해야 한다는 원칙이다. 반대로 나이가 60세라면 원금손실 우려가 있는 투자자산 비중은 40%로 줄이고 60%는 안전성이 뛰어난 금융상품에 투자해야 한다.

일반적으로 한국 사람들의 펀드 투자 성향은 공격적이다. 자신의 투자기준과 잣대가 없이 현재 수익률이 괜찮거나 친구들이 투자해서 재미를 봤다고 하는 펀드에 몰려드는 경향이 강하다.

'100-나이'의 원칙은 재테크 초보자들에게 투자의 기준을 제시한다는 점에서 활용해 볼 만하다. 젊을 때에는 원금손실 위험이 있더라도 향후 충분히 회복기회가 있기 때문에 다소 공격적인 투자에 나서도 된다. 반면 노년층은 무리하게 투자했다가는 노후생활 자금마저 날려버릴 위험이 있기 때문에 수익성은 다소 떨어지지만 원금보장이 되는 안전형 상품을 우선시 해야 한다.

'-50=+100'의 원칙

세계적인 투자가인 워렌 버핏의 투자원칙은 간단하다.

첫째, 돈을 잃지 마라.

둘째, 첫째 원칙을 잊어서는 안 된다.

결국 한 번 원금을 잃어버리면 다시 회복하기에는 더 큰 수고와 노력이 들기 때문에 장기적인 관점에서 안정되게 돈을 굴려야 한다고 강조한다. 그만큼 투자위험, 즉 리스크 risk 관리가 수익성 관리보다 더 중요하다는 것을 말한다.

이와 관련해 '-50=+100'의 원칙을 가슴에 담아 두고 투자기준을 정할 필요가 있다. 이 법칙을 한마디로 정리하면 '투자한 돈의 절반을 잃었을 때 원금을 회복하기 위해서는 2배의 수익률 상승이 뒤따라야 한다'는 것이다.

이를테면 주가가 1만 원인 A사의 주식가격이 5,000원으로 50% 떨어졌다고 할 경우 이를 다시 1만 원으로 되돌리기 위해서는 100%의 수익률 증가가 뒤따라야 한다. 보통 일반 사람들은 주가가 50% 빠진 후 다시 50% 상승하면 원금회복이 된다고 생각하고 있는데 이는 착각이다. 즉 '-50%=+50%'가 아니라 '-50%=+100%'가 되어야 한다.

한번 떨어진 원금을 회복하기 위해서는 2배의 수익률 상승이 필요한 만큼 투자 상품을 선택할 때에는 수익성보다는 안전성에 특히 무게를 두어야 한다.

17 신용카드 포인트, 이렇게 관리하라

워렌 버핏은 근검절약하는 사람으로 유명하다. 동네 이발소에서 머리를 깎고, 동네 스테이크하우스에서 식사를 하고 아이스크림을 먹는다. 돈을 버는 것도 중요하지만 돈을 쓸 때는 불필요하게 사치를 해서는 안 된다는 것이 워렌 버핏의 재테크 철칙이다.

신용카드도 마찬가지다. 한국 사람들은 지갑에 3~4개의 신용카드를 가지고 다닌다. 카드회사에 다니는 절친한 친구의 권유로 신용카드를 발급 받거나 다양한 할인혜택을 누리기 위해 신용카드를 발급 받은 경우도 많다. 하지만 신용카드에 숨어 있는 재테크 비밀을 알고 제대로 활용하는 사람들이 의외로 적다. 신용카드 포인트만 잘 활용해도 적지 않은 돈을 아낄 수 있다.

올해 37살의 김현석 씨는 자신이 사용하고 있는 신용카드 포인트가 점점 줄어들고 있다는 사실을 알고 깜짝 놀랐다. 웬만한 대금결제는 신용카드로 해결하고 있는데 언제부터인가 신용카드 포인트가 쌓이기는커녕 줄어들고 있는 것이 아닌가!

부랴부랴 신용카드 회사에 알아보니 신용카드 회사가 제공하는 포인트를 5년 이상 사용하지 않아 포인트를 까먹고 있었던 것이다. 12만 점에 달했던 포인트도 5만 점으로 뚝 떨어져 있었다. 1포인트가 1원인 점을 감안하면 신용카드 포인트 관리방법을 제대로 몰랐던 탓에 김 씨는 7만 원을 날려 버린 셈이다.

5년간 포인트 안 쓰면 사라진다

많은 소비자들이 신용카드 포인트 제도를 신용카드 회사가 고객을 끌어들이기 위해 만든 상술이라고 생각하고 대수롭지 않게 생각한다. 더군다나 소득공제 혜택이 있어 웬만한 대금은 악착같이 신용카드로 결제하면서도 현금과 같은 포인트는 챙기지 않는 사례가 많다.

소비자들이 사용하지 않고 묵혀 둔 신용카드 포인트가 1조 원을 넘는다. 또 회원을 탈퇴하거나 포인트 사용기간 만료 등으로 허공으로 사라지는 포인트만도 매년 1,200억 원을 넘는다. 그만큼 소비자들이 현금과 똑같은 역할을 하는 포인트를 제대로 사용하지 않고 있다는 얘기가 된다. 카드회사로서는 함박웃음을 지을 일이다.

사용하지 않은 포인트 규모를 보면 2004년 1조 1,384억 원, 2005년 1조 1,890억 원, 2006년 1조 3,311억 원을 기록하는 등 매년 증가일로에 있다. 또 소비자들의 무관심과 소홀로 자동 소멸된 포인트도 매년 1,000~2,000억 원을 넘는다. 포인트 사용기간이 5년으로 제한되어 있다는 사실도 제대로 모르거나, 자신이 사용할 수 있는 포인트의 기한이 언제까지인지 모르는 소비자들도 많다.

돈을 버는 것도 중요하지만 있는 돈을 잘 관리하는 것이 더 중요한 재테크 비법이다. 돈 많은 강남 아주머니들도 신용카드 포인트 1점이라도 챙기려고 안간힘을 쓰는데 1~2만 원이 아쉬운 소비자들이 왜 포인트를 그냥 버리는가!

포인트 관리하는 방법

대부분의 카드회사들은 신용카드로 결제할 때마다 0.1~3% 사이에서 포인트를 적립해준다. 특정 가맹점에서 결제할 경우에는 10%까지 포인트를 쌓아 주는 곳도 있다. 롯데카드의 경우 롯데백화점, 롯데마트, 세븐일레븐 등 롯데 계열사에서 결제하는 데 사용되는 특화카드(특정 목적으로 사용되는 카드)인 '롯데 포인트플러스 카드'를 이용할 경우 일반 카드보다 포인트를 2배 많게 적립할 수 있다. 골프를 좋아하는 사람은 골프 특화카드, 쇼핑을 좋아하는 사람은 쇼핑 특화카드, 영화 관람이 취미인 사람은 영화 특화카드, 외식이 잦은 사람은 외식

특화카드 등 다양한 특화카드를 이용하면 포인트 적립률을 크게 높일 수 있다. 신용카드를 만들 때에는 자신의 소비경향을 잘 파악해서 자신에게 유리한 특화카드를 사용하는 것이 유리하다.

특화카드로 100만 원을 사용했는데 포인트를 5%만 적립해도 신용카드 회사로부터 나중에 5만 원을 돌려받게 된다. 이 때문에 자신이 주로 사용하는 신용카드를 결정할 때에는 자주 이용하는 가맹점이나 업체의 포인트 적립률이 얼마나 높은지 꼼꼼히 따져볼 필요가 있다.

롯데카드 김춘식 과장은 '카드는 1~2개로 줄이라'고 권한다. 한국인들은 보통 4~5개의 신용카드를 가지고 있는데 이것저것 결제하다 보면 포인트 혜택이 여러 카드로 분산되기 때문에 포인트 사용에 어려움이 따를 수 있다. 일부 카드회사들은 일정 포인트 이상이 되어야지만 포인트 사용을 할 수 있도록 하고 있어 소액 포인트로는 아예 사용할 수 없는 경우까지 있다.

가족카드를 만들어 포인트를 쉽게 모으는 것도 좋다. 일부 카드회사는 고객유치를 위해 가족카드에 대해 더 많은 포인트 적립혜택을 제공하고 있다. 가족이 함께 포인트를 모으면 최저사용 가능 포인트에 빨리 도달해 포인트 사용이 한결 쉬워지는 것은 물론 다양한 할인혜택을 누릴 수 있다.

목돈을 쓸 때에는 무조건 신용카드로 결제해야 한다. 연말정산 때 소득공제를 받을 수 있고 포인트 적립도 크게 늘릴 수 있는 장점이 있다. 매달 납입해야 하는 보험료, 통신요금 등도 신용카드로 결제할 수 있는 곳이 많은 만큼 아무 생각없이 예금통장 자동이체를 하고 있는 것은 아닌지 꼼꼼히 따져볼 필요가 있다.

카드회사가 정기적으로 발송하는 우편물, 이메일도 잘 챙겨야 한다. 포인트가 얼마나 쌓여 있고, 오랜 기간 포인트를 사용하지 않았을 때에는 포인트가 사라진다는 안내를 해주기 때문이다.

포인트 '선(先)지급'은 독이 될 수 있다

음식점을 운영하는 박혜숙 씨(43)는 중형 자동차를 구입하고 2,000만 원가량을 신용카드로 결제했다. 목돈을 신용카드로 결제하면 30만 원가량을 깎아 준다는 자동차회사 판매사원의 설명에 신용카드 구매를 결정한 것이다.

그리고 수 년이 지난 어느 날, 자동차회사에서 신용카드 사용액이 충분하지 않으니 예전에 할인 받은 30만 원을 다시 돌려달라는 독촉장을 받고 황당해 했던 적이 있었다. 신용카드 포인트 선지급에 대해 제대로 알아보지도 않고 차를 샀던 것이 화근이었다.

'포인트 선先지급'은 신용카드를 사용할 때 미리 상품가격을 깎아 주고 향후 3~5년간 신용카드 사용으로 포인트를 쌓아 이전에 할인받은 상품값을 갚는 것이다. '세이브 포인트'라고도 한다.

카드회사 입장에서는 고객을 장기간 묶어둘 수 있고 신용카드 사용을 다시 유도할 수 있는 장점이 있다.

냉장고나 고화질 TV, 자동차 등 가격이 비싼 제품을 구입할 경우 신용카드 회사들은 가전매장이나 가맹점들과 제휴해 포인트 선지급을 활용하고 있다.

선지급은 할인이 아니라 할부다

하지만 소비자들은 향후 얼마만큼의 신용카드를 사용해야 하는지, 포인트 적립금이 얼마큼 되어야 하는지, 꼼꼼히 따져보지도 않고 당장 가격을 깎아준다는 말에 제품 구매를 결정하고 만다.

백화점, 자동차회사, 가전매장 등에 들어서면 카드회사별로 선지급 금액을 선전하는 광고들이 즐비한데, 제대로 알아보지도 않고 상품구매를 결정할 경우에는 낭패를 볼 수 있다는 사실을 명심해야 한다.

예를 들어 60만 원을 미리 할인받아 신용카드로 대형 냉장고를 샀다고 했을 경우 소비자들은 향후 3~5년 동안 3,000만 원가량을 신용카드로 다시 사용해 포인트를 쌓아야 한다. 카드사마다 선지급에 대한 정책이 다르지만 보통 선할인 상환기간을 3년으로 설정하고 있기 때문에 1년에 1,000만 원가량, 한 달에 90만 원가량을 사용해야 한다는 얘기가 된다. 주머니 사정이 팍팍한 소비자 입장에서는 결코 적은 금액이 아니다.

포인트 못 채우면 현금으로 지불해야

선지급을 받아 상품을 산 뒤 보통 3년이 지난 뒤에도 포인트를 채워주지 못할 경우 그 차이만큼을 현금으로 카드사에 내야 한다는 것을 잊어서는 안 된다.

하지만 포인트 선지급도 잘만 활용하면 좋은 재테크 방법이 될 수 있다. 한 달 평균 사용하는 신용카드 대금을 잘 계산해 충분히 상환이 가능한 범위 내에 있다면 목돈이 들어가는 제품을 포인트 선지급 신용카드로 구입하면 수십만 원의 돈을 아낄 수 있다. 다만 할인을 먼저 받고 나중에 적립 포인트가 부족할 경우에는 현금으로 보상해야 한다는 점에 주의해야 한다.

따라서 4~5개의 여러 카드를 사용해 카드 포인트를 분산시키기보다는 사용카드를 1~2개로 집중시켜 포인트 적립금액을 높이는 게 유리하다. 또 가족들이 사용한 포인트를 모아 합산할 수 있는 가족카드를 선택하는 것이 좋다.

신용카드 재테크의 고수가 되라

출판사에 다니는 권경하 씨(30)는 지갑에 신용카드를 4개나 가지고 있다. 쇼핑을 할 때, 차에 기름을 넣을 때, 외식을 할 때, 휴대폰 요금을 낼 때 등 용도에 따라 사용하는 카드가 다르다.

그렇다 보니 각각의 신용카드에 쌓이는 포인트가 분산될 수밖에 없다. 신용카드별로 매월 각각 5,000포인트가량이 쌓여 전체적으로 2만 포인트를 적립한다.

하지만 문제는 개별 신용카드 포인트를 사용하려고 하니 포인트가 너무 작아 제대로 사용할 수가 없다는 것이다. 4개의 신용카드 포인트를 모두 통합해 주면 한 달에 평균 2만 원을 절약할 수 있는데 말이다.

어떻게 하면 뿔뿔이 흩어진 신용카드 포인트를 한곳으로 모아서 사용할 수 있을까.

카드회사들의 상술을 먼저 알아야 한다. A카드사가 발행한 다양한 카드들이라도 통합이 안 되는 경우가 많다. 카드사들이 여러 개의 포인트 제도를 운영해 소비자들의 혼란을 부추기고 있기 때문이다.

통상 소비자들은 A카드사가 발행한 모든 카드는 포인트를 모아서 사용할 수 있을 것으로 생각하지만 그렇지 않다. 포인트를 통합시켜주는 곳도 있지만 통합 포인트를 인정하지 않는 곳도 많다.

예를 들어 A카드사가 발행한 '콩쥐카드' '팥쥐카드' '흥부카드' '놀부카드' 에 대해 각각 1만 포인트를 가지고 있다고 하자. 포인트를 이용해 3만 원짜리 상품을 산다고 할 경우 각각의 신용카드로는 살 수가 없다. 1만 원만 인정되기 때문이다.

이처럼 소액의 카드 포인트를 사용하기가 불편하기 때문에 그냥 내버려 두는 포인트 규모가 1조 원을 넘는다. 고객들이 돌려받아야 하는 혜택이 고스란히 카드회사의 손으로 들어가는 것이다.

흩어진 포인트를 통합하는 방법

신용카드 포인트를 통합해 물건을 살 수 있는 방법이 있다. 심지어 카드사가 달라도 포인트를 모두 모아 포인트 적립금만큼 상품을 살 수 있다. 아직까지 일반인들에게 널리 알려지지 않았지만 소비자들의 포인트 관리에 대한 관심이 높아지면서 인기를 끌 것으로 예상된다.

호환이나 통합이 되지 않는 포인트를 합쳐 사용하고 싶은 고객은 통합사이트를 이용하면 큰 도움이 된다.

포인트아울렛(www.pointoutlet.com)을 예로 들어보자. 이 인터넷 사이트는 비씨카드, LG카드, 삼성카드, 외환카드 등 4개 카드사의 포인트를 모두 통합해 상품을 구매할 수 있도록 해준다. 비씨카드, LG카드, 삼성카드, 외환카드에 각각 1만 포인트가 적립되어 있고 쇼핑몰에서 사고자 하는 상품의 가격이 4만 원이라면 4개 카드의 포인트를 모두 모아 4만 원짜리 상품을 살 수 있다.

만약 상품가격이 7만 원이라면 4만 원은 포인트로 결제하고 나머지 3만 원만 신용카드 결제를 하면 된다. 사용하지 않으면 허공으로 사라질 포인트를 사용해 4만 원을 아낄 수 있는 셈이다. 포인트 사용에 따른 별도의 비용이나 수수료 부담도 없다.

동일한 카드사뿐만 아니라 카드사가 달라도 제각각 흩어진 포인트를 모아 상품을 구매할 수 있어 돈을 절약할 수 있다. 보통 신용카드 포인트를 통합해 5만 원 안팎의 상품을 포인트로 결제하는 경우가 많다.

포인트아울렛 이외에도 많은 포인트통합 사이트가 운영되고 있다. 자신이 가지고 있는 신용카드의 포인트를 통합시켜주는 사이트를 입맛에 따라 고르면 된다.

신용카드 소득공제는 꼭 챙겨라

전자회사에 근무하는 최철호 씨(36)는 연봉이 4,000만 원가량이며 이 중 1,500만 원 이상을 신용카드로 결제한다. 웬만한 물품구매는 신용카드로 결제하지만 연말정산 시 소득공제에 대해 전혀 신경을 쓰지 않아 매년 22만 원가량을 돌려받지 못한다.

우리 주위에는 최 씨처럼 신용카드 소득공제 혜택을 내팽개치는 사람들이 많다. 정부가 원천징수 형식으로 거두어들인 세금을 다시 돌려받아야 하는데 신용카드 소득공제를 신청하는 것이 귀찮다는 이유로 자신의 권리를 포기하고 만다.

2008년부터 신용카드 소득공제 기준이 달라졌다. 2007년에는 근로자가 받는 총급여의 15% 초과분에 15%의 공제율을 적용했지만, 2008년부터는 총급여의 20%를 초과하는 금액에 20%의 공제율을 적용하고 있다.

신용카드 소득공제에 따른 세금환급 금액은 다음 공식으로 간단히 알 수 있다.

세금환급 금액 = (신용카드 사용금액 − 총급여 × 20%)× 20% × 세율

예를 들어 B씨의 연봉이 4,000만 원이며 이 중 2,000만 원을 신용카드로 결제한다고 하자. 총급여 4,000만 원의 20%인 800만 원을 초과하는 금액, 즉 1,200만 원(2,000만 원−800만 원)에 대해 20%의

공제율을 적용하면 240만 원이 소득공제 대상이 된다. B씨의 경우 연봉이 4,000만 원 이하이기 때문에 17%가량의 세율이 적용돼 40만 원가량 세금으로 돌려받게 된다.

2007년보다 소득공제 대상은 줄어들지만 신용카드를 많이 쓰는 소비자들에게 부여하는 공제혜택은 더 늘어나게 된다.

이처럼 제도변경으로 직장인들의 신용카드 소득공제는 급여 대비 사용금액 비율에 따라 희비가 엇갈리게 된다. 카드 사용대금이 급여의 15~20%인 경우 올해부터는 소득공제 혜택이 사라진다고 보면 된다. 또 사용금액 비율이 20~35%라면 옛날처럼 계속 소득공제 혜택을 받기는 하지만 옛날보다 소득공제액이 줄어든다.

소득공제액이 옛날보다 늘어나는 것은 카드 사용액이 급여의 35%를 넘었을 때이다.

어떻게 하면 신용카드 소득공제 많이 받을 수 있나

신용카드 소득공제가 적용되는 기간은 전년도 12월 1일부터 당해 연도 11월 30일까지다. 신용카드를 사용하고 승인된 금액이 신용카드 개별 가맹점에서 카드사에 이전되는 데에는 평균 4~5일이 소요되기 때문에 12월이 아니라 11월 사용액까지를 대상으로 한다.

소득공제는 자신의 기준금액 초과분에 대해서 적용되기 때문에 카드 사용액이 크면 클수록 공제범위는 더 많아지게 된다. 따라서 신용카드는 물론 캐시카드, 직불카드, 현금영수증을 모두 챙겨 소득공제 범위를 늘리는 것이 유리하다.

1만 원짜리 물건을 사고 신용카드로 결제하는 것이 쩨쩨한 행동이라고 생각하기보다는 웬만한 물건 구매는 신용카드나 직불카드로 결제한다는 습관을 들여야 한다. 처마에서 떨어지는 빗방울이 바위를 뚫듯이 작은 돈이라도 아끼고 절약하는 습관이 개인의 미래 부(富)를 결정한다. 쓸데없이 과소비만 하지 않는다면 가급적 소비는 카드로 하는 것이 좋다.

또 부부가 맞벌이를 한다면 소득이 많은 사람의 신용카드를 사용하는 것이 바람직하다. 소득이 많을수록 소득공제 환급세율이 높기 때문이다. 과세표준과 세율을 비교해 보면 1,000만 원 이하 일 때 8%, 1,000만 원 초과~4,000만 원 이하일 때 17%, 4,000만 원 초과~8,000만 원 이하일 때 26%, 8,000만 원 초과일 때 35%가 적용된다. 따라서 소득이 높을수록 세율이 점점 높아져 환급금액이 많아지게 된다.

하지만 주의해야 할 점은 신용카드 결제대금이 모두 소득공제 대상이 아니라는 것이다. 신용카드로 외국에서 사용한 금액에 대해서는 소득공제가 되지 않으며 등록세 과세 대상인 부동산, 자동차 등을 신용카드로 구입할 때에도 공제대상이 되지 않는다. 이외에 할부수수료율, 현금서비스 이용금액, 전기료 등 공과금도 소득공제 대상에 포함되지 않는다.

신용카드의 소득공제 신청은 아주 간단하다. 연말이 되면 카드회사에서 1년간 사용한 '신용카드 사용금액 확인서'를 보내준다. 여러 개의 카드를 가지고 있는 고객이라면 개별 회사에서 보내준 사용금액 확인서를 모두 모아 회사 총무부에 제출하면 된다. 국세청 홈페이지에 접속하면 소득공제 관련 자료를 모두 얻을 수도 있다.

조금만 신경을 쓰면 10만 원 이상의 세금을 다시 돌려받을 수 있는데 무관심과 게으름 탓에 받아야 할 돈을 날려버리는 사람들이 꽤 많다.

신용카드가 지고 체크카드가 뜬다

'체크카드'는 신용카드처럼 전국 가맹점에서 자유롭게 이용할 수 있으며, 본인의 은행통장 잔액 내에서만 결제가 가능한 카드다. 은행통장에 50만 원이 적립돼 있다면 50만 원 한도 내에서 물품 구매결제를 할 수 있다.

카드사들이 신용카드와 맞먹는 부가서비스를 제공하고 있는 데다 신용카드를 사용할 때보다 효율적으로 돈을 관리할 수 있어 큰 인기를 끌고 있다. '신용카드의 시대는 가고 체크카드의 시대가 왔다'는 소리가 나올 정도로 소비자들이 기존 신용카드 대신 체크카드 사용을 상대적으로 늘리고 있다.

체크카드는 무엇보다 돈 관리에 좋다. 본인의 은행통장 범위 내에서만 결제가 되기 때문에 충동구매나 과다지출의 염려가 없다. 신용카드의 경우 은행 통장 잔고가 부족하면 무리하게 현금서비스를 받을 수 있지만 체크카드는 현금서비스를 받을 수 없기 때문에 필요 이상의 과다지출은 사전에 방지할 수 있다.

또 체크카드는 물품을 구매한 결제시점에 바로 은행통장에서 돈이 나간다. 신용카드의 경우 한 달 이후에 일괄적으로 돈이 나가기 때문에 사용기간 동안 얼마만큼의 돈을 사용했는지 파악이 힘들지만 체크카드는 은행통장을 보면 바로 잔고를 확인할 수 있다.

체크카드는 자녀들의 용돈 관리용으로 안전하게 사용할 수 있다. 아이들에게 신용카드를 사용하도록 허락할 경우 돈 관리를 제대로 못할 위험이 있지만 체크카드는 아이들의 통장에 일정한 금액의 용돈만 넣어 주면 이 한도 내에서 사용해야 되기 때문에 효과적으로 자녀들의 용돈관리가 가능하다.

포인트 적립 등 부가서비스도 신용카드와 비교해 손색이 없다. KB카드의 '잇폰it Phone 체크카드'는 매월 50만 원만 이용하면 SKT, LGT, KTF 등 이동통신사 3사에서 60분간 무료통화 혜택을 받는다.

롯데카드의 체크카드는 롯데백화점 5% 할인쿠폰이 제공되며, 삼성카드의 '삼성증권 CMA 체크카드'는 하루만 맡겨도 연 4.8%의 이자를 준다. 우리V카드도 주유할인이나 은행거래 우대, 포인트 적립 등의 혜택이 신용카드 수준이다.

체크카드는 보통 연회비가 없으며 만 14세 이상이면 신용불량자라도 발급받을 수 있는 장점이 있다. 또 신용카드와 달리 사용금액의 일부를 포인트가 아닌 현금으로 돌려받을 수 있다. 대부분의 체크카드는 사용액의 0.5%를 현금으로 돌려주고 있는데 이는 신용카드의 포인트 적립보다 고객들에게 더욱 매력적인 혜택이다.

우리나라의 경우 전체 발행카드 중 20%가량이 체크카드이지만 미국과 유럽의 경우 체크카드 비중은 50% 이상을 기록하고 있으며 프랑스의 경우 거의 100%가 체크카드를 사용하고 있다. 체크카드는 절제있는 소비를 할 수 있는 장점이 있기 때문에 앞으로 사용이 더욱 늘어날 것으로 보인다.

19 자동차 보험료를 아껴라

지난 2007년 5월 미국 네브라스카 주 오마하에 있는 워렌 버핏의 집을 방문했을 때 창고 옆에 주차되어 있는 차를 본 적이 있다. 한국의 대기업 회장들이 애용하는 세련된 리무진이 아니라 색상이 바래고 여기저기 흠집이 많은 그렇고 그런 차였다. 익히 알려진 것처럼 워렌 버핏은 10년 이상된 중고차를 아직도 이용하고 있다. 집에서 20분 거리에 있는 버크셔 해서웨이 본사까지는 손수 차를 몰고 출퇴근을 한다. 자동차 기사가 없기 때문이다.

워렌 버핏은 세계에서 1, 2위를 다투는 부자지만 검소하고 절약하는 사람으로 유명하다. 워렌 버핏은 10년 이상 같은 자동차를 이용함으로써 연간 자동차 보험료를 2,000만 달러가량 절약할 수 있다. 멋

진 자동차를 매년 갈아타며 화려한 생활을 과시하기보다는 자동차 보험을 통해서도 밖으로 새어 나가는 돈을 절약하고 있는 것이다.

워렌 버핏은 온라인으로 가입한다

워렌 버핏은 온라인으로 자동차 보험에 가입한다. 그는 '가이코GEICO'라는 온라인 자동차 보험 회사를 경영하고 있다. 가이코 회사는 초록 도마뱀을 회사 마스코트로 사용하고 있는데 귀엽고 앙증맞은 이미지가 고객들에게 깊은 인상을 준다. 무더운 여름날 미국 해안에서 휴가를 즐겨 본 경험이 있다면 가이코 도마뱀 로고를 달고 하늘을 이리저리 배회하는 비행기를 자주 보았을 것이다. 이 같은 방법으로 가이코 회사를 광고하는 방법도 워렌 버핏이 직접 고안해 낸 것이다.

미국은 자동차 보험이 한국과 비교해 엄청 비싸다. 새 차를 구입해 미국에서 자동차 보험에 가입할 경우 3,000만 달러 이상을 내야 한다. 한국에서 초보자가 100만 원 이상을 내는 것과 비교하면 3배가량 비싼 편이다. 워렌 버핏을 비롯해 미국의 알뜰한 소비자들이 자동차 보험을 온라인으로 가입하는 이유가 여기에 있다.

자동차 보험료를 통해서도 쓸데없이 새는 돈을 막을 수 있다. 많은 사람들은 보험설계사의 권유와 설명을 곧이곧대로 듣고 자동차 보험에 덜컥 가입하는 경우가 많다. 특히 자동차에 대한 지식이나 운전경험이 적은 여성 운전자들은 전적으로 설계사에게 자동차 보험 가입을 맡기는 경우도 많다. 하지만 자투리 시간을 내어 조금만 자동차 보험에 대해 공부를 하고 자동차 보험료를 절약하는 방법을 알아낸다면 연간 기준으로 수십만 원을 절약할 수 있다.

불황기에 가계부 쓰기가 점점 불안해지는 상황에서 자동차 보험료를 줄이는 방법을 알아두는 것도 좋은 재테크 방법이다.

아리송한 자동차 보험 용어부터 정복

자동차 보험은 교통사고나 차량도난 등으로 발생한 손해를 보험사가 보상해 주는 보험으로 배상하는 담보범위는 크게 6가지로 나눌 수 있다.

'대인배상 I'은 자동차손해배상보장법에 따라 차량 소유자가 의무적으로 가입해야 하기 때문에 '책임보험'이라고 부른다. 차를 운전하던 중 타인을 죽게 하거나 다치게 할 경우 보상하는 것으로 만약 차량 소유자가 이 담보에 가입하지 않으면 처벌을 받게 된다.

'대인배상 II'는 자동차운전으로 남을 죽게 하거나 다치게 할 경우 대인배상I(책임보험)에서 보장하는 범위를 초과하는 금액을 보장한다. 이 담보는 운전자가 반드시 가입해야 하는 의무는 없지만 사고를 낸 운전자가 형사처벌 면제 혜택을 받으려면 무한으로 가입하는 것이 좋다.

'대물배상'은 운전자가 사고를 냈을 경우 상대방의 파손된 차량을 배상하는 것으로 의무적으로 가입해야 한다. 이 담보의 최저 배상금액은 1,000만 원이지만 최근 외제차 급증으로 잘못하다가는 자기가 부담해야 하는 배상금액이 크게 늘어날 가능성이 있는 만큼 배상금액을 1억 원까지 늘리는 것이 바람직하다. 배상금액을 1,000만 원에서 1억 원까지 늘리더라도 추가로 들어가는 보험료는 연간 2만 원 정도에 불과하기 때문이다.

'자기신체사고'는 운전 도중 운전자나 가족이 상해를 입었을 경우 보험사가 배상하는 것으로 보험료에 따라 사망보험금, 부상보험금, 후유장애보험금의 금액이 각각 다르다. 보통 1,500만 원에서 1억 원까지 보상금액이 다양한데 운전자의 경제 형편에 맞도록 보험료를 조절하면 된다. 운전자가 가입할 의무는 없다.

'자기차량 손해'는 운전 도중 충돌로 운전자의 차가 파손되거나 도난, 침수, 화재, 폭발 등으로 차에 손해가 날 경우 보험사가 배상해 주는 것이다. 사고보상 시 차량 소유자가 스스로 부담할 금액을 결정할 수 있으며 이 금액을 높이면 보험료를 할인받을 수 있다.

예를 들어 자신의 차가 파손돼 수리비가 100만 원 나왔을 경우 본인부담금이 5만 원이라면 나머지 95만 원은 보험사가 배상하고, 본인부담금이 10만 원이라면 나머지 90만 원은 보험사가 부담하는 식이다. 본인부담금을 높게 설정해 놓으면 보험사의 부담이 줄어들기 때문에 보험료를 할인받을 수 있게 된다.

'무보험 자동차에 의한 상해'는 무보험이나 뺑소니 차량에 의해 운전자가 죽거나 다쳤을 때 보험사로부터 배상받는 것으로 차량 소유자가 가입할 의무가 있는 것은 아니다. 연간 보험료가 1만 원가량이지만 보상금액은 최고 2억 원가량 되기 때문에 만일의 경우를 대비해 가입해 놓는 편이 유리하다.

앞에서 언급한 자동차 보험의 6개 담보사항 중 책임보험인 대인배상I과 대물배상은 의무적으로 가입해야 하고 나머지 4개는 자신의 운전경력과 경제적인 능력을 고려해 보험료를 조절할 수 있다.

지피지차(車)면 자동차 보험료 절약

우선 운전자의 범위를 제한하는 것이 좋다. 자동차 보험에는 누구나 운전할 수 있는 '기본형'과 가족만 운전할 수 있는 '가족한정 운전특약'이 있다. 일반적으로 가족한정 특약은 기본형보다 20%가량 싸다. 가족의 범위에는 차량 소유자와 배우자, 소유자의 부모, 자녀, 장인과 장모(시부모) 등이 해당된다. 더욱이 '부부한정 특약'으로 가입하면 여기에서 10%가량 할인받는다. 또 차량 소유자 1인만 가입하면 5~6% 더 저렴해진다.

중고차는 자기차량 손해보험(자차보험)을 줄이는 것이 유리하다. 새로 차를 구입할 때에는 자차보험 범위를 확대하는 게 바람직하지만 중고차는 자차보험을 줄이는 것이 좋다. 자동차 보험료의 가장 큰 부문은 자차보험이 차지하는데 일반적으로 전체 보험료의 30~35%가량을 차지한다. 총보험료가 100만 원이라면 35만원가량은 자차보험으로 나간다는 얘기다.

초보 운전인 아내가 차를 산다면 남편 명의로 하는 것이 경제적이다. 초보 운전자인 아내가 새 차를 장만해 자동차 보험에 가입한다면 100만 원 이상의 보험료를 부담해야 한다. 하지만 남편이 장기 무사고 운전자로 연간, 35만 원가량 보험료를 내고 있다면 아내의 새 차를 남편 명의로 구입하고, 부부한정 자동차 보험에 가입하면 70만 원가량 절약할 수 있다.

자동차 보험료는 신용카드로 결제하는 게 좋다. 자동차 보험료를 낼 때는 현금이나 신용카드 결제 모두 가능하다. 하지만 신용카드를 사용하면 포인트 적립, 항공 마일리지 제공 등의 부가서비스를 받을 수 있다. 더욱이 연말정산 때는 소득공제 혜택도 받을 수 있다.

보험설계사를 통하지 않고 전화나 인터넷으로 가입하면 보통 보험료를 15%가량 절약할 수 있다. 주식형 펀드를 인터넷으로 가입할 때와 마찬가지로 보험회사로서는 인건비가 들지 않기 때문에 보험료를 깎아준다. 온라인 보험사인 교보AXA, 에르고다음다이렉트, 하이카다이렉트 등이 대표적이며, 다른 일반 보험사들도 인터넷으로 가입할 때에는 10~15%의 할인혜택을 준다.

자동차에 에어백, 전자제어 브레이크시스템[ABS], 도난방지장치가 내장돼 있다면 보험료를 추가로 할인받을 수 있다. 이들 장치는 자동차 사고가 났을 때 신체 부상 위험을 크게 줄여줄 수 있기 때문에 보험사들이 보험료를 할인해 준다. 에어백이 운전석뿐 아니라 조수석에도 부착돼 있다면 할인 폭이 더 크다.

군대나 외국에서의 운전경력도 보험사에 알려줘야 한다. 군대에서 운전병으로 근무한 기간, 해외 유학생 또는 주재원으로 생활하면서 자동차 보험에 가입한 기간 등도 자동차 보험 가입경력으로 인정해 준다. 깜박 잊었거나 잘 몰라서 가입경력을 신청하지 않았다면 나중에라도 보험사에 가입경력으로 인정해 달라고 신청할 수 있다. 보험사들은 증빙서류만 보내주면 차액보험료를 돌려준다.

운전자 연령에 따라 보험료를 절약할 수도 있다. 나이가 많은 사람보다는 젊은 사람이 자동차사고를 낼 위험이 크다. 그래서 보험사들은 운전자의 연령을 제한해 보험에 가입할 경우 보험료를 할인해 준다. 보험 상품에서 정한 나이보다 어린 운전자가 운전을 하다가 사고를 낼 경우에는 보상을 받을 수 없기 때문에 보험 가입 시 선택한 나이제한을 꼭 확인해야 한다.

보험계약을 해지한 후 3년을 넘기지 않는 것이 좋다. 보험을 해지한 후 3년 이내에 재가입하면 마지막 보험 가입한 경력을 그대로 인정받을 수 있어 보험료가 저렴하다. 하지만 보험 해지 후 3년이 초과되면 경력이 소멸돼 신규가입으로 처리된다. 이 경우에는 100만 원 이상의 보험료를 부담해야 한다. 해외 파견근무로 인해 보험을 해지하더라도 3년을 넘기지 않도록 주의해야 한다.

자동차 보험의 보상을 받은 사고를 보험사고라고 한다. 보험사고가 많으면 1~2년만에도 할증적용률이 최고 250%까지 올라가 보험 부담이 가중된다. 할증된 보험료는 3년간 지속되다가 할증된 상태에서 다시 할인이 시작되기 때문에 장기간 보험료 부담이 커지는 위험이 있다. 따라서 적은 금액의 보험사고는 차보험으로 처리하지 말고 자기비용으로 처리하는 것이 훨씬 유리하다. 일반적으로 50만 원 이하의 대물사고에 대해서는 보험처리하지 않고 자비 처리하는 것이 좋다.

자동차 보험료를 아끼는 가장 좋은 방법은 역시 안전운전이다. 음주운전 등 교통법규를 위반할 때에는 10%가량 보험료가 할증되며 반대로 교통법규 위반이 없을 때에는 10% 한도 내에서 보험료 할인혜택을 받을 수 있다. 또 자동차 무사고 기간이 길면 길수록 보험료 부담이 줄어든다. 처음 자동차 보험에 가입해서 무사고 운전을 한다면 매년 10%가량 할인율을 적용받게 된다.

자동차 보험료 절약 방법

1. 운전자의 범위를 제한하라.
2. 중고차는 자차보험을 줄이는 것이 유리하다.
3. 초보 운전자인 아내가 새 차를 사면 남편 명의로 하는 것이 경제적이다.
4. 자동차 보험료는 신용카드로 내라.
5. 에어백, ABS 등이 있다면 보험료를 할인받을 수 있다.
6. 군대나 외국에서의 운전경력도 보험사에 알려야 한다.
7. 보험계약을 해지한 후 3년을 넘기지 않아야 한다.
8. 온라인으로 가입하면 20%가량 저렴하다.

보험과 주식투자를 합한 변액보험

경기불황기에 오히려 적립식 펀드 가입을 고려해야 하는 것처럼 보험 상품 중에서는 변액보험이 불황기 재테크 상품으로 제격이다.

연금보험, 종신보험 등과 같은 일반적인 보험은 매월 일정금액을 보험금으로 납부하고 만기가 되면 정해진 금액을 돌려받는다. 만기일에 받는 금액이 정해지기 때문에 투자수익은 생기지 않는다.

하지만 변액보험은 보험과 투자수익을 함께 꾀할 수 있다. 변액보험은 계약자가 낸 납입보험료를 바탕으로 펀드를 구성하고 주식, 채권 등 유가증권에 투자해 운용실적에 따라 투자수익을 배분하는 실적배당형 보험 상품이다. 보험의 보장성을 유지하면서도 자산운용 실적을 연결시킨 것이다.

적립식 펀드가 3년 안팎의 자금관리에 중점을 두었다면 변액보험은 10년가량 장기투자에 초점을 맞춘 상품이기 때문에 긴 안목으로 투자하는 데 유리하다.

일반 연금보험에 변액기능을 보탠 것이 '변액연금보험'이며, 일반 종신보험에 변액기능을 더한 것이 '변액종신보험'이다. 변액보험도 주식에 70% 이상 투자하는 공격적인 주식형이 있고, 채권에 70% 이상 투자하는 안정적인 채권형, 주식과 채권을 혼합하는 혼합형이 있다. 따라서 보험가입자의 투자성향에 따라 주식형, 채권형, 혼합형 중에서 하나를 선택하면 된다. 보험의 본래 목적인 보장성을 강조하는 투자자라면 주가변동에 따라 원금손실 위험이 있는 주식형은 가급적 피하고 안정적인 채권형에 투자하는 것이 바람직하다.

보험 상품 중에는 유니버셜보험이라는 것이 있는데 정기적으로 보험료를 지불하지 않고 보험료를 신축적으로 넣었다 뺐다 할 수 있는 상품이다. 자금사정이 좋을 때에는 보험료를 더 많이 낼 수 있고, 반대로 주머니 사정이 안 좋을 때에는 보험금을 조금만 내도 낸다. 이 같은 유니버셜보험에 변액기능을 더한(투자기능을 더한) 보험이 변액유니버셜보험이다. 일반적으로 변액보험이라고 하면 변액연금보험, 변액종신보험, 변액유니버셜보험을 일컫는다.

10년 이상 가입하면 비과세혜택

배당이나 이자소득에 대해 15.4%의 소득세를 내야 하는 적립식 펀드와 달리 변액보험은 10년 이상 장기 가입할 경우 비과세혜택이 주어진다.

또 적립식 펀드는 한 번 가입하면 환매를 하지 않는 한 다른 펀드로 갈아타기가 어렵지만 변액보험은 1년에 10회 이상 주식형과 채권형, 혼합형을 오가며 갈아탈 수 있는 장점이 있다. 따라서 주식이 강세를 보일 때에는 주식형으로 전환하고, 채권시장이 좋을 때에는 채권형으로 바꾸는 등 탄력적으로 운영할 수 있다.

하지만 납입보험금의 일부를 사업비 명목으로 제외하고 나머지 자금을 유가증권에 투자하기 때문에 같은 수익률을 가정한다면 적립식 펀드에 비해 수익률이 낮을 수 있다. 또 일반보험과 달리 투자기능이 있기 때문에 보험사나 자산운용사가 기초자산을 잘못 운용할 경우에는 원금이 손실될 수 있다는 점에 주의해야 한다.

변액보험 손해 안 보는 7가지 방법

보통 일반인들은 보험설계사의 권유로 연금보험에 가입하거나 은행 창구직원의 설명을 곧이곧대로 듣고 변액보험에 가입하는 경우가 많다. 이전까지만 하더라도 대부분의 보험 상품은 만기가 되면 보장된 금액을 고객에게 그대로 돌려주었지만 최근 들어서는 변액보험처럼 주식과 채권 등에 투자하는 상품들이 주종을 이루고 있어 잘못 가입했다가는 큰 낭패를 당할 수 있다.

안전한 노후생활 상품으로 각광을 받았던 보험에 펀드와 같은 투자 기능까지 보태지면서 고객들의 보험 상품 관리에도 각별한 주의가 필요해졌다. 변액보험 가입 시 반드시 알고 있어야 하는 내용과 일반인들이 잘못 알고 있는 내용들을 살펴보자.

변액보험에 관한 진실과 거짓

1. 변액보험은 납입보험료 전부가 펀드에 투자된다.(×)

변액보험은 보험계약자가 납입한 보험료 중 일부를 주식, 채권 등 유가증권에 투자해 발생한 이익을 고객에게 배분하는 실적배당형 보험 상품이다. 변액종신보험, 변액연금보험, 변액유니셜보험 등이 이에 속한다.

보험계약자가 납입한 보험료 중 위험보험료(사망보험금 지급재원 등 위험 보장에 소요되는 보험료)와 부가보험료(설계사 모집수당, 보험관리 비용)를 제외한 금액(투자원금)만 펀드에 투자해 운영한다.

투자원금은 보험 상품별, 보험 계약별로 차이가 있지만 통상 변액연금보험의 경우 납입보험금의 90~95%, 변액유니셜보험의 경우 85~90% 수준이다. 본인이 가입한 변액보험의 투자원금은 보험회사가 제공하는 가입설계서상의 해약환급금 예시표에서 확인할 수 있다.

2. 변액유니셜보험은 의무납입기간 동안만 보험료를 내면 된다.(×)

변액유니셜보험은 가입 후 일정기간 동안에는 보험료를 반드시 납부해야 하지만, 의무납입기간 이후에는 보험료 납입금액이 부족할 경우 계약자가 보험료 납입을 일시 중지할 수 있는 보험이다.

하지만 보험료 납입이 중지되는 경우에도 위험보장에 필요한 위험보험료와 계약관리 사업비는 이미 납부한 보험금액에서 빠져나간다. 이에 따라 납입중지 상태가 장기간 이어질 때에는 인출될 금액이 부족해 보험 계약이 해지될 위험이 있다는 점에 유의해야 한다.

고객들은 변액유니버셜보험의 경우 의무납입기간 동안에만 보험료를 내면 되는 것이 아니라 이후에도 계약이 정상적으로 유지되고 있는지 주의를 기울여야 한다.

3. 변액보험은 1~3년 단기투자 상품이다.(×)

변액보험은 통상 7년 이내에 계약을 중도 해지할 경우 본인이 납부한 보험료보다 훨씬 적은 해약환급금(펀드의 환매금액에 해당)을 받게 된다. 일반적으로 1년 이내에 해약한다면 돌려받는 돈은 납입보험료의 40~70%에 불과하다. 변액보험은 장기적인 물가상승에 따른 보험금의 실질가치 감소를 보전하기 위해 만들어진 금융상품인 만큼 단기투자 성격의 수익증권, 신탁 상품과는 근본적으로 차이가 있다. 변액보험은 단기투자 상품이 아니라는 점을 명심해야 한다.

4. 변액보험 펀드의 과거 투자실적이 미래 수익률을 보장한다.(×)

변액보험 광고 또는 안내서에서 예시하는 변액보험 펀드의 과거 수익률은 펀드선택의 단순 참고자료에 지나지 않는다. 미래에도 과거와 같은 수익률을 올릴 것으로 기대하는 것은 금물이다. 잘못하다가는 원금을 날릴 수도 있다.

5. 변액보험에 가입하면 보험회사가 알아서 수익률을 올려준다.(×)

변액보험은 연간 12회 내에서 해당 펀드 적립금액의 일부 또는 전부를 다른 펀드로 옮길 수 있다. 갈아타기가 가능한 것이다. 많은 투자자들이 보험회사나 설계사가 알아서 상품을 변경하는 등 수익률 관리를 해줄 것으로 알고 보험 가입 시 선택한 펀드를 그대로 유지하는 경향이 있는데 이는 잘못이다. 계약자 스스로가 자신의 판단아래 펀드를 변경하는 등 수익률을 관리해야 한다.

6. 채권금리 연계형보험을 중도해지해도 기존 채권금리를 지급한다.(×)

보험 상품 중에는 채권이나 주가지수에 투자하는 것이 있는데 이를 '자산연계형보험'이라고 한다. 이 중 채권금리 연계형보험은 고객들의 보험료를 안전한 국고채, 해외채권 등 특정채권에 투자해 여기서 얻은 수익을 바탕으로 확정금리를 제공한다. 주가지수 연동형보험은 변동성이 큰 주가지수나 옵션 등에 투자해서 얻은 수익률을 계약자에게 지급한다.

계약자가 채권금리 연계형 보험계약을 채권만기까지 유지할 경우에는 확정이자를 지급하지만, 중도 해지할 때에는 해지시점의 채권가격에 따라 해약환급금이 줄어들 수 있다. 즉, 중도해지 시점의 채권금리가 보험가입 시점의 채권금리보다 높으면 채권가격은 떨어진 것이 되기 때문에 해약환급금이 줄어들 수 있다.

7. 해외채권에 투자하는 상품은 보험회사가 환율 리스크를 부담한다.(×)

해외채권에 투자하는 채권금리 연계형보험은 보험료 납입 및 보험금 지급이 달러 등 외국 화폐로 이루어지기 때문에 환율변동에 따른 환(煥)리스크를 계약자 본인이 부담해야 한다. 원화가치가 상승할 경우에는 원화로 환산한 보험금은 줄어들 수 있다는 점에 주의해야 한다.

21 경기불황기의 수호천사, 민영의료보험

경기불황으로 가계살림이 힘들어지는 상황에서 몸이라도 아프면 큰 일이다. 병원 치료비와 약값이 팍팍한 살림을 더욱 압박하게 된다. 연금보험이나 종신보험은 수십 년이 지나야 보험금을 받을 수 있는 상품이기 때문에 정작 자신이 몸이 아플 때에는 큰 도움이 되지 못한다. 병치료를 위해 자신이 낸 비용을 모두 보장하는 상품이 있다면 얼마나 좋을까. 병원비와 약값 걱정 없이 일상생활을 할 수 있을 것이다. 이같은 고민에서 벗어날 수 있게 하는 상품이 바로 민영의료보험(실손보험)이다.

국민건강보험만으로는 부족하다

건강보험은 다치거나 병에 걸려 치료를 받을 경우 보험사가 대신 의료비를 지불한다. 전 국민이 의무적으로 가입돼 있는 국민건강보험은 통상 의료비의 50%가량을 정부가 부담한다. 병원에서 치료를 받고 의료비 영수증을 받아보면 '보험급여 항목'과 '비급여 항목'으로 구분되어 있는데 국민건강보험에서는 보험급여 항목 중 일부만 부담한다. 나머지 보험급여 항목의 본인부담금과 비급여항목은 환자 자신이 부담해야 한다.

손해보험사의 대표상품인 민영의료보험은 국민건강보험에서 부담하지 않고 자신이 부담해야 되는 의료비를 모두 보장하는 상품으로 국민건강보험을 보완한다.

민영의료보험은 국민건강보험에서 적용하지 않는 항목까지 보장이 되며, 생명보험사의 일반 건강보험과 달리 감기, 몸살 등 가벼운 질병까지도 모두 보장하는 장점이 있다. 특히 수술이나 입원과 같은 중병 치료뿐 아니라 간단한 통원치료까지도 보장하기 때문에 보험가입자가 실속있게 활용할 수 있는 보험이라고 보면 된다.

간단하게 요약하면 통원비를 포함해 병원 치료비로 200만 원이 나왔고 국민건강보험에서 50만 원을 부담했다면 환자는 나머지 150만 원을 부담해야 한다. 하지만 민영의료보험에 가입돼 있다면 환자가 부담해야 되는 150만 원을 손해보험사가 대신 지불하는 것이다. 보험사는 실제 환자가 부담한 손실만큼의 금액만 보장하기 때문에 민영의료보험은 대부분 '실손형보험'에 해당된다.

실손보험은 2009년 7월까지만 하더라도 고객이 부담해야 하는 비용을 보험사가 100% 보장했지만 8월부터는 100%에서 90%로 축소됐다. 이렇게 되면 2009년 8월부터 9월 말 사이에 실손보험에 가입하면 당분간은 100% 보장을 받을 수 있지만 3년 후 갱신 시점에는 90%로 축소된다. 또 2009년 10월 이후에 가입하면 일괄적으로 90%만 보장받게 된다. 따라서 병원비의 10%(최고 200만 원)는 보험 가입자가 내야 한다.

민영의료보험은 중복가입이 안 된다

가장 중요한 차이는 중복보상 여부다. 생명보험사의 일반 건강보험은 몇 건을 가입하건 모두 중복해서 보장을 받을 수 있다. 가령 A씨가 2개의 일반 건강보험에 가입한 상태에서 심장질환으로 1,000만 원의 의료비를 지불했다면 생명보험사로부터 각각 1,000만 원씩, 모두 2,000만 원의 보험금을 받게 된다.

하지만 민영의료보험은 중복보장이 되지 않는다는 점에 주의해야 한다. 예를 들어 B씨가 위장 수술로 자기비용으로 500만 원의 의료비를 부담했을 경우 여러 개의 민영의료보험에 가입돼 있다 하더라도 돌려받는 보험금은 500만 원에 그친다. 따라서 쓸데없이 민영의료보험을 몇 개나 가입해서는 안 된다. 의료비를 보장해주는 2개 이상의 상품에 가입돼 있더라도 환자가 부담한 실제 치료비용 이상으로는 보험금을 지불하지 않기 때문이다.

또 일반 건강보험은 가입 시 보험약관에 정해진 질병에 대해서만 보험금이 지급되지만 민영의료보험은 감기, 몸살 등 사소한 질병은 물론 통원비까지 보장한다는 데 차이가 있다.

보장기간에 있어서도 예전에는 15년까지만 보장했기 때문에 보장기간이 짧은 단점이 있었지만 지금은 손해보험사들이 잇따라 80세까지 보장하는 상품을 내놓고 있다. 보험료도 5~6만 원 정도면 가입할 수 있고 만기에는 일정 금액을 다시 돌려받을 수 있기 때문에 건강보험에 비해 여러모로 혜택이 많다.

민영의료보험 주의사항 7계명

TV나 홈쇼핑을 보면 건강보험 광고가 판을 친다. '무진단 무심사 가입' '월 2만 원대 사망보험금 3억 원' 등 언뜻 보기에 혹하는 광고들이 판을 치고 있지만 이를 곧이곧대로 믿고 보험에 가입해서는 낭패를 당하기 쉽다.

법망을 피해가면서 갖은 미사여구를 써가며 소비자들을 현혹하기 때문에 건강보험에 가입하기 전에 사전지식이 필요하며 보장내용과 범위를 세심히 따져보아야 한다.

그럼 손해보험사의 민영건강보험에 가입할 때는 어떤 점에 주의해야 할까.

민영보험 가입 시 주의점

1. 보장기간을 신중히 선택하라

나이가 든 후에는 위험률이 높아지기 때문에 그만큼 보험료 부담도 커진다. 장기적인 의료이용에 대비하기 위해서는 80세 만기 등 보장기간이 긴 보험을 선택하는 것이 좋다. 민영의료보험에서 보장하는 입원과 통원 의료비의 경우 보통 5년마다 갱신된다. 5년 동안 실제 지급된 의료비가 5년간의 보험료보다 많을 경우 당연히 보험료를 올려 받게 되는데 15년 만기나 80세 만기나 모두 똑같이 적용된다. 따라서 보험료 부담이 가중될 수 있는 15년 만기보다는 80세 만기를 선택하는 것이 유리하다.

2. 자동갱신 시 거절사유 여부를 확인하라

통상 의료비가 일정금액(가량 1억 원가량)을 초과하면 보험을 다시 가입할 때 자동갱신이 거절되는 경우가 많다. 특정 고객에 대한 보험사의 의료비 부담이 커질 위험이 있기 때문이다. 따라서 자동갱신 거절사항 여부를 가입 시 살펴보는 것이 좋다. 대개 민영의료보험과 같은 실손형보험은 3년이나 5년 단위로 계약이 갱신되는데 누적 보험급여액이 1억 원을 초과할 때에는 보험사가 재계약을 거부할 수 있다.

3. 의료비 보장금액 한도는 장기적인 안목에서 선택하라

계속 증가하는 의료비 현황을 고려해 앞으로 10년 후, 20년 후 등 장래 의료비가 인상될 것을 감안해 보장금액을 선택하는 것이 좋다.

4. 입원의료비 보장일수를 확인하라

민영의료보험은 보통 1년간 보장가능한도가 사고발생일로부터 365일과 180일 등 2가지 상품이 있다. 교통사고나 암과 같은 중대질병의 경우 장기 입원이 가능하고, 나이가 들었을 때 뇌졸중, 치매 같은 경우는 장기입원이 빈번하기 때문에 입원의료비 보장일수를 제대로 확인하는 것이 좋다.

5. 보험사가 보장하지 않는 항목을 반드시 체크하라

보험사가 보상하지 않는 손해를 '면책조항' 이라고 하는데 민영의료보험은 모든 회사가 다음과 같은 항목에 대해서는 보상을 하지 않는다.

1. 치과 치료 및 한방병원애서의 통원치료 및 보신용 약재
2. 미모를 위한 성형수술
3. 정상 분만 및 제왕절개 수술
4. 의료보조기 구입 및 대체비용
5. 비뇨기계 장애 및 직장 또는 항문관련질환
6. 상급병실 차액 50% 지급 (2인병실 기준)
7. 자동차 보험, 산재보험의 의료비(자동차보험, 산재보험에서 보장)
8. TV시청료, 전화료 등 진료와 무관한 모든 비용

이와 함께 개별 회사별로 보상하지 않는 항목들이 있기 때문에 가입하고자 하는 상품 내용을 가입 전에 반드시 확인해야 한다.

6. 자필서명을 하라

보험계약자 본인이 청약서를 직접 작성하고 서명란에도 반드시 자필서명이 있어야 추후 보험계약이 무효로 처리되는 불이익을 방지할 수 있다.

7. 신체 중요사항은 먼저 알려라

보험가입 시 청약서상의 질문사항 및 기타 계약상 중요사항은 먼저 알려야 한다. 현재와 과거의 병력 및 장해상태, 직업, 운전여부 등은 보험료 산정에 영향을 미칠 수 있는 사항이기 때문이다. 신체상의 중요사항을 허위 또는 부실하게 알렸을 경우에는 보험사고 발생 시 보상이 되지 않을 뿐 아니라 기존 보험계약이 해지될 수 있다. 특히 보험설계사에게 구두로 알린 내용에 대해서는 보험사고 발생 시 보상이 되지 않는 등 불이익을 받을 수 있으니 주의해야 한다.

22 연금저축보험과 일반연금보험을 구별하라

금융상품 용어 중에는 이름이 비슷해 헷갈리는 것이 많다. 연금저축보험과 일반연금보험이 대표적이다.

먼저 연금저축보험에 대해 알아보자. 연금저축 상품에는 은행의 연금저축신탁, 자산운용사의 연금저축펀드, 그리고 보험사가 판매하는 연금저축보험이 있다.

연금저축보험은 100% 소득공제

연금저축보험은 연금저축신탁, 연금저축펀드와 마찬가지로 연간 보험료의 100%(연 300만 원 한도)까지 소득공제를 받을 수 있어 젊은 직장인들에게 유리하다.

연금은 적립기간이 만료된 이후 만 55세 이후부터 5년 이상 연 단위로 지급 받는다. 하지만 중도에 해지할 경우에는 수익금의 22%를 세금으로 내야 하고 특히 가입 후 5년 이내에 해지할 때에는 불입한 누계금액의 2.2%를 해지가산세로 추가로 내야 한다. 장기적으로 멀리 보고 투자해야 하는 상품으로 중간에 해지하면 큰 손실을 감수해야 한다.

연금저축보험은 10년 동안 보험료를 불입하는 동안 소득공제 혜택이 있는 대신 연금을 수령할 때에는 5.5%의 소득세를 납부해야 한다. 연금저축보험은 수익률에서 은행의 연금저축신탁과 큰 차이가 없으며, 만기를 채우면 원금손실 없이 안정적으로 연금을 받을 수 있는 장점이 있다.

일반연금보험은 10년 지나면 원리금 비과세

하지만 일반연금보험은 성격이 다르다. 장기 저축성 보험을 연금형태로 지급하는 일반연금보험은 소득공제 혜택이 없어 연금저축보험과 차이가 있다.

10년 동안 연금을 불입했을 경우 연간 보험료의 100%까지 소득공제 혜택이 있는 연금저축보험과 달리 일반연금보험은 이 기간 동안 소득공제 혜택이 전혀 없다.

다만 가입기간이 만 10년 이상이 되면 원리금에 대해 비과세혜택이 있다. 즉 생명보험사에서 판매하는 일반연금보험은 소득공제 혜택은 없지만 연금수령 시 연금소득세를 내지 않는다. 또 가입 후, 10년이 지나면 언제든지 해지하거나 일시금으로 받을 수 있다.

따라서 보험사 연금 상품에 가입하는 투자자들은 연금저축보험을 선택할 것인지, 일반연금보험을 선택할 것인지 잘 따져보아야 한다. 일반적으로 직장인들에게는 소득공제 혜택이 있는 연금저축보험이 유리하고, 주부나 자영업자, 고액의 연금설계를 원하는 사람에게는 만기 시 비과세혜택이 있는 일반연금보험이 좋다.

절세상품으로 자산운용사의 연금저축펀드도 인기를 끌고 있다. 연금저축펀드도 연말정산 시 300만 원 한도 내에서 소득공제 혜택이 있고 연금전환 시 펀드운용의 초과이득에서 떼는 세금도 기존 국내펀드의 15.4%보다 훨씬 낮은 5.5% 수준이다.

앞으로 주식시장 전망이 밝을 것으로 예상된다면 주식 비중이 높은 주식형 펀드로, 안정적으로 원금보장에 무게를 둔다면 채권형을 선택하면 된다.

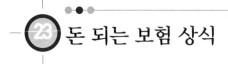

㉓ 돈 되는 보험 상식

워렌 버핏은 자동차 보험사인 가이코와 재보험사인 재너럴리를 소유할 정도로 보험에 높은 관심을 보이고 있다. 그는 손해보험사, 생명보험사들이 판매하는 상품구조를 정확하게 파악하고 있는 것은 물론 보험 상품에 가입하기 전에는 상품의 내용과 성격을 제대로 알고 있어야 한다고 강조한다. 실제 고객들이 조금만 신경을 쓰면 보험료를 줄일 수 있는 방법들이 많이 있다.

무심사 보험과 무진단 보험의 차이

'무심사 보험'은 보험 가입 당시 고객(피보험자)에게 질병 여부를 묻지 않고, 별도의 심사절차 없이 무조건 가입이 가능한 보험이다. 일정수준(예를 들어 3,000만 원) 이하의 사망보험금만을 지급한다. 다만 가입 후 2년 이내에 질병으로 사망하는 경우에는 납입한 보험료를 돌려준다.

무심사 보험은 지난 2006년 7월 최초로 출시돼 현재 중소형 생명보험사를 중심으로 판매되고 있으며 단순히 건강진단 절차만을 생략하는 '무진단 보험'과는 차이가 있다. 무심사 보험과 무진단 보험의 차이는 다음과 같다.

⟨무심사 보험과 무진단 보험의 차이⟩

구분	무심사보험	무진단 보험
고지사항 유무	없음	있음
건강검진 유무	없음	없음(단, 필요시)
보험가입거절 가능 여부	불가능	가능
보험료 수준	높음	일반보험 수준
주요 보장내용	사망	상해 위주

무심사 보험은 별도의 심사절차가 없어 누구라도 가입이 가능한 반면 일반 종신(정기)보험보다 보험료가 비싸다. 실제 B보험사의 경우 55세 남자가 일반 정기보험에 가입하면 매달 24,600원을 내면 되지만 무심사 정기보험에 가입하면 63,200원을 내야 한다. 보험료가 2.6배나 비싼 셈이다(20년 만기, 10년납, 보험가입금액 1,000만 원 기준).

똑같은 조건아래 55세 여성이 일반 정기보험에 가입하면 매달

11,000원의 보험료를 내지만 무심사 정기보험에 가입하면 이보다 2.9배나 많은 32,300원을 내야 한다.

따라서 건강한 계약자라면 일반적인 보험 가입 심사절차를 거쳐 무심사 보험보다 저렴한 일반 종신(정기)보험에 가입하는 것이 유리하다.

금연하면 보험료도 깎아 준다

일부 보험회사들은 고객(피보험자)이 담배를 피우지 않거나 혈압, 체격 등이 일정한 기준을 충족하는 건강 체질일 경우 보험료를 할인해 주는 '건강체(우량체) 할인특약'을 판매한다. 이들 상품은 사망을 보장하는 종신보험과 정기보험 등에 주로 적용된다. 보험료 할인수준은 보험회사별, 보험 상품별로 다소 차이가 있지만 해당 회사 홈페이지의 '보험가격 공시실'에서 확인이 가능하다.

가령 종신보험에 이 같은 특약을 붙일 경우 보험료 할인수준은 남자는 약 12%, 여자는 2~3% 수준이 되며, 정기보험의 경우에는 남자 28%, 여자 8~9% 수준이 된다.

따라서 금연자로 혈압이 정상이고 보통의 체격을 갖춘 사람이라면 건강체(우량체) 할인특약 가입을 신청하는 것이 유리하다. 또 일부 보험사에서는 비흡연자만을 대상으로 보험료를 깎아 주는 '비흡연자 할인특약'도 판매하고 있다.

이미 종신보험이나 정기보험 등에 가입한 계약자일지라도 보험기간

중에 건강체(우량체) 할인특약의 가입이 가능한 회사도 있기 때문에 보험회사에 확인을 해 볼 필요가 있다.

실손보상형 보험은 많이 가입하면 손해

실손實損보상형 의료보험은 가입자의 진료비 영수증상 본인 부담금을 주로 보상하는 민영의료보험으로 현재 손해보험회사들이 상품을 판매하고 있다. 실손보상형 의료보험은 가입자에게 실제로 발생한 손해만을 보상하기 때문에 여러 보험회사와 다수의 보험계약을 체결하더라도 가입자가 실제 부담한 진료비 한도 내에서만 보상을 받을 수 있다.

비록 보험 계약자가 다수의 보험사와 계약을 맺더라도 특정 보험사로부터 본인이 부담해야 하는 의료비를 보상받았다면 다른 보험사에는 보상을 다시 청구할 수 없다. 이는 정액定額형 보험과 가장 큰 차이점이다. 보험사고 발생 시 일정 금액을 지급받기로 약정한 정액형 보험(사망보험, 종신보험 등)은 여러 개의 보험에 가입하더라도 동일 사고에 대해 여러 개의 보험사로부터 각각 보험금을 받을 수 있다.

따라서 실손형 보험에 가입할 경우에는 이미 가입돼 있는 보험 계약의 내용과 보상한도 등을 확인하고 중복가입이 되지 않도록 신중히 체크해야 한다.

주택담보대출 금액이 부족하면 모기지보험 이용

집을 사려고 하는데 은행에서 돈을 대출받아도 돈이 부족할 경우 어떻게 하면 좋을까? 대출 금리가 20%가 넘는 대부업체를 찾아갈 수도 없고, 가족이나 친척들에게 돈을 빌려달라고 손을 내밀기도 어렵다. 이럴 경우에는 모기지보험에 가입하면 주택담보대출 한도를 늘릴 수 있어 큰 도움이 된다. 모기지보험은 주택담보대출을 받는 채무자가 대출금을 갚지 못했을 때 보험사가 채무자를 대신해 돈을 갚아주는 상품이다.

지난 2005년부터 시작된 부동산 열풍이 진정기미를 보이고는 있지만 언제든지 상승할 가능성이 상존하고 있어 정부는 주택담보대출 요건을 엄격히 제한하고 있다.

꼭 알아야 할 LTV와 DTI

담보인정비율LTV, Loan To Value ratio의 경우 60%까지 크게 낮아졌다. LTV는 집을 담보로 은행에서 돈을 빌릴 때 집의 자산 가치를 얼마나 인정해 주는지를 나타내는 비율이다. 예를 들어 LTV가 60%라면 시가 3억 원짜리 아파트에 대해서는 최대 대출금액이 1억 8,000만 원으로 제한된다.

하지만 모기지보험을 이용할 경우 LTV는 80%로 높아진다. 따라서 3억 원의 집을 담보로 대출을 받는다면 2억 4,000만 원까지 대출이 가능해 결과적으로 6,000만 원가량 더 대출을 받을 수 있다.

모기지보험을 처음으로 도입한 서울보증보험 관계자는 "모기지보험은 서민들이 쉽게 내 집을 마련할 수 있는 좋은 기회가 된다"면서 "돈이 모자라 주택담보대출을 받는 데 어려움을 겪는 사람들에게 제격이다"고 설명한다.

결국 채무자가 모기지보험을 이용할 경우 이전에는 LTV 60%에 해당하는 금액을 대출받았지만 이제는 LTV 80%에 해당하는 금액을 대출받을 수 있어 대출금액이 늘어나게 된다.

그럼 모기지보험을 이용하는 데에는 어떤 자격과 요건이 필요할까. 먼저 채무자가 집이 없거나 1가구 1주택자여야 한다. 대상 주택도 비非투기지역 내에서 국민주택 규모(85m²) 이하여야 하며 실제 구입주택에 살아야 한다.

대출상환능력을 증명할 소득 자료도 필요하다. '총부채상환비율DTI, Debt To Income ratio'도 따진다는 뜻이다. 부동산 투자를 할 경우 꼭 알아야 하는 용어인 DTI는 연간 총소득에서 주택담보대출의 원리금 상환금액이 차지하는 비율이다. 정부는 DTI 비율을 40%로 제한하고 있다.

위에서 예를 든 채무자의 연 소득이 5,000만 원이라고 하자. 40%의 DTI가 적용되기 때문에 매년 2,000만 원까지만 원리금 갚는 데 사용할 수 있다. 10년 만기 원리금균등상환(고정금리 6% 적용)으로 할 때 2억 원이 안 되는 1억 5,000만원가량을 빌릴 수 있다.

즉, 주택담보대출비율LTV 80%를 적용할 때에는 2억 4,000만 원까지 대출이 가능하지만 총부채상환비율DTI까지 적용될 때에는 대출금액이 1억 5,000만 원가량까지 줄어든다.

모기지 보험료는 대출금의 1~3%

그럼 모기지보험의 보험료는 얼마나 될까. 대출기간과 금액에 따라 차이가 있지만 일반적으로 대출금의 1~3%를 낸다. 1억 원짜리 주택을 사면서 8,000만 원을 빌릴 경우 보험료는 대출기간이 10년이면 95만 원, 20년이면 190만 원, 30년이면 285만 원가량이 소요된다.

보험료는 은행 대출을 처음 받을 때 한 번만 내면 된다. 일반적인 은행 주택담보대출은 만기 전에 대출금을 갚으면 2% 안팎의 중도상환수수료가 붙지만 모기지보험은 중간에 은행대출을 다 갚고 모기지보험 이용을 중단하더라도 추가로 부담하는 비용은 없다. 시중은행 창구에 가서 쉽게 모기지보험 대출신청을 할 수 있다.

〈모기지보험 특징〉

상품특징	주택시세의 80%까지 대출 가능
대상 고객	무주택자, 1가구 1주택자
대상 주택	비투기지역의 국민주택규모(전용면적 85㎡) 이하 주택
보험료	대출 금액의 1~3%
중도상환수수료	추가부담 없음
필요한 서류	소득증빙자료